# 真實與幻影

## 近世文人縱橫談

對胡適、何廉、蔣廷黻、翁文灝、張東蓀、張君勱、梁漱溟等人的遭際和心態作了深層次解讀……

黃波 著

## 窺破文字的迷障

　　我曾經應約為《雜文選刊》寫過一篇題為〈窺破文字的迷障〉的所謂「創作談」，文章很短，先錄在下面：

> 自有文字以來，人類文明史漸趨輝煌。但文字這東西傳承文明，也同時在設下無數迷障。這迷障有社會、文化、經濟等各種原因，也有無心與有意之別，但最重要的一點，當「自由思想、獨立精神」成為一種奢侈品甚至被視為某種忌諱時，文字的迷障就不期然而然地降臨了。
>
> 我喜歡去努力窺破文字的迷障，〈十字坡上的冤魂〉和〈「一生都像是在否定裡生活」〉是兩次嘗試。對國人那種與現代文明格格不入的英雄觀，我困惑已久：十字坡上快意恩仇的武松、張青讓人迷狂，為「英雄」襯色、墊底的十字坡上的冤魂卻無人注意，這是一種怎樣的國民性？於是我寫了一組關於《水滸》的文字，總題為「說破英雄驚殺人」，陸續發表後受到了讀者的歡迎，包括《文匯報》筆會版等多家媒體為這組文字開闢了專欄，網上也轉載如潮。我對中國近現代知識份子的境遇和心態感興趣，搜集了許多史料，也寫下了雜文、隨筆多篇，〈「一生都

像是在否定裡生活」〉則是我這方面探究的一個小切口，通過馮至先生這一個案，我希望能夠讓人思索：為什麼自輕自賤會成為現代知識份子的一種生活常態？究竟是什麼力量逼使中國知識份子自輕自賤？這種自輕自賤與哲學上的「否定」有何區別？它對國家民族的危害又在哪裡？……從文章發表以後的反響看，部分實現了我的目標，我為作者與讀者之間的默契而欣慰。

文章中提到的「說破英雄驚殺人」，是我十幾年來閱讀《水滸》的一點隨感，現已結集成書，已於2007年12月由中國青年出版社出版（繁體字版2008年8月由秀威資訊科技出版），而「我對中國近現代知識份子的境遇和心態感興趣」云云，這種興趣的一個遠非豐茂的結果就是現在這本名為《真實與幻影——近世文人縱橫談》的小書。

中國近現代知識份子走過怎樣的道路，我相信拿起這本書的人不會比我知道的少。我所做的工作是，對各種資料，哪怕是非常普通極易見到的資料，進行比勘，從中發現一些很有意思的問題，說到底，仍然是在努力「窺破文字的迷障」。我的企願是，如果一篇文章能夠發現一個問題，積累得多了，庶幾我們就能夠回答這樣的大問題了：為什麼會有這樣的知識份子？這樣的知識份子的命運昭示著什麼？鑒往知今，當下的知識份子應該如何自處？……當然，這只是我個人的一點奢望，實際效果如何，請讀者批評。

　　研究近現代知識份子的人很多，在寫這篇序言的時候，我不能不心懷感激地提及這樣一些蓽路藍縷者：謝泳，許紀霖，丁東，傅國湧，智效民，張耀杰，……不敢自承為他們的「後勁」，因為除了個人天份的限制以外，客觀條件也是一大要素。探究中國近現代知識份子的工作中，第一位、最基礎的工作是盡可能多地搜集原始資料，但說了也許讀者會不相信，本書所引用的參考書目，沒有一種是從公共圖書館中得來的。我原在一個內陸的小城，那裡的藏書似乎不比我的私家藏書多多少，現在我暫時棲息於一個據稱要向「國際大都市」邁進的城市裡，可這裡的圖書館，我仍然是進一次就會失望一次。因此，我雖然利用網絡，相對豐富了我個人的藏書，使資料運用中還不致捉襟見肘，但「研究」兩字，是萬不敢當的，只好說是個人對那代知識份子的匆匆一瞥罷了。自然，這匆匆一瞥的缺陷幾乎不言而喻，也許唯一可以自慰的，這一瞥還不失個人化，此外，在一瞥中我堅持知人論世，堅持對那一代知識份子作「同情之理解」。

　　本書中結集的文字都在國內媒體公開發表過，不棄涓埃大度接納它們的包括《書屋》、《博覽群書》、《東方文化》、《社會科學論壇》、《隨筆》等很有尊嚴的刊物，容我在這裡對這些媒體（有的可能已成歷史）和編輯表示敬意。由於各種原因，有的文章發表時或小有刪改，現在結集，悉依我寫作時的原貌，當然，文責自負。

　　自小讀書就不喜歡長長的序言。輪到自己，卻不知不覺間囉囉嗦嗦了這麼多。最後，對長期以來關心、支持我的朋友和師

真實與幻影
——近世文人縱橫談

長，還有家人，真誠地道一聲「謝謝」！這是我的第二本小書，
但願它比第一本帶給你們稍稍多一點的閱讀快感。

2008年4月

真實與幻影
——近世文人縱橫談

## 第二輯　性情與命運

## 第三輯　現象解讀

# 第一輯

# 時代與人

# 一 在孔子與羅素之間

## ——漫說張申府

1920年10月，英國分析哲學大師羅素應梁啟超之邀來華講學，一時成為新知識界注目的焦點。其時各種思潮在古老的神州大地上交匯搏擊，圍繞羅素這位被中國知識份子譽為「新時代的大哲」、「世界哲學泰斗」的「外來和尚」，知識界的各色人等紛紛「以我觀物」，形成了新一輪思想大戰。時勢造英雄，張申府就是在這種背景下以「羅素專家」的身份走到了歷史前臺。

張申府（1893-1986），名崧年，以字行，河北省獻縣人。1913年入北大學數學和哲學。1920年參與中國共產黨的創建，是周恩來、朱德的入黨介紹人。留學法國、德國。曾任清華大學、北京大學教授，1938年6月任第一屆國民參政會參政員，1942年任中國民主同盟常委，解放後任北京圖書館研究員、全國政協委員。

這份簡歷是重慶出版社出版的《國民參政會紀實》所提供的「參政員簡介」，不失準確、全面，它既提到了張氏終身在「冷」數學和「熱」哲學之間搖擺的學術旨趣，也使人明白了其人並非純粹坐冷板凳的學問中人。但再準確的簡歷也會把滄桑人生撮弄得蒼白起來，比如張氏簡歷未提這位中共創建人兩度與組

織的衝突直至最終「脫黨」，未提他因1948年的一篇短文而被民盟開除，甚至也未提及羅素，……而失去這些還會是張申府嗎？

　　1979年至1984年，研究中國現代啟蒙運動史的著名美國學者舒衡哲經允許成了張申府的對談者，先後談了七十多個小時，集成一本《說實話的時間不多了》，2001年北京圖書館出版社出了中文版，易名為《張申府訪談錄》（以下簡稱《訪談錄》）。書中記載，在1979年12月17日的訪問中，張申府又一次以羅素開場：「我相信我瞭解羅素；我可能是全中國唯一瞭解羅素的人……羅素本人不認識孔子，但他的思想事實上十分接近孔子。其他人看不到這點，但我看到了。就算羅素不承認他的學說接近孔子，但我的哲學能把他倆拉在一起。我是他們的橋樑。」

　　早在羅素來華之前，張申府不僅為宣傳羅素學說寫了三份很有分量的羅素傳略，翻譯了羅素和羅曼·羅蘭等人聯名發表的〈獨立精神宣言〉，而且已經在警惕人們對羅素的誤讀：針對當時也在中國演講的杜威指稱羅素是「極度悲觀主義者」的說法，張給《晨報》的編者寫信提出異議。羅素來華後，張申府圍繞應該怎樣定義羅素哲學問題，又與羅素的另一仰慕者張東蓀打了場筆仗，同時還為《新青年》編了期「羅素特輯」，他本人為這個特輯寫了篇「羅素著作目錄」。這一切成就了張申府「羅素專家」的聲名。

　　那麼是羅素的哪一方面吸引了張申府呢？1930年，張申府完成了他第一本哲學小書《所思》。他在序言中揭出了兩個概念：「仁」和「科學法」，「認為是最可貴重的兩種東西」。顯然，「仁」相當於價值理性，源於孔子；所謂「科學法」相當於工具

理性，則植根於羅素的邏輯分析哲學，以清晰、精密、高度技術性為特徵的羅素哲學，正是張氏以為中國思想界所急需的。他企望在中國也建立一種像羅素那樣的「科學的哲學」。

除了學術趣味，可還有什麼使張申府對羅素始終有一種如遇知音的感覺？我以為，羅素來華期間的一則「花邊新聞」大可留意，原來已為人夫的羅素此次來華還帶著新結交的女友勃拉克小姐，一些以新派自居的青年趁機模仿「羅素式婚姻」，從而引發了關於性自由和性道德的爭論。也許是為了平息事態，中國知識界和新聞界的一些人對大師和情人的關係作了技術處理，有的稱他倆是「師生加上友情」的關係，有的則乾脆稱勃拉克為羅素夫人。誰都沒料到這一做法竟會惹惱張申府。他寫了一封極度憤怒的信給《晨報》編者，指責這種技術處理是偽君子的態度，他認為羅素和勃拉克是愛的結合、是性的吸引而非其他，他稱讚男女這種自由結合的新道德。

也許，圍繞大師和情人關係的爭論無關巨旨，但是我們卻可藉此窺見張申府學術以外的人生趣味。張申府在1967年所寫的一份自我批判中坦承：「我有三好：好名、好書、好女人。……」是否可以說，正是這「三好」，使張申府對羅素產生了極大的認同感？是否可以說，不僅僅是羅素哲學，還包括羅素那種典型的西方自由主義知識份子的生活方式，也對張申府具有強大的吸引力？在張申府那一代知識份子中，儘管多有留洋經歷，但正如傅斯年所說，受西方式教育，生活習慣還是偏向中國傳統（大意）。因此「享受人生」云云雖經林語堂提倡，但對身處憂患的那代知識份子而言，仍是紙上的「幽默」。而張有些例

外，他是個很會享受生活樂趣的人，明瞭這一點我們才能對他在《訪談錄》中的一些出人意料的自白，不致太大驚小怪。比如談及「1924年在廣州從事共產黨活動時，在夏天的時候他開了小差」，他說原因是「天氣太熱了」；比如1936年他因參與「一二九運動」而遭清華大學解聘，對此他最介意的竟是「要被迫放棄在清華園優雅的屋子」；又比如1948年他因在《觀察》週刊上書生氣十足地〈呼籲和平〉而被罵為「人民敵人」，並從此淡出歷史前臺，對這一重大事件，如昨日般清晰的卻是這樣的記憶：「我寫這篇文章，賺了3000元。您要知道。當時這是一筆不少的收入。教授們那時都斷糧斷飽，吃飯是一個問題。……一交稿就有稿費。我大概是他稿酬最高的作者之一。……我需要那筆錢。」如斯種種，當然也有可能是回憶者避重就輕的英雄欺人之談，但它至少提醒我們觀察歷史人物並非只有一個視角。也許這些東西可以幫助我們拓寬歷史的視界？

「仁」，孔夫子念茲在茲，張申府將「仁」攬至懷抱，無疑有「為往聖繼絕學、為萬世開太平」的味道。但就純學問領域而言，張申府又好像有些過於自負了，和梁漱溟、金岳霖等相比，他沒有建立相對完整的理論體系。他並不避諱這一點。1918年，他在《新青年》上發表了一篇〈勸讀雜誌〉，說：「中國舊無雜誌，與之不相與，故罕能利用之」，他認為文化自救應首先改變閱讀習慣，從讀雜誌開始。終其一生，他都是一個報紙、雜誌的熱情作者和讀者。他是一個不安分的人，總是樂於及時從雜誌中獲取新的思想養分，不斷嘗試新的觀點，而這同時，又限制了他成為一個自成一家的學者。他提出了要把孔子的「仁」和羅素的

「科學法」合二為一的思路，但怎樣融合、融合後的整體面貌如何，他卻語焉未詳。得乎失乎，一言難盡。

在中國這塊土地上，原本就很難生產出純粹的學者，他們總有太多的世俗關懷。這本來是中國知識者「以天下為己任」的好傳統，而且看似與西方「知識份子」的概念暗合，然而西方知識份子談學術即學術，談政治即政治，他們在實踐「知識份子是人類的良心」的活動中，走的是社會批判而非政治參與的路子，因此他們無論在怎樣的波譎雲詭中，總能保持健康、獨立的人格，張申府的精神導師羅素就是特出的例子，在社會批判、文化批判中，他真正做到了「不偏不黨不私」，真正做到了「海闊天高我自飛」。而在二十世紀的中國，張申府即使有心像羅素那樣，既融入彼岸超驗世界做形而上的思考，又不忘情此岸經驗世界，依據個人的良知和判斷，指點江山激揚文字，冷冰冰的現實也不允許他這般自在地做「中國的羅素」。魚與熊掌註定不可兼得。他立身行事主觀上師事羅素，客觀上卻不能不回到至聖先師的老路上去：孔子「三日無君則惶惶然」，又被時人形容為「累累若喪家之狗」，這些適足為二十世紀參與實際政治運作的中國知識份子寫照。

張申府做不成「中國的羅素」，似乎一開始就已註定。1925年1月，中共「四大」為與國民黨結成統一戰線問題起了激烈的爭論，張申府中途離場，他後來回憶說：「我脾氣壞，我說，贊成我多的，我就幹，贊成我的是少數，我就滾蛋。」顯然，他此處是以羅素的那套作派行事，而鐵的紀律一類彷彿絲毫不在他考慮之內。抗戰勝利之後，以民盟為首的中間勢力，一時成為兩大黨爭奪的焦點，「組建第三大黨」的呼聲日趨高漲，身為民盟常

委的羅隆基、張申府是其中奔走最活躍的兩位，他們忘記了中國的現實是「不是延安就是西安」，和談破裂國共刀槍相見之日，也就是中間勢力失去「砝碼」作用之時，他們除了非此即彼的選擇，哪裡有第三條道路可走？1948年那篇背時的〈呼籲和平〉如果出自羅素之手，其實也沒有什麼，二戰初起時，和平主義者羅素不是還一度著文認為與希特勒鬥爭，比對希特勒妥協危害更烈嗎？但似乎從未有人把羅素當張伯倫看，畢竟文人論政只負言責啊。

1957年6月12日，隨著大鳴大放，最高指示認定「事情正在起變化」，農工民主黨開會批鬥章伯鈞的「政治設計院」思想，張申府躬逢其盛即席表態，《光明日報》記錄了下來，「他認為章伯鈞的立場不夠百分之百堅定，但也夠百分之九十五的堅定。」如今讀這段文字，這兩個百分比不能不讓人會心一笑，不知道當時張申府輕輕吐出這兩個數字時，是否想起了羅素擅長的精密的數理邏輯？

《訪談錄》中寫道，張申府逝世後，張家為訃告上的一個詞和負責審定張氏在中共歷史地位的委員會發生爭執，委員會擬稿是「1925年脫黨」，張家希望將「脫黨」換為「退黨」，因為後者色彩較溫和，留有餘地，意味著有風度地、有禮貌地離開，或短暫地退出。《人民日報》最後刊出的訃文采用了「退黨」的說法。舒衡哲走筆至此，設問道：「張申府本人如何呢？他會不會在意這些字眼的修改呢？」對此她的猜想是「他最可能是仰天大笑一番而已」，而我的猜想與舒女士不同，我想張申府最可能是苦笑著陷入沉思：我一輩子堅持移植羅素大師的「科學法」來中國，難道「科學法」的精確就只能精確在這些地方麼？

## 二　「書生謀國直堪笑」

### ——關於張東蓀

　　也許真應了「不賢者識其小」這句套話，讀完厚厚一冊《張東蓀傳》（左玉河著，山東人民出版社1998年版），給我印象（刺激！）最深的竟是傳主的一段自白：1916年，素來以「政論家」自期的張東蓀，對自己的文字產生了極大的疑慮，他在一篇討論「聯邦制」的文章中沉痛地說：「吾儕書生，徒發空言，固不足濟事於萬一，而師我者，方據為口實，又寧能無怖於心？」[註1] 竊以為，對張氏這段話不能等閒視之，因為它揭出了近代中國「政論家」的兩難困境，一方面，作為一個深具使命感的知識份子，「政論家」不能不對現實政治發出自己的聲音，另一方面，因為政治不上軌道，「政論家」的政論卻往往要撞入被實力派所把持的現實政治的鬼打牆。

　　張東蓀，這是個當代人已然陌生的名字。先引用謝泳的一段話：「張在1949年以前，卻是非常有名的人物。30年代由北平人文書店出版的郭湛波撰的《近五十年中國思想史》，對張東蓀的評價極高，認為近五十年間『輸入西方哲學，方面最廣，影響最大，那就算張東蓀先生了』」。[註2] 這段話中頗有值得辨正的地方，首先，張東蓀不僅是在1949年以前享有高名，1952年更因一起離奇的「叛國案」而名播宇內；其次，張東蓀的聲名似乎並非

建立在純粹的學問領域，耿雲志在《張東蓀傳》的序言中說傳主的「哲學未免淺而駁雜」，並不能算輕薄前人，在近代中國的歷史舞臺上，張東蓀主要是以「政論家」的身份引領一時風騷，他不但積極輸入西方各種社會政治思潮，更以一種「介入」的姿態月旦人物、指點江山。這種「介入」的姿態，很容易給旁觀者兩種不同的觀感，褒者曰有責任感和事業心，貶者難免要譏其過於熱中、不甘寂寞了。註3

　　張東蓀，原名萬田，字聖心，自名東蓀，1886年生於浙江錢塘縣一官宦世家，自幼在父兄的督責之下受過正統儒學的系統訓練，16歲時對佛學產生興趣，佛家義理的影響貫穿了他的一生。1904年前後，張東蓀獲得官派留學的資格，赴日本東京帝國大學哲學系學習哲學，一方面接受西方心理學和邏輯學的訓練，另一方面廣泛涉獵近代西方政治學和法學著作，萌發「救世之心」。留學期間結識了對其人生走向關係甚大的張君勱、梁啟超等人。辛亥革命前夕，張東蓀從日本留學歸國，以《東方雜誌》上一篇〈論現今國民道德墮落之原因及其救治法〉啼聲初啼，拉開了書生論政的序幕。武昌首義後，張東蓀參加了孫中山的臨時政府，擔任內務部秘書，1912年「南京臨時政府解散後，大總統讓給了袁世凱，臨時政府的人每人拿著一張證明書就到北京去了」，而張東蓀卻沒有到任，選擇了辦報。這期間孫中山邀請他加入國民黨，他沒有同意；梁啟超組建統一黨，後來改為進步黨，其中的骨幹如張君勱、藍公武都是他的知交，他也未參加。張東蓀1948年回憶斯時心境：「當時我感到命是革了，這個國家從別人手裡拿到了我們的手裡，但是不知怎麼辦好，……我看了一下周圍的

人都是像在做事情的，於是沒有幾個月我就走了，我認為自己貢獻的道路不在這裡，還有其他的地方。」註4

　　張東蓀所謂「其他的地方」就是評議政治。一個有「救世之心」的人不欲在紛紛擾擾的近世政壇上一試身手，卻一心要賣弄嘴皮子，這與其說是自謙還不如說是張東蓀骨子裡透出的自負。按照近代以來西方興起的知識份子的概念，知識份子是「社會的良心」，是理性、平等、自由等這些人類基本價值的維護者，他深切關懷著國家、社會裡一切有關公共利害之事，而且這種關懷必須超越於個人以及小團體利益之上。作為一個深受現代西方文明洗禮的人，張東蓀在自我定位上已經完成了從舊式「士子」到「知識份子」的嬗變，這表現在他對知識份子關懷公共利益的職責有相當清醒的自覺，並據此對「幹政治」與「評政治」作了一番區別，認為「幹政治」與「評政治」是不同的，「前者作政論是為了政治的，後者卻只是對於政治發言而並不去幹」，又說「殊不知民主國家所需要的不盡是幹政治的人才，即坐而論道的批評家亦未嘗不是國家一種需要。……有些人責備評政治者，以為是說風涼話，自己上臺亦未必幹得好，這些都是最不通的議論。即在外國，如蕭伯納何嘗不作政論，但人民並不要求他去幹；到過中國來的羅素亦喜歡談政治改革問題，但亦沒有人責備他為何不參加實際上政黨活動。」以蕭伯納、羅素這些西方大哲作參照，立意要做政論家的張東蓀決心「言其所信」，他說：「若只限於評政治而不去幹，則當然應該言其所信（不贊成暴政就反對，不贊成流血就批評，用不著取巧）。有無左右夾攻，在所不計，即被夾攻，亦當甘之如飴。」註5 評政治的張東蓀很快

顯示出了他特立獨行的一面。按他的個人政治傾向，在北洋政府和國民黨人的對峙中，本來是稍稍向國民黨人傾斜的，可是他「下海」後的第一槍卻是指向國民黨，對民國初年國民黨人在臨時政府時期實行總統制，而為了限制袁世凱卻在《臨時約法》中規定實行內閣制、擴大國會權力的做法表示不滿，認為這種因人制法、因人變法的行為只會損及法之尊嚴。張東蓀在此處表現出的銳利眼光和對法治精神的執著追求，足以讓今人汗顏！時至今日，我們的歷史教科書不是還在為國民黨人用《臨時約法》約束袁世凱的策略大加讚賞嗎？問題的癥結不在於內閣制、總統制孰優孰劣，不在於該不該對袁世凱的權力加以制約，而在於一種制度能不能因人而變？如果袁世凱的總統權力需要制約，先前就任的孫中山就不需要制約了嗎？在獨立的政論家的眼光燭照之下，以法治為名，謀黨派利益之私的行為，自然無遁形矣！

近代中國風雷激蕩，各種理論思潮交匯搏擊，政論家張東蓀總是力圖堅持自己的立場，發出自己的聲音。他既對袁世凱違反法制、破壞共和的行為嚴詞抨擊，同時又指責國民黨發動「二次革命」，是「亂黨之罪」；既努力引進社會主義思潮，又強調「吾知過激主義不來中國則已，來則必無法救藥矣」，從而挑起了一場影響深遠的關於社會主義的大論戰；張東蓀自稱「是向來反對國民黨的一個人」，他對國民黨的批評之激烈到了驚人的地步，直言「國民黨之取北洋軍閥而代之，完全是換湯不換藥」，對國民黨以人民知識程度不夠為藉口，實行訓政的倒行逆施嚴詞抨擊，他說：「就中國人民知識能力不及格來說，倘使為事實，則必是全國的人民都如此，絕不能有一部分人民被訓，另

一部分人民能訓。被訓的人民因為沒有畢業，所以必須被訓，試問能訓的人民又於何時畢業過呢？何時同一人民一入黨籍便顯分能訓與被訓呢？」註6「自治未辦，不能實行憲政，這是人人都承認的。那麼就趕辦自治好了，為甚麼要反而取消已有的人民言論自由權呢？人民自由權既是憲政要素之一，國民黨的最後目的既在憲政，為甚麼現在必須先把這個已存在的要素的萌芽拔去呢？按理應該對於已有的萌芽加以培植。可見國民黨的訓政，是等於斬了已生出來的樹苗，而偏說可以種出新樹來。」註7 批評雖然激烈，卻沒有一點意氣用事的成份，顯示出了邏輯的力量。張東蓀同時認為共產黨是一個按蘇聯共產黨的模式建立的革命政黨，由於革命環境的薰陶，其「心理不免於失常，總是疑心人家要來謀我，對任何人很難辦到完全相信到底」，其自身的嚴密性組織性、權力的高度集中、革命鬥爭的堅決性，使它唯武力是信，同樣不合近代政黨的原則，不合中國實行民主主義的要求。在對兩個派別都表示失望後，張東蓀寄希望於「另起爐灶，造成一個新的勢力」；直到1949年，毛澤東已經在〈論人民民主專政〉中明確宣告「騎牆是不行的，第三條道路是沒有的」，宣佈要走向蘇聯「一邊倒」的外交政策，張東蓀仍然執拗地主張新中國不能反美，不能成為蘇美衝突的犧牲品，令人震驚的「張東蓀叛國案」也源於張氏天真地希圖以民間立場、調解人身份疏通中美關係……和梁啟超一樣，張東蓀在論政的一生中是多變的，尤其是在他以中間力量的身份參與調停國共衝突失敗以後，面對民盟解散、「第三大黨」瓜分豆剖的現實，一向主張走民主憲政之路的他，轉而對革命和鬥爭哲學部分認同，企圖各取社、資兩種

制度之所長，建立所謂「新型民主」。怎樣看待這種「多變」？以梁啟超之賢，其「多變」亦常常不為時論所諒，被譏為「投機」、「趨時」，何況張東蓀？然而在我看來，一個談論政治的人，只要所發之論是基於自己的立場和信仰，哪怕是奇談怪論，投機、趨時又有什麼關係？指責一個「評政治」而非「幹政治」的人投機、趨時的論者，其實是預設了一個前提，這就是他先已從根本上否定了「評政治」的人，有不為外力左右的定力和獨立的立場。張東蓀論政，一度從主張憲政共和到批評議會政治到倡導「修正的民主政治」，但無論怎樣變，堅持民主政治的底線不變。他是以蕭伯納、羅素等為榜樣的，這種不變中的「多變」似乎毫無奇怪之處，但由於近代中國缺乏政論家獨立議政的土壤，別人註定不會把他當成中國的蕭伯納、羅素。羅素在二戰初起時，曾基於和平主義的立場著文認為與希特勒鬥爭，比對希特妥協危害更烈，招致輿論批評，但批評者都只是在批評羅素「這一個」，如果放到近代中國的語境中，批評者卻肯定會自然而然地發出高屋建瓴的質問：你究竟是為誰服務，為哪個階層謀利益？這一尷尬滋味張東蓀曾數次品嚐，當袁世凱的北洋政府有集權的趨勢時，他大力鼓吹地方自治的聯邦制，認為可以制衡中央政府作惡，而袁氏一倒，一時群雄割據，張氏等人鼓吹的聯邦制，適成為地方軍閥擁兵自雄的最好口實！正以此故，即便是金岳霖這樣的哲人，也把張東蓀看成一個「玩政治」的，金岳霖晚年憶舊談及張東蓀時說：「『玩政治』究竟是怎樣玩的，我也說不清楚，也不必知道。看來，在不同實力地位之間，觀情察勢，狠抓機會……等等是『玩政治』的特點。林宰平先生曾同我說過：

『東蓀太愛變了，並且變動得很快。』」[註8]受過西方文明浸染的金氏等人，幾乎把張東蓀視為蘇秦、張儀之流，大眾對張東蓀的觀感如何，自可概見了！

　　政論家都是以偏不倚的立場自詡的，拋棄這一立場也便不成其為政論家，可是在一個缺乏政治文明，政治不上軌道的地方，一個習慣於在現實政治中上下其手、縱橫捭闔的人看來，「客觀、公正」都只是謀一己之私的幌子，哪裡有什麼純粹中立？《張東蓀傳》中記有一事：內戰爆發後，國民黨政府決定召開偽國民大會以孤立共產黨，蔣介石、宋子文請張東蓀吃飯，勸其出席「行憲國大」，參加政府，張氏拒絕說：「最好還是保留一個將來能參加和談的身份」，蔣介石聽後非常生氣，「臉色鐵青，氣得踢桌子下的狼狗」。無疑，以蔣的思維定勢，他是只有為我所用和為敵所用的兩分法的。在內戰爆發兩大黨角逐的特殊時刻，中間勢力一時似乎頗受各方倚重，但同時卻常常又是兩面受氣，角鬥場上，甲方佔優，你呼籲和平，乙方大贊，你主持公道，甲方卻難免要懷疑你屁股坐在哪一邊，而等到乙方反佔優勢，你再叫喊停戰時，乙方卻要視你為討厭的鴉鳴蟬噪了！梁漱溟當年為呼籲和平也寫過一系列文章，為避免「被認為是受某種勢力的支持而站出來說話的」，專門公開聲明只代表個人，不代表任何組織，只言論不行動，但直到建國後仍然被清算，認定其「立場完全是幫助蔣介石的」，雖然梁先生一再辯稱他意在「為國家民族息干戈兵亂之苦」，[註9]但在經「法」、「術」、「勢」這些傳統政治哲學薰染的人眼裡，豈非笑談？

不論評政治的人怎麼自命獨立，他總是與幹政治的人脫不了關係。首先，在幹政治的人眼裡，評政治的人不過書生論政，跟秀才造反差不多。然而世上的事情也真怪，書生論政的現實語境下，那種種議論是好像有些緩不濟急或陳義過高，但時過境遷，昔日迂論卻彷彿先知。張東蓀當年在關於社會主義的論戰中，曾竭力證明發展資本主義是當時中國發展生產事業、改善人民生計的唯一途徑，遭到陳獨秀等人的痛批，史論家更下結論說是「駁倒」了，然而後來事實證明如何？晚年胡繩在一次談話中論及這場爭論時，發表了通脫的觀點：「在舊中國，發展資本主義是進步的主張，不能認為凡是不同意馬克思主義，不贊成當時搞社會主義的就都是反動的。」註10 這一席話從胡繩口裡說出真是意味深長！評政治的人和幹政治的人，還往往有第二層關係，即前者總是要被各揣心機的後者謬托知己，魯迅在一篇文章中說：「民國元年章太炎先生在北京，好發議論，而且毫無顧忌地褒貶。常常被貶的一群人於是給他起了一個綽號，曰『章瘋子』，其人既是瘋子，議論當然是瘋話，沒有價值了，但每有言論，也仍在他們報章上登出來，不過題目特別，道：〈章瘋子大發其瘋〉。有一回他可是罵到他們的反對黨頭上去了。那怎麼辦呢？第二天報上登出來的時候，那題目是：〈章瘋子居然不瘋〉。」註11 魯迅先生的口氣像開玩笑似的閒談，然而在熟悉先生身前身後事的人，讀來卻另有一番欲說還休的滋味，以迅翁的清醒、敏感甚至多疑，仍然難免被人利用，遑論其他！

因「叛國案」被「養起來」的張東蓀賦閒家居，作舊體詩詞以自遣，望著壁上懸掛的梁啟超手書的對聯「風波舊憶橫身過，

世事今歸袖手看」，回首前塵不禁老淚縱橫。平生事業，是耶非耶？他作了如是總結：「深感清詩記我狂，夢回猶自對蒼茫；書生謀國直堪笑，總為初心誤魯陽」。[註12] 好一個「書生謀國直堪笑」，這難道就是張東蓀那一代以「言其所信」、「但求心安」的政論家自期的知識份子的宿命麼？

　　1968年，張東蓀和他的長子張宗炳（著名生物學家、北京大學教授）同時被捕；1973年6月2日，張東蓀逝世於北京第六醫院，此前，由於受其牽連，他的次子中科院學部委員、著名物理學家張宗燧，三子社會學家張宗穎夫婦已先後自殺。在張東蓀逝世前一年，美國總統尼克森訪華，中美堅冰打破，當家人告訴他這一消息時，張東蓀激動得像孩子似地喃喃自語：「中美不能對抗，還是我對！」[註13] ……當然，對一個曾經筆落驚風雨的傑出政論家來說，這些都近於題外話了。

==== 註釋 ====

1. 張東蓀：〈今後之政運觀——守法與讓德〉，轉引自《張東蓀傳》第61頁。

2. 謝泳：《逝去的年代》，文化藝術出版社1999年1月第1版，第22頁。

3. 張中行：《負暄續話》，黑龍江人民出版社1990年7月第1版，第25頁。

4. 張東蓀：〈論真革命與假革命〉，轉引自《張東蓀傳》第24頁。

5. 張東蓀：〈我亦談談梁任公辛亥以前的政論〉，轉引自《張東蓀傳》第25頁。

6. 張東蓀：〈我們所要說的話〉，轉引自《張東蓀傳》第313頁。

7. 張東蓀：〈生產計畫與生產動員〉，轉引自《張東蓀傳》第314頁。

8. 謝泳：《逝去的年代》第23頁。

9. 汪東林：《梁漱溟問答錄》，湖南出版社1991年8月第2版，第106-110頁。

10. 《胡繩論「從五四運動到人民共和國成立」》，社會科學文獻出版社2001年5月第1版，第5頁。

11. 魯迅：〈補白〉，收入《華蓋集》，轉引自浙江文藝版《魯迅雜文全編》（上編），第240頁。

12. 張東蓀：〈追題文如圍城四章詩後〉，轉引自《張東蓀傳》第441頁。

13. 《張東蓀傳》第448頁。

# 三 「丁在君這個人」

中國的文字真是玄妙，以本文題目而論，若有心細究，便可以讀出多種蘊含，既可以是讚歎，也可以是惋惜，更有一種「欲說還休一言難盡」的味道。「在君」，這是中國地質學的奠基者丁文江的字。1936年，時為中央研究院總幹事的丁文江赴湖南調查煤礦，在旅館睡覺時煤氣中毒，不久辭世。丁文江不幸逝世後，近代著名政論刊物《獨立評論》於1936年2月出了紀念專號，共刊登了胡適、傅斯年等人撰寫的紀念文章十九篇。胡適的文章題目就是：丁在君這個人，胡適在文中借同期紀念專號中傅斯年的話，為丁文江作了蓋棺之論：

> 我以為在君確是新時代最良善最有用的中國之代表；他是歐化中國過程中產生的最高的菁華；他是用科學知識作燃料的大馬力機器；他是抹殺主觀，為學術為社會為國家服務者，為公眾之進步及幸福而服務者。這樣的一個人格，應當在國人心中留個深刻的印象。註1

胡適和傅斯年認為丁文江「應當在國人心中留個深刻的印象」，可事與願違，在丁文江逝後是一個接著一個紛繁詭謠的時

代，丁文江的印記在大浪淘沙中被淘洗得越來越淡，即使是在胡適學人群中，也就是胡適本人後來勉力做了一本薄薄的《丁文江傳》。倒是在大洋彼岸，美國加利福尼亞大學歷史教授夏綠蒂·弗思女士在參考了大量資料後，於1969年著了本《丁文江——科學與中國新文化》，其中頗多精義，她指出：「作為一位傑出的科學家，他（丁文江）是第一位這樣的中國人，既從技術觀點又從哲學觀點研究西方的科學，感到根據科學的思想原則教育同胞是自己的責任……」又說，「丁文江所渴望發揮的這種作用——科學家作為文化的和政治的領袖——在中國的歷史經驗中是前無古人的。」註2

丁文江（1887-1936），江蘇泰興人。他在西學東漸的大潮中先到日本留學，後聽信倡導勤工儉學的吳稚暉英國留學所需不多的話，很吃了些苦頭，於1904年轉到英國學習地質學。回國後於1913年任北洋政府工商部礦政司地質科長，開辦地質研究班，1916年創辦地質調查所。1921年6月就任官商合辦的熱河北票煤礦公司總經理。1922年5月參與創辦《努力週刊》。1923年作為「科學派」之主將，與後來成為國社黨黨魁的張君勱展開「科學與玄學」論戰。1926應「五省聯帥」孫傳芳之請，任淞滬商埠總辦（相當於上海市長）。1932年與胡適、蔣廷黻等合辦《獨立評論》。1934年，應蔡元培之邀任中央研究院總幹事，直至逝世。

丁文江人生線條被不同的時段劃分涇渭分明的幾截，就像他崇尚的科學一樣，毫不含糊。試分如下：地質調查所時期；煤礦公司總經理時期；淞滬商埠總辦時期；「科學與玄學」論戰時

期；中央研究院總幹事時期；唯獨書生論政，他曾幾度試水，這其實也正是丁文江的風格，他對政治的興趣倒是一以貫之的。

地質調查所時期的丁文江是中國近代科技史上一個耀眼的名字，在北洋軍閥的統治之下，在經費、人才奇缺的窘境中，能夠一手創辦一個純學術的科研機構，進而把它培育成為西方同行眼中的「民國時期最出色的科學研究機構」，作為首任所長和籌辦人，丁文江的人格和能力發揮得淋漓盡致，按照胡適的總結，丁氏對地質調查所的貢獻有三：一是他對於地質學有個全部的認識，所以他計畫調查所，能在很短時期內樹立一個純粹科學研究的機構，作為中國地質學的建立和按步發展的領導中心；二是他自己不辭勞苦，以身作則，為中國地質學者樹立了實地調查採集的工作模範。而在丁文江之前，外國學者認為，「中國讀書人專好安坐室內，不肯勞動身體，所以他種科學也許能在中國發展，但要中國人自做地質調查則希望甚少」；三是他真誠地愛護人才，熱誠而大度地運用中、外、老、少的人才。註3 鑒於胡適和丁文江的關係，這些話也許有私好之嫌，那麼那些曾和丁文江合作過的外國專家的回憶文字，無疑是最具感染和說服力的資料了，像德國地質學家葛利普這樣學問出眾、性格古怪的著名學者，在和丁共事的過程中產生了真摯的情感，丁逝後他在一篇紀念文章中說：「丁君之為人，非特具有過人之能力，且有遠大之眼光，弘毅之魄力與勇氣，識見所及，均能力行之而成事實！丁博士以超眾之才識與能力為其祖國服務，從來不為私圖。其生平最熱烈欣慰之事，莫過於親眼所見某一個青年之中國地質學者成就某一件有價值之工作，而能與歐美之同類工作比美之時。」註4 作為地

質學家的丁文江除了個人科研天份，更通過籌辦地質調查所顯示出卓爾不群的組織和領導才能，這種才能到了他因家累（主要是兄弟求學的負擔）太重，他就任熱河北票煤礦公司總經理之時，也有出色的發揮，他使北票煤礦在短短的五年之內成為了經濟效益很高、一定程度上實現了初步機械化的煤礦。不能不說這是近世中國知識份子中，稀如星鳳的一種類型，一如蔡元培所說：「普通科學家未必長於辦事，普通能辦事的又未必精於科學；精於科學而又長於辦事，如在君先生，實為我國現代稀有的人物。」註5

一場「科學與玄學」的論戰，使丁文江的名字廣為士林所知。現在來看這場論戰，雙方本來都各有道理，甚至大概都心知肚明，有意思的是卻偏偏要做出一種決絕的姿態。即使在科學派陣營中，即使是和丁文江走得很近的胡適，他也有意無意地透出反玄學只是一種權宜之計，他表示只有科學發達的歐美才有資格講講玄學，言下之意豈不等於說，等中國科學發達了再講求玄學不遲嗎？在這點上，丁文江和胡適是有距離的，丁文江在科學中不僅找到了一種方法論，而且找到了世界觀以及價值觀念的試金石，科學於他已經是一種真誠的信仰。易言之，丁文江有泛科學傾向，基本上是一個唯科學主義者。這一點於他影響甚大，一方面是生活小節上講究科學，蔣廷黻就說丁氏是他「一生一世所遇見的最講究科學的一個人」註6，另一方面他做事向來秉持堅定的信念，算計著這世上的事情總是一件件做起來的，認為天下無不可為之事。從來沒有頹唐過，總是信心滿懷地一件件事認真做

起，這就是丁文江的風格，從事地質調查工作是如此，組織籌辦科研事宜也是如此，投入政治更是如此。

正如夏綠蒂·弗思女士所指出的，丁文江在他並不漫長的一生中，作為一個接受西方科學方法和理念的現代知識份子，渴望發揮出其在文化和政治上的領袖作用。這的確是近世以來中國的一種新的現象。本來中國的知識份子向來有以天下為己任的傳統，這一傳統到了丁文江所處的時代，又被賦予了新的特色，即丁文江和他的同代人擔當意識更加強烈，具有更強的主體性。丁文江對政治有強烈的興趣，1923年8月，他在《努力週刊》上發表了〈少數人的責任〉一文，文中說：「我們中國政治的混亂，不是因為政客官僚腐敗，不是因為武人軍閥專橫，是因為『少數人』沒有責任心，而且沒有負責任的能力。」他宣稱：「只要少數裡面的少數、優秀裡面的優秀，不肯束手待斃，天下事不怕沒有辦法的。」「中國的前途全看我們『少數人』的志氣。」<sup>註7</sup> 據朱家驊回憶，丁文江面對當時混亂政治的看法是：「最可怕的是一種有知識、有道德的人，不肯向政治上去努力」，他認為「只要有幾個人，有百折不回的決心，拔山蹈海的勇氣，不但有知識而且有能力，不但有道德而且要做事業，風氣一開，精神就會一變。」<sup>註8</sup> 丁文江為了鼓動文人學者走出象牙之塔（或者說乾脆就是為自己的從政找一辯詞？），不惜將國家政治不上軌道的責任「歸罪」於同僚，其見雖偏，其志卻甚大，這當然與舊時那些以做帝王師為最高理想的士人稍有不同的。正是基於這一立場，他置眾多朋友的勸告於不顧，出任了孫傳芳治下的淞滬商埠總辦，雄心勃勃地擘劃發展「大上海」。這成為他一生中最富爭議的一

真實 與 幻影

—— 近世文人縱橫談

段經歷，知己如傅斯年，當年在海外初聞丁文江就任淞滬商埠總辦，聲稱回國第一件事就是殺了丁文江。

爭議的來由其實也簡單的很。就因為用丁文江的是孫傳芳。孫傳芳何許人也？直系中佔據浙、閩、蘇、皖、贛，自稱五省聯軍總司令的大軍閥。軍閥自有其共性，如擁兵自重，有槍便是草頭王，但也有其個性，孫傳芳在他的地盤上打出的是保境安民的旗號，扛這旗幟的人不少，但如孫傳芳這樣做得這般像的並不多，他關心社會治安狀況和部隊紀律，抑制稅收，並曾公開宣稱為愛國而獻身，職是之故，孫傳芳在富庶之地的江浙口碑要算不錯的，當然換個角度說孫的姿態讓一些士紳上當了也未嘗不可。上當的人中就有丁文江，孫傳芳倒臺後他對傅斯年說，孫在軍人中很有才，很愛名譽，很想把事情辦好，只是有一個根本的缺陷，就是近代知識太缺乏了。註9 讓朋輩對丁文江不滿的不僅僅因為孫傳芳是個軍閥，更因為孫傳芳是個與國民黨的北伐對抗過的軍閥，像丁文江的朋友，後來榮任國民政府教育部長的朱家驊，雖然一方面認為丁文江任淞滬商埠總辦的「動機完全是出於熱誠愛國」，但也說這一段事蹟是丁「最受批評的地方，也可以說是他生平的恥辱」。註10 站在今人的角度思之，這種議論有多少道理可講呢？就因為丁在軍閥手下做事，所以這便成為丁文江一生洗刷不掉的污點？可是近現代中國知識份子誰能擺脫因人成事的宿命？朱家驊也好，胡適也罷，這些人後來都曾為國民政府效力，可是這種效力在另外一些人士眼裡，不也等同於為某個私人及其集團所用嗎？這真是一筆糊塗帳。與其這麼纏夾不清，我們不如跳出正統非正統的畛域，先把簡單的事情考察清楚，具體到丁文

江，我們似乎不必在他為誰所用的問題上糾纏不休，而更應該問問他在淞滬商埠總辦的職位上究竟做了些什麼，於我們整個國家和民族有何益處或有何害處？

丁文江做淞滬商埠總辦只有八個月的時間，但平心而論，確有其抱負和實績，胡適後來為他作傳記就評價說，回看過去，丁氏任內有兩件事值得記載，「第一是他建立了『大上海』的規模，那個「大上海」，從吳淞到龍華，從浦東到滬西，在他的總辦任內才第一次有統一的市行政，統一的財政，現代化的公共衛生。」「第二是他從外國人手裡為國家爭回許多重大的權利。」尤其以收回公共租界的會審公堂為最成功。註11 當時丁文江率領一批中國當地的法律專家經過四個月的直接談判，使租界當局與上海市政府達成了一項新的協議，事實上恢復了條約規定的租界法庭的原始地位，使訴訟程序的規定兼顧中國人的利益，這個法庭再一次成為中國人掌管的機構，只有簽約國國民才能有他們政府的代表加入法庭審判官的行列。這一結果自然無法完全滿足激進主義者關於廢除一切治外法權的要求，但一個文人，不用一兵一卒，幾乎全憑理性和知識的力量，能讓空前強大的對手尊重並有此收穫，豈非足以使坐而能言起而難行的舊式士子感到羞愧？丁文江本人對自己的成績有著清醒的認識，《字林西報》中記載了他關於收回會審公堂的評論，「儘管中國人民的滿腔政治熱望不會因為這一協議而得到滿足，然而，著眼於內戰環境和國家缺少一個中央政府，這個協議是我們所能取得的最大成就。」這句看似簡單的話中透出了丁文江幾個特異之處：對任何事不盲目樂

觀也不一味悲觀，不唱高調，著眼於現實，堅韌不拔地一件件做去，必要時也懂得從權和妥協。

孫傳芳因和武力北伐的國民黨軍談不攏又打不贏，轉而投靠素來為江浙輿論唾棄的奉系。據丁文江和另外一些人士的回憶，他曾和人一起當面向孫傳芳表達「江蘇老百姓寧可受國民黨的統治，絕不願再受鬍子騷擾」的民意，孫傳芳拿出前方將領反對與國民黨妥協的電報說：我不能不向張家妥協，不然，我站不住。丁說，與二張妥協，政治上站不住。孫答曰，那就管不得許多了。話不投機，丁文江辭別孫傳芳，不久離開上海。

被自己視為「愛惜名譽」的孫傳芳一旦到了名譽和權位衝突的時候，便棄名譽於不顧，這大概給了丁文江一個教訓。隨著孫傳芳的倒臺，商埠總辦的治績隨之風流雲散。這也標誌著丁文江一種救國理念的破滅：幻想在一個有力的地方統治者相對穩定的統治之下，依靠自己這樣受過教育的專家的行政手段，求得政治、社會問題之解決。

丁文江是抱著改良政治的願望投到孫傳芳門下的，他後來曾對傅斯年論證他在上海所起的作用：「改良中國的政治絕不能等到所謂時機成熟，有機會不可失機會」。這席話中也許有幾分為自己辯解的意味，倒是他對胡適說的一番話更耐咀嚼，「從前許劭說曹操可以做『治世之能臣，亂世之奸雄』，我們這班人恐怕只是『治世之能臣，亂世之飯桶』罷！」註12 這時的丁文江也許已經懂得，儘管他在朋輩中並非枯守書齋的呆子，素有幹才之譽，但因為近代中國特殊的政治生態，政治這東西仍然是他玩不轉的。

國民黨的北伐成功，北洋政府垮臺。丁文江和章太炎、黃炎培等人一起成為新政府通緝的對象，先蟄居北京，後避走大連。這在丁文江的一生中應該說是段相對陰暗的日子。首先是經濟上的，誰能想到曾佔據淞滬商埠總辦這一肥缺的丁文江卸任後一度生活困窘，竟至要靠一位並非知交的人救濟才能維持呢？更重要的還是心境上的，在給胡適的信中有所透露，「我自到北京來了以後，有兩種感覺：1、當革命的時代，如我這種人實在不適用。我不太很會說謊話，而且疾惡過嚴，只好管閒事。行政方面，我自信頗有能力，在上海的試驗，尤足以堅我自信，但是目前不是建設的時代，不妨留以有待。2、政治是危險的事，我固然不怕危險，但是我現在有許多心願未了。」註13 心願云云，主要是指科學方面的抱負，蟄居生活中，他整理了《徐霞客遊記》三卷本，由商務印書館出版，在學術界引起很大反響，隨後又應廣西政府之邀幫助勘查礦產。這時的丁文江彷彿又回到了地質調查所時期。但面對紛紛擾擾的現實，具有強烈擔當意識的丁文江終究不能學太上之忘情，不可能無限期地把自己禁錮在純學術的活動中，他始終未曾放棄他對國家政治、經濟現代化所承擔的義務，以及他關於知識份子在這一過程中應擔負重要角色的信念。這一信念很快在他給胡適的一封信中表露無遺，「我打定主意，先把我的科學心願去了，然後依然向政治上努力，絕不悲觀，絕不怕難，——也絕不怕死。」註14

在近代中國，政治和知識份子的關係總是剪不斷理還亂，你不幹政治，但不可能不談政治，即使你不談政治，但政治未必就一定不會找上門來。當過淞滬商埠總辦，丁文江算是幹過政治，

這回，他要談政治了。說起來，丁文江的談政治也是重作馮婦，1922年，在《努力週報》上鼓吹「好政府主義」的16個簽名者中，就有丁文江一個。可是這回的談政治和上次不同，這次是積澱了他自己幹政治的經驗，融入了更多獨屬於丁文江「這一個」的思考，更契合於他所觀察所理解的中國的政治實際。果然，這一談就不同凡響，和胡適等書生論政的朋友拉開了距離。這回，深受西方式教育的丁文江居然在《獨立評論》上提倡「獨裁」了，不過他呼喚的是所謂「新式的獨裁政治」。1934年12月，他在《獨立評論》上發表的一篇題為〈民主政治與獨裁政治〉一文中，明白規定了新式獨裁須具備的四個條件：「1、獨裁的首領要完全以國家的利害為利害；2、獨裁的首領要完全瞭解現代化國家的性質；3、獨裁的首領要能夠利用全國的專門人才；4、獨裁的首領要利用目前的國難問題來號召全國有參與政治資格的人的情緒與理智，使他們站在一個旗幟之下。」註15

　　「民主與獨裁」之爭是三十年代自由主義知識份子主要以《獨立評論》為陣地而開展的一場著名的論戰。這場論戰有其特殊的背景。在國內，日本人步步進逼，民族危機日益深重，在國外，德、蘇等走的集權式經濟道路的成就不能不讓人刮目相看，就連羅素、拉斯基、威爾斯等這些中國自由主義知識份子極為欽敬的人物，也開始對歐洲民主主義是否能夠解決二十世紀極度的經濟特權、民族紛爭等問題提出疑問。1933年，丁文江代表中國政府及中國地質學會先後到美、歐、蘇轉了一圈，舉目所見，不但是希特勒剛剛登臺、史達林第一個五年計劃剛剛結束時的一片新氣象，而且美國這時正值羅斯福新政的第一個半年，正當美國

國會把許多緊急時期的國家大權都授予羅斯福的時期。這一切肯定給憂心於國家民族危機的丁文江留下了很深的印象。1934年5月，歸國不久的丁文江在《大公報》上撰文〈我的信仰〉，裡面談到了他的出遊美蘇的觀感，裡面說：「我儘管同情於共產主義的一部分（或是大部分），而不贊成共產黨式的革命。」後面又說，「做統治設計的工作，政體是不成問題。」「政體是不成問題的」，這已經為不久提倡「新式獨裁」打下了伏筆。

回顧這場「民主與獨裁」的論爭，雙方的分歧其實不是民主好還是獨裁好這一價值判斷的問題，參與論爭者中沒有人否認民主政治的價值，他們所爭論的只是在國難深重的形勢下，採取什麼樣的管理國家的方式更見效用的問題，提倡新式獨裁也好，或主張權威主義也罷，在丁文江等人心目中，不過是面對無奈現實的一種權宜之計。

胡適對老朋友丁文江的提倡新式獨裁大為失望，他在文章中警告說：「今日提倡獨裁的危險，豈但是『教猱升木』而已，簡直是教三歲孩子放火。……我可以斷斷地預言：中國今日若真走上獨裁的政治，所得的決不會是新式的獨裁，而一定是那殘民以逞的舊式專制。」<sup>註16</sup> 儘管新式獨裁論融入了丁文江對中國現實的深切思考，並非一時心血來潮之論，但作為一個負責任、敢擔當、現實感強烈的知識份子，呼喚新式獨裁究竟會有一個怎樣的結果，胡適提出的這個問題仍然是丁文江無法回避的。他自己心目中的理想的新式獨裁無疑是羅斯福新政，但淮桔成枳的事情在中國還少嗎？他後來在〈再論民治與獨裁〉一文中實際上同意了胡適的觀點，他說：「中國人的專制向來是不徹底的。所以我

們飽嘗專制的痛苦，而不能得獨裁的利益。」[註17] 這是一段至為沉痛的話，許多年後胡適在《丁文江傳》中說這段話最使他「感動」，我們今天重溫，一個愛國的知識份子激烈的內心衝突也彷彿歷歷可見矣。而在對民主政治的終極價值有了更深體認的當下，丁文江的這種激烈的內心衝突尤其顯得意味深長：主張新式獨裁的丁文江、蔣廷黻固然主要是從工具意義上來把握民主、自由這些價值，他們相信採用獨裁或新式獨裁的方式更能幫助國家度過迫在眉睫的危機，而為民主政治堅定辯護的胡適也何嘗不是將辯護立足在現實功用的層面上？為什麼民主、自由就不能成為一種終極的價值，其本身就是目的而不僅僅是手段？這樣的問題必然也是他們思考過的，抑或正是因為繞不過這樣的問題，原本深受西方價值觀念洗禮的這些知識份子，有時竟會呈現人格分裂的症候。今人對此說什麼好呢？也許只能怨這個苦難深重的國家，連累了他們做不成一個普適價值的捍衛者，或者乾脆輕飄飄地道一句：誰叫你用世之心過切？

1935年，也就是丁文江棄世的前一年，他寫了一首七絕〈麻姑橋晚眺〉：

> 紅黃樹草爭秋色，碧綠琉璃照晚晴。
> 為語麻姑橋下水，出山要比在山清。

「出山要比在山清」，這顯然是反用杜甫「在山泉水清，出山泉水濁」詩意而抒發懷抱。丁文江文弱中不失強項，儘管他的「出山」飽經挫折與誤會，他還是始終秉持著那份自信。不過，

在局外人眼中，丁文江「出山」的清清濁濁還真是個見仁見智、糾纏不清的問題。許紀霖先生就說丁文江的「出山」還是抱著「內聖外王」的理想，充其量仍不過是中國歷史上司空見慣的傳統士大夫，並舉出他給孫傳芳當淞滬商埠總辦、為獨裁政治張目等言行，說其結果偏偏是「出山不比在山清」，直言「丁文江，可惜了」。註18 在近代中國這樣一個畸形的政治生態裡，丁文江的種種努力幾乎註定要被後人歎惋，好在以丁文江的作風，他是只在乎自己怎麼做，不在乎別人怎麼說的。據胡適記述，丁文江最喜歡的詩句是：

明天就死又何妨！
只拼命做工，
就像你永遠不會死一樣！

這三句活畫出丁文江的風貌，說到底，丁文江就是這樣一個少玄想、看準了事情就趕快去做並盡力做好的讀書人。如此而已。

═══════ 註釋 ═══════

1. 《丁文江印象》第13頁、27頁、38頁、74頁、88頁，學林出版社1997年12月第一版。

2. 《丁文江：科學與中國新文化》第6頁，湖南科學技術出版社1987年3月第1版。

3. 《丁文江傳》第42-46頁、93頁、119頁、150-151頁，胡適著，海南國際新聞出版中心1994年1版3印。

4. 《丁文江印象》第13頁、27頁、38頁、74頁、88頁，學林出版社1997年12月第一版。

5. 《丁文江印象》第13頁、27頁、38頁、74頁、88頁，學林出版社1997年12月第一版。

6. 《丁文江印象》第13頁、27頁、38頁、74頁、88頁，學林出版社1997年12月第一版。

7. 《丁文江年譜》第31-32頁、37頁，王仰之編，江蘇教育出版社1989年8月第一版。

8. 《丁文江年譜》第31-32頁、37頁，王仰之編，江蘇教育出版社1989年8月第一版。

9. 《丁文江印象》第13頁、27頁、38頁、74頁、88頁，學林出版社1997年12月第一版。

10. 《丁文江年譜》第31-32頁、37頁，王仰之編，江蘇教育出版社1989年8月第一版。

11. 《丁文江傳》第42-46頁、93頁、119頁、150-151頁，胡適著，海南國際新聞出版中心1994年1版3印。

12. 《丁文江傳》第42-46頁、93頁、119頁、150-151頁，胡適著，海南國際新聞出版中心1994年1版3印。

13. 《胡適來往書信選》上冊第434頁、462頁，中華書局1979年5月第一版。

14. 《胡適來往書信選》上冊第434頁、462頁，中華書局1979年5月第一版。

15. 《丁文江傳》第42-46頁、93頁、119頁、150-151頁，胡適著，海南國際新聞出版中心1994年1版3印。

16. 《胡適政論與近代中國》第149頁,沈寂著,商務印書館(香港)有限
公司1993年10月第一版。

17. 《丁文江傳》第42-46頁、93頁、119頁、150-151頁,胡適著,海南國際
新聞出版中心1994年1版3印。

18. 《尋求意義》第136頁,許紀霖著,上海三聯書店1997年12月第一版。

# 四 文化保守主義者的命運
## ——以胡先驌為例

　　說到中國近世以來的保守主義者，人們一般都會想到這樣兩副面目：一副是倭仁、徐桐的，他們篤信「天不變，道亦不變」，「吾聞用夏變夷者，未聞變於夷者也」，對異域文明一概鄙視和唾棄；一副是陳寅恪和吳宓的，親歷歐風美雨，主張「一方面吸收輸入外來之學問，一方面不忘本來民族之地位」。

　　鑒於「保守」這一辭彙在中國語境中的特定含義，對陳寅恪、吳宓這一群體，也許稱為「文化保守主義者」更為適當，他們對中國文化懷抱著無限深情，強調中國文化本位，但另一方面，對以「民主」、「自由」為基本符號的普世價值並不拒絕，在他們這裡，政治上的自由主義和文化上的保守主義是融為一體的。而在以陳寅恪、吳宓為代表的這一文化保守主義者群體中，胡先驌是一個被埋沒、忽視了多年的人物。

　　其實，即使是在文化保守主義者群體中，胡先驌也是非常特異的，因為他是科學家，本行是植物學研究，連毛澤東都知道他是「中國生物學界的老祖宗」。眾所周知，近代科學主義思潮曾君臨華夏，受此思潮洗禮的人，都喜歡用一把「科學」的尺子丈量傳統中國的一切，並屢興「太不科學非加掃除」之誓，而胡先驌是著名植物學家，科學、精密、實證是其應有之義，他為什麼

卻偏偏對傳統文化情有獨鍾？這是個並不好回答的問題，而僅此一點，就足以證明，胡先驌實在是一個很有些意思的人物。

前面說過，胡先驌被埋沒多年了，即使是在植物學界中，這個宗師級的先輩一度也是非常寂寞的，1983年中國植物學會在太原召開慶祝年會成立五十周年年會，會長作回顧歷史的發言，在評價開創性人物的章節中，居然沒有胡先驌的地位。近年來廬山植物園的胡宗剛先生專力於胡先驌研究，為他寫了部傳記，為其一生主要事業所在——靜生生物調查所，寫了部《史稿》，加上前幾年江西高校出版社出版的《胡先驌文存》，和樊洪業主編的《中國科學院編年史》（胡氏1949年後供職於科學院下轄的植物分類研究所），總算使筆者這樣對胡先驌感興趣的人，有了一點基本的認識。考慮到讀者對胡先驌的陌生，先不妨勾勒其一生行事之大端如下：

胡先驌，字步曾，號懺庵，1894年生於江西南昌一個書香門第，曾祖父曾中一甲進士第三名（即探花），幼年讀書時曾受一代大儒沈曾植賞識，1912年赴美國加州大學攻讀植物學，希望「乞得種樹術，將以療國貧」，但不廢研讀舊文學，回國後在大學任教，專業著述甚多，開一代新風，和他人創辦北平靜生生物調查所、廬山森林植物園、雲南農林植物研究所等科研機構，被選為中央研究院院士，又和吳宓等人合辦《學衡》雜誌，引發新舊文學之爭，1949年後在植物分類研究所任研究員，因批評蘇聯李森科的理論受到批判，文革伊始即遭衝擊，終於1968年7月猝死。

這樣的粗線條，對準備走進胡先驌豐富內心世界的人來說，當然是不能滿意的。那麼，且讓我們用工筆手法，擷取胡先驌的一些人生細節，試作剖析。

## 新舊文化之爭中的胡先驌

提及新文化運動中的新舊文學之爭，便不能不提到吳宓和由他所主編的《學衡》雜誌。《學衡》是文化保守主義者在文學革命大潮中聲嘶卻氣弱的籲求，當年遭到近乎滅頂的攻擊，及今視之，也多有不合時宜的地方。現在有人開始做重新審視《學衡》的工作，這個工作大有價值，但一般都只是關注「學衡派」的整體價值取向，個案研究也僅及於吳宓、梅光迪等頭面人物，而作為學衡派重要成員的胡先驌，卻受到了極不應該的疏略。實際上，胡先驌在學衡派中的地位和作用，吳宓於其日記中有清晰的表露。從《吳宓日記》中，我們屢次看到吳宓抱怨胡先驌對《學衡》雜誌不盡力，慨歎自己不被同儕所理解，此中似乎透露了這樣兩點資訊：一是胡先驌的支持對維繫《學衡》雜誌的重要性；二是，胡先驌雖然也可歸入文化保守主義者群體中，但他遠不像吳宓這樣對傳統文化徒抱一腔浪漫主義，他要清醒得多，他即使堅持自己的取向，但顯然並不認為學衡同人的努力，就可以力挽狂瀾。

對《學衡》雜誌的成敗，胡先驌雖然不像吳宓那樣，視為天高地厚之重，但他還是在《學衡》發表了一些有份量的文章，而其中那幾篇關於舊文學的論文，從學理角度論，我以為堪稱學

衡派最有學術光芒、最不易駁倒的文字。像〈評阮大鋮詠懷堂詩集〉、〈評鄭子尹巢經巢詩集〉、〈評俞恪士觚庵詩存〉、〈評朱古微彊村樂府〉等文，一望而知，其作者一定是一個深明中國詩詞遞進歷程，而又對舊詩創作甘苦深有體味的人。試舉〈評阮大鋮詠懷堂詩集〉一文為例。明末的阮鬍子，先是依附閹黨，後又屈身降清，為人所不齒，可是他的《詠懷堂詩集》，尤其是其中的山水詩，自明季迄今，卻始終不乏偏嗜者。山水詩是中國詩之一大宗，代代有高手，阮詩有何特異之處？試看胡先驌的分析：在阮大鋮以前歌詠自然的名篇，「皆靜勝有餘。玄鷟不足，且時為人事所牽率，未能擺脫一切，冥心孤往也。惟詠懷堂詩，始時能窺自然之秘藏，為絕詣之冥賞。」胡先驌認為阮詩「非泛泛模範山水，嘯傲風月之詩人所能作也，甚且非尋常山林隱逸所能作也。必愛好自然、崇拜自然如宗教者，始克為之，且不能日日為之，必幽探有日，神悟偶會，『形釋』、『神愉』，『百情有觸』時，始能間作此等超世語也。即在詠懷堂全集中，亦不多見，他人可知矣。」註1 胡氏的意思是說，山水詩只有發展到了阮大鋮這裡，山水才上升為一種本體，不再是詩人遣懷寄意的一種工具，這種對自然的崇拜正是前代詩人沒有的。世之好阮詩者眾，可曾有誰像胡先驌這樣分析得如此精微？這種功夫當然淵源於胡氏的家學，而更重要的，恐怕還是那種對中國詩詞天生的悟性，有以致之。

　　正因為進入了中國詩詞的三昧，又嘗「寢饋於英國文學，略知世界文學之潮流」（胡氏自語），他所以要力斥胡適等人排倒舊文學之非。他的觀點是，「文學自文學，文字自文字，文字

僅取其達意，文學則必於達意之外，有結構、有照應、有點綴。而字句之間，有修飾、有鍛煉，凡曾習修辭學作文學者，咸能言之。非謂信筆所之，信口所說，便能稱文學也」。[註2] 他又以留洋學者的身份，指出當年新文化運動中，「群以寫實主義、自然主義為文學之極則，有謂最高之文學，斯為寫實主義」，「此所以在歐美諸邦已陳舊之易卜生，猶能風靡於中國也。」[註3]

怎樣看待胡先驌對胡適等新人物的批評？據我觀察，二者看似劍拔弩張，其實雙方之側重點早已有所不同。胡適等人要以白話廢文言，推崇寫實主義為文學之極則，他們談的是文學，著眼點實則在社會，即努力以文學改良來推動社會之變革，而胡先驌卻更著眼於文學之本身的規律，雙方本來就是兩條道上跑的車。當年似乎互不相容，現在視之，也許更像一幕喜劇。

回到胡先驌的文學觀。他反對日常交際說話、寫字就等於是文學，反對丟掉本民族文學中的優良傳統，這自然是一種既「保守」，又有些「精英」腔調的文學觀，在當下的語境中有些「政治不正確」了，不過他自己倒是一以貫之的，直到晚年他在給著名教育家鄭曉滄的信中還說，「新體詩即能自立門戶，亦不過另增一新體，未必能完全取舊體詩而代之」，寫詩「但問佳不佳，不問新不新。」[註4]

「但問佳不佳，不問新不新」，雖是論詩，彷彿也是胡氏的夫子自道。這句話值得我們深長思之。

真實與幻影
——近世文人縱橫談

## 作為自由主義者的胡先驌

作為文化保守主義者的胡先驌，同時又是一個政治上的自由主義者。不僅胡先驌是這樣，陳寅恪、吳宓等人都是這樣。

這一點並不特別讓人奇怪。首先，從學理的角度，自由主義者和保守主義者往往都是經驗主義者。其次，胡先驌他們這一代文化保守主義者，已經不可能跨入倭仁、徐桐所置身的那條河流中了，不僅是時代變了，他們對中國文化的認識，遠非在理學圈子裡打轉的倭仁、徐桐等人能比，更因為他們親自在歐風美雨中沐浴過，而倭仁們對「夷」的各種奇談怪論，卻只能停留於「想當然」。一個親眼目睹了議會民主、自由選舉的人，要他認為，像黃宗羲在《明夷待訪錄》中描繪的，那種君主「屠毒天下之肝腦，離散天下之子女，以博我一人之產業」的生活多麼美好，大概是很困難的。

作為自由主義者的胡先驌，當然不如作為文化保守主義者，激烈反對以白話取代文言的胡先驌知名，不過，在這方面並不缺乏可以圈點的地方：

在反基督教運動中，胡先驌說「吾未見帝國主義之害與基督教有不可解之關係也。」對這項聲勢浩大的運動唱了反調，須知，當時反基督教正是知識界的一種時髦。

在東南大學易長風潮中，胡先驌撰文，批評「國民黨詆人，動曰反革命，曰資本主義走狗，凡非本黨之人，輒視之為研究系」。「東南大學與政黨素不發生關係，言論思想至為自由。教職員中亦無黨派地域之別。」他雖然聲稱，「予為對於郭校長治

校政策向表不滿之人」,但仍然力挺被國民黨所不容的郭秉文,「綜觀今日之大學校長,自蔡孑民以下能勝任於郭氏者,又有幾人乎?」「至謂某為校長某為教授,某與政黨關係如何,此何足問?但問東南大學是否受此種政黨之影響,是否能保持其固有超然學風耳。不得便謂惟國民黨人可任為東南大學校長與教授,凡非國民黨人即應在摒除之列。」[註5] 反對黨化,堅持教育獨立,這是標準的自由主義者的態度。

胡的鄉前輩、國民黨人熊純如主持江西教育,他作為地方名人,致函表示,「公主持教育,幸勿蹈廣州積習,但知傳授黨綱,而徒為非國民黨之科學家所訕笑也。」「政治改革經濟改革之外,更須有科學與教育之建設,學生固須有政治常識,然既有政治軍事學校,則不可使所有學生,徒浪費光陰於政治運動。」這是典型的自由主義的立場。

我們看他發表的以上一些議論,都是即興之作,證之以他在執掌大學和各大科研機構中的民主作風,這就表明,呼吸了自由空氣的人,對自由的信仰已經滲入了他的血脈,與他對本民族的文化傳統持何觀感沒有任何關係。

胡先驌到底是一個科學家,科學家的一大長處是縝密觀察。〈蜀遊雜感〉就是一篇站在自由主義立場上,對社會縝密觀察的一篇傑作。這是1933年,他和中國科學社同仁應四川善後督辦劉湘之邀,入川一遊後所作,既是遊記,也是一篇評論川政得失的政論文,長達近萬言,發表在當年的《獨立評論》上。這篇文章有兩大特點,第一就是縝密的觀察。比如四川軍閥派別林立為人所共見,如何善後則莫衷一是,胡則斷定「四川裁兵屯墾,問

題不在退伍士卒之安插，而在如何滿足軍官之大欲」，「四川裁兵猶有一困難：即為軍官一旦兵權既失，地位亦即隨之，昔日藉兵力壓迫他人者，今且受他人之壓迫。」又如他論及四川關卡林立，對民生的摧殘，說「其間接影響於農民之生計者，較直接重稅為尤大。又每因追租過嚴，使農民節衣縮食貶價出售，造成農產不自然之過剩狀態，因之農民生計愈劣。復以此為主因，使農民不得不高利借貸，而債台因以日高。」第二就是獨立的判斷。按說胡氏既是四川軍人請來的客人，沿途之照拂無微不至，理當有所尊禮，但胡氏卻斬釘截鐵地說：「四川號稱魔窟，而魔窟中之群魔，厥為軍人！」「四川政治之腐敗，在全中國中殆為罕見，大約惟張宗昌時代之山東可與先後輝映。」胡氏可貴的是，他並未因個人的惡感就將舊軍人在建設方面的所有成績一筆抹掉，他評價說：「在諸巨頭中，楊森最善於建設。……在諸巨頭中頭腦極新，不甚殖產，是其長處。其短處在一意孤行，作事未免操切，而當其從事其理想中之建設時，並不顧人民之擔負能力如何。……劉湘為人沉著有遠識，不殖產，無內寵，在軍人中實為難能。……然彼個人對於現代政治似尚未得真切之認識，……」

　　胡先驌本是書齋中人，抗戰中出任江西的國立中正大學校長，和當局因校址、保護示威學生等問題，有過一些頗不愉快的交道，後被蔣介石解職，按說這時他更應該如自己詩中所說，「春暮山花到處開，松間負手獨徘徊」了，可是，隨著國共兩黨的徹底攤牌，民生的進一步凋敝，他還是破門而出了，其主張仍然是自由主義知識份子的典型選擇，侈想走第三條道路，積

極與北京大學知名教授組織獨立時論社，撰寫了〈對政務院之期望〉、〈今日自由愛國份子之責任〉、〈與翁院長一封公開信〉、〈論「兩分軍事、三分政治、五分經濟」之戡亂政策〉等政論文章。

這些文章的直接後果就是導致他在後來的科學院學部委員評選中落選。當然可能還有一些餘波，顯示得也許並不分明，卻實實在在地影響了當事者的後半生。

## 區別與自由主義者的胡先驌

1949年後，胡先驌的處境，從他親手創辦的靜生生物調查所被接收，為此成立的靜生生物調查所整理委員會中，竟無其一席之地即可見出。這本來是一個比較清楚的信號，但究竟是書生，除了批評李森科曾掀起軒然大波外，胡先驌還有以下一些比較「出格」的事：

因管理庚子賠款而設的中華教育文化基金董事會（簡稱中基會），在1949年後的語境中，被視為美帝國主義對華文化侵略的工具和走狗，遭到徹底否定。1950年，胡先驌撰〈庚子賠款與中國科學人才之興起〉一文，因文章多次涉及中基會對近代中國科學的貢獻，作者和編者都被認為有崇美思想，發表此文的《北京史話》刊物被勒令停刊。

有人指責胡與蔣介石仍然沒有劃清界限，不願罵一聲「蔣匪」。思想改造運動過後，胡在私下裡說：「我不能罵蔣介石，罵了蔣介石，就等於變節」，這些話被人反映到領導那裡，記錄在胡先驌的人生檔案中。註6

　　1951年12月，在許多知識份子開口「學習」閉口「改造」的環境中，「胡先驌提出學習是突擊性的，大家不贊同，又渠不肯做筆記，講自大學以來已無此習慣，抗拒抽查筆記，謂其記性甚好，可知其確存在若干包袱。」[註7]

　　……

　　李森科事件中，內有眾口鑠金的緊張氣氛，外臨「老大哥」蘇聯抗議等強大政治壓力，胡先驌對特地前來勸說他的中國科學院黨組書記張稼夫、副院長竺可楨表示，可以寫學習心得的文章，但拒絕檢討。[註8] 本來和蔣介石父子鬧過不快，罵一聲「蔣匪」是很容易的，可是他卻說罵了「就等於變節」；反美的大氣候下，他卻為美國人當初退回的庚子賠款評功擺好，……斯言斯行，當然可以說是書呆子氣十足，不過，這樣的書呆子氣十足的動作，卻常常發生在文化保守主義者身上（陳寅恪的事例更是眾所周知），竊以為是意味深長的，因為同樣為書生，為我們所熟知的自由主義知識份子往往是另外的抉擇。許紀霖分析過金岳霖這一個案，說1949年後「自由主義知識份子之所以心悅誠服地接受馬列主義，其中有一個很重要的原因是1949年以前一直擔心中國被瓜分。正是這樣的『瓜分情結』，使得他在解放後認為共產黨解決了國家的獨立，所以國家有自由了，個人自由受點損失也就認了」[註9]

　　在一個與自己經驗完全陌生的時代裡，面對新的主流話語和價值符號，自由主義知識份子大多或自覺或自願，或自覺而不自願地改造自己。這裡「自覺」、「自願」、「自覺而不自願」云云當然都是有區別的，自覺屬於理性，而自願屬於意志，自由主義知識份子在思想改造中，意志上也許是不自願的，但是在理性

層面，又往往是自覺的，他們覺得自己配不上一個全新的時代，應該脫胎換骨。與此相比較，文化保守主義者們卻常常頑固地堅守著自己的領地，就像當年要為傳統文化聲嘶卻氣弱地籲救一樣，這是為什麼？

不能不注意到，在文化保守主義者那裡，儒家理想人格的榜樣作用。什麼是儒家的理想人格？內涵和外延也許都是模糊的，但對中國傳統知識份子而言，又分明有這樣一種東西，它就活生生地存在於先賢的隻言片語中：「君子喻於義，小人喻於利」，「君子謀道不謀食」，「士不可以不弘毅，任重而道遠。仁以為己任，不亦重乎，死而後已，不亦遠乎？」，「士志於道，而恥惡衣惡食者，未足與議也。」，「富貴不能淫，貧賤不能移，威武不能屈，此之謂大丈夫。」……對文化保守主義者來說，先賢的片言隻語就彷彿是一種神示的力量，始終能讓他們從艱難竭蹶中倔強地昂起頭來。有時候他們可能顯得太不通權變，甚至是顢頇，但他們在傳統文化浸潤之下，其恥感往往是最深的。

胡先驌在中正大學校長的任上，曾對學生發表演講，宣稱：「我國民族不可磨滅之精神，足以使吾國文化幾廢幾興，終不失墜者，仍為昔聖昔賢道德學說之精粹也。」這樣的話和陳寅恪所論幾乎如出一轍。今人聞之難免有一些迂腐的氣息，其對世風的影響也可能微乎其微，但毫無疑問，胡先驌即使是在立身行事的小節上，也是躬行不逾的。以罵「蔣匪」一事來說，誰都可以張口即來，罵與不罵，其中的利害得失也不言而喻，可是先賢一句「君子喻於義、小人喻於利」在前面等著你哪。自己明明接受過別人的委任，現在罵人為匪，則何以自處？在傳統道德的範疇

裡，這只是一個極小的問題，然而我們卻看到，許多知識份子並沒有答好這個問題。

胡先驌文革伊始即受到了衝擊，據其女兒回憶：「從1966年8月到1968年這二十三個月中，我家大約被抄了六七次之多，絕大部分的生活用品，大量的書籍、文物字畫、文稿、信件和首飾等物均被抄走，連過冬的大衣也未留下一件。……每次抄家都在對我父母進行人身侮辱。……每天逼他寫檢討、思想彙報，還要到植物所接受批鬥。」註10

1968年7月15日，即胡先驌去世前一天，單位來人通知，命他第二天暫時離家，到單位集中接受批鬥。當晚，由夫人準備了一小碗蛋炒飯，吃過之後，他獨自去睡覺，一隻腳還沒有放到床上，就已離開了這個世界。被確診為心肌梗塞。註11

上世紀40年代，胡先驌有一首題為〈被酒偶書〉的七律，尾聯云：

奇懷一擲歸平淡，不著袈裟我亦僧。

盛年中的胡先驌是否早已預見到了自己身後的寂寞？「但問佳不佳，不問新不新」；「我國民族不可磨滅之精神，足以使吾國文化幾廢幾興，終不失墜者，仍為昔聖昔賢道德學說之精粹也。」文化保守主義者們所說好像總是離現實太遠，言不及義、緩不濟急，在求新求異的時代大潮中，被湮沒幾乎是一定的。不過，我相信，經過一輪又一輪的滄桑世變，總還是有人會想起他們那微弱的聲音，哪怕姑妄聽之也好。

—————————— 註釋 ——————————

1. 1922年《學衡》、1919年《東方雜誌》、1920《東方雜誌》、1925年《東南論衡》，轉引自《胡先驌文存》上卷第1、8、109、304頁，江西高校出版社95年第一版。

2. 1922年《學衡》、1919年《東方雜誌》、1920《東方雜誌》、1925年《東南論衡》，轉引自《胡先驌文存》上卷第1、8、109、304頁，江西高校出版社95年第一版。

3. 1922年《學衡》、1919年《東方雜誌》、1920《東方雜誌》、1925年《東南論衡》，轉引自《胡先驌文存》上卷第1、8、109、304頁，江西高校出版社95年第一版。

4. 潘建民〈新發現胡先驌致鄭曉滄書一通〉，刊《檔案春秋》2005年第9期。

5. 1922年《學衡》、1919年《東方雜誌》、1920《東方雜誌》、1925年《東南論衡》，轉引自《胡先驌文存》上卷第1、8、109、304頁，江西高校出版社95年第一版。

6. 胡宗剛《不該遺忘的胡先驌》第159、186-187頁，長江文藝出版社2005年第一版。

7. 《竺可楨日記》第三冊第241頁，科學出版社1989年版。

8. 薛攀皋：〈雙百方針拯救了植物學家胡先驌〉，刊《炎黃春秋》2000年第8期。

9. 許紀霖：《中國知識份子十論》第9頁，復旦大學出版社2003年第一版。

10. 胡宗剛：《不該遺忘的胡先驌》第159、186-187頁，長江文藝出版社2005年第一版。

11. 胡宗剛：《不該遺忘的胡先驌》第159、186-187頁，長江文藝出版社2005年第一版。

真實與幻影
——近世文人縱橫談

# 五 中國知識份子的兩個年頭
## ——讀錢理群、傅國湧的兩本書

「大局玄黃未定……一切終得變。從大處看發展，中國行將進入一個嶄新時代，則無可懷疑。」這是沈從文1948年底在給一位投稿者的回信中的幾句話。這段話相當典型地反映了那一代知識份子對一個即將到來的嶄新時代的態度：他們僅憑直覺就可以知道，這個時代將是為他們以往經驗所完全陌生的，格於個人環境、氣質以及認識差異，他們對這個時代有著不同的預期，呈現出極為複雜的心理變化，既充滿了希翼和好奇，同時也不無困惑和疑慮……

記錄和研究中國知識份子在1948、1949年這兩個年頭的境遇及其心理變化是一個很有意思的課題，而其中的兩大成果就是錢理群和傅國湧各自的兩本書。錢理群的書是《1948：天地玄黃》，傅國湧的書是《1949年：中國知識份子的私人記錄》。兩本書的出版時間雖然相距較遠（前者1998年5月出版，後者則是2005年元月推出的新著），雖然兩書各有側重，前者是「百年中國文學總系」中的一種，主要從文藝創作的角度尋繹1948這個年頭對中國作家的影響，後者則廣及各類知識份子，而且寫法上互有特色，一以「論」見長，一以「述」為主，但我在讀其中一本

書的時候，常常就會想到另一本書，彷彿他們中間有著某種神秘的聯繫。

1948年，按照通行的說法，是兩個階級搏鬥初見分曉的一個特殊年代。對於知識份子來說，不論他們曾經持何政治立場，一個舊時代即將被埋葬，這是一個哪怕終日兀坐書齋不問世事的人，都能看得到的事實。這一年的元旦一清早，知識界的人們懷著各種複雜的心態，暗暗傳播昨夜新華社廣播的毛澤東在中共中央會議上的報告〈目前的形勢和我們的任務〉，毛澤東以他一貫的氣勢宣告：「這是一個歷史的轉捩點。這是蔣介石的二十年反革命統治由發展到消滅的轉捩點。這是一百多年以來帝國主義在中國的統治由發展到消滅的轉捩點。」毛澤東的文章就這樣把一個無可懷疑的「歷史巨變與轉折」推到了中國每一個階級、黨派、集團乃至每一個家庭和個人的面前。作為對一個時代精神氣象感受最為敏銳的知識份子，他們已經意識到了一個極為重要的問題，這就是面對這樣的歷史巨變與轉折的年代，你興奮也好，沮喪、惶惑也罷，誰都無法回避選擇。同為當年元旦發表的三篇出自文人筆下的文章，相互對照是頗有意味的：香港出版的《野草》叢刊第7輯，郭沫若在文章中提出了「尾巴主義萬歲」的口號，要求知識份子「心安理得地做一條人民大眾的尾巴或這尾巴上的光榮尾巴」；《大公報》的〈元旦獻詞〉仍然在繼續他們的書生論政：「戰爭要不得，武力不能解決問題」，「人類的幸福要用理智創造，人類的問題也應該用理智來解決」；鄭振鐸在《新民晚報》上發表散文〈迎一九四八年〉，文末用似隱實顯的筆墨呼喚：「在最艱巨的境地裡，在最困難的生活裡，工作和希

望應該是默默的在發展著。生命是不斷的布舊除新的。有生命力的人永遠是滋生崛長著。」「冬天來了，春天還會遠麼？」也就是在這一年，胡適在《新聞報》上發表談話，主張政府出面速請經濟學者檢討兩個月的成敗得失，當修正者速修正，當廢止者速廢止，必須虛心，不可護短（見《胡適日記全編》第七冊）。而對於另外一些離政治較遠、遠非引領時代潮流的知識份子，1948年的特別意義還在於，這一年，包括大學教授在內的絕大多數中國人都面臨著物質條件的極度困窘，生活狀況持續惡化。國民黨政府推行的幣制改革的失敗使國統區的經濟徹底崩潰，物價上漲的勢頭一浪高過一浪，翻開葉聖陶1948年的日記，「搶米」，「百物皆無由購得」，妻子「搶購得鱧魚一尾」等記載隨處可見，如下一段文字更是觸目驚心，「偕伯祥同觀市街，家家空無所有，慘狀可憐。關店不准許，而無物之市，實即罷市。此現象已遍於全國，人人感無物可得之苦。……」（見《葉聖陶集》第二十一卷）在這樣的生存危機之下，更廣泛的對現實的不滿被激發了。除了郭沫若這一類型的知識份子，即使是那些向來被認為屬於民主個人主義陣營的人，進行怎樣的選擇也是不言而喻的。正如美國駐華大使司徒雷登當年6月在致美國國務院的報告中所分析的，「（中國民眾）對國民黨政府腐敗無能不滿，認為它是所有困擾的根源。他們情緒沮喪，並不懼怕共產主義。認為沒有任何事情比他們目前的境遇更壞了。」（見江蘇人民出版社《被遺忘的大使：司徒雷登駐華報告》）。

畢竟是知識份子，面對一個歷史巨變和轉折的年代，一些意味深長的變化是從讀書上反映出來的。1948年元月初，朱自清

——近世文人縱橫談

在日記中寫道:「開始讀《大眾哲學》」,而且很快月底便讀完了,並評價道:「甚有說服力」。7月份,「讀《知識份子及其改造》(一本青年通俗讀物),它論點鮮明,使人耳目一新,知識份子的改造確很重要。」就在早些時候,這位始終與政治距離較遠的學者、以詩一般的抒情散文著稱的新文學家,還在他的日記中記載了他閱讀趙樹理的《李有才板話》、《李有才的變遷》和袁水拍的《馬凡陀山歌》的情景,稱讚趙的小說是一種「新體裁的小說」。1948年元旦之夜,朱自清參加中文系新年晚會,和學生一起「扭秧歌」,更是被人作為朱自清晚年「表現得十分年輕」的例證而津津樂道。作為一個民主個人主義的知識份子,朱自清先生的這樣一些變化被一再提煉,最後昇華成為所謂「知識份子的道路」的重大問題,書齋型的學者朱自清,也終於成為了大轉折時代知識份子轉變的典型,一位文藝理論家在紀念朱先生辭世的文章中,尖銳地批評了20年代中後期與30年代「清華」時期的朱氏退守於「純文學」,認定這是背離「五四」精神的一股逆流,作者在文章中同時高度評價晚年朱氏向「人民立場」的轉變。錢理群先生在書中對這種將朱自清晚年的個人趨向、納入革命話語的努力,作了許多精到的分析,在那一章的最後,錢先生提出了一個發人深省的問題,「在『論定』之外,是不是還有一個更為豐富、遠為複雜的朱自清呢?」是的,對朱自清這種類型的知識份子來說,自己一向熟悉的生活模式和深入骨髓的價值觀念,真的是那麼容易被扭轉的嗎?許多人在豔稱朱氏元旦之夜的那次扭秧歌,卻很少有人提及當年4月8日的另一次,那日仍是學生集會,仍然是學生請教授在臨時搭起的臺上扭秧歌,當天日記

第一輯 時代與人

中朱氏寫下了一段殊堪咀嚼的話，「大眾的壓力確實不得了，使我整晚上感到不安。」到底是感覺敏銳的作家，集體對個人那種精神的威壓對一個自由主義知識份子而言，究竟還是不堪承受之重。

從某種程度上來說，1949年是1948年的順延，這種順延並不僅僅是時間流程意義上的。時局已經清晰乃至定格，知識份子已不存在選擇的問題，而是如何順應的問題。一向對自己的國家積貧積弱抱有切身之痛的那代知識份子，面對中共建國初期的新氣象備感驚奇和震奮，近代史上影響最大的出版家張元濟的一句「及身已見太平來」，真實地道出了那一代人的感受。但生活是複雜的，舊知識份子與一個全新的政權之間，舊的生活經驗和新的社會格局之間，乃至新舊價值觀念之間，奏出的未必全是和諧的音符。1949年2月，陳叔通、馬寅初、柳亞子、葉聖陶、宋雲彬等民主人士一行20餘人從香港登上一艘掛葡萄牙旗的「華中輪」，向北方解放區行進，這就是有名的「知北遊」。此行非同一般，這群著名的文化人士乃是應中共中央之邀，參加即將召開的新政協的。為此行留下可貴的私人記錄的葉聖陶，後來在出版這一時期日記時寫了篇小引，「（參加此次旅行的人）大多數都年過半百，可是興奮的心情卻還像青年。因為大家看得很清楚，中國即將出現一個嶄新的局面，並且認為，這一回航海絕非尋常的旅行，而是去參與一項極其偉大的工作。至於究竟是什麼樣的工作，應該怎樣去做，自己能不能勝任，就我個人而言，當時是相當模糊的。」這差不多是即將與新政權合作的知識份子的一種相當普遍的心理。「華中輪」上的人知道，一個史無前例的

新事業正在召喚著他們，一張全新的藍圖正在勾畫，而且他們已被明白告知，他們也是這張藍圖的一部分，斯情斯景之下，心理自然是相當微妙的。1949年的「知北遊」既是葉聖陶等人憧憬無限和激情滿懷的光明行，也是多少讓他們覺得有些困惑的人生新的跋涉。「知北遊」中分明有幾個關鍵字：興奮，好奇，疑慮。葉聖陶一行剛剛進入北方解放區時，對所見所聞備感新奇，葉聖陶的日記中於此頗多記載，「（出面接待民主人士）徐、賈二君態度極自然，無官僚風，初入解放區，即覺印象甚佳。」「晤一青年姜汝，二十五歲，小學畢業程度，從事青年工作將十年，聆其所談，頗頭頭是道。余思共黨從生活中教育人，實深得教育之精義。他日當將此意發揮之。」歡迎會上觀看田野間演出《開荒》，「余以為如此之戲，與實生活打成一片，有教育價值而不乏娛樂價值，實為別開途徑之佳績。而場中藍天為幕，星月交輝，群坐其中，有如在戲場之感，此從來未有之經驗也。」但也有不習慣乃至困惑的地方，「余與鐸兄聞教員俱令受政治訓練，以為殊可不必。前此數日，叔老曾談及，凡國民黨之所為，令人頭痛者，皆宜反其道而行之，否則即招人反感。而令人受訓，正是國民黨令人頭痛者也」，又如3月8日婦女大會，葉聖陶一行應邀參加，葉氏發現「木然枯坐者亦多。解放區開會多，聞一般人頗苦之，不知當前諸婦女中有以為苦者否。」同行的柳亞子當日也記有日記，「余被推講話，大呼『擁護毛主席，擁護中國共產黨，打倒蔣介石，打倒美帝國主義！』興奮至於極點」。有意思的是到了1949年的4月，柳亞子在給畫家尹瘦石的信中卻說：

「因為我看見不順眼的事情太多，往往罵坐為快，弄到血壓太高。」

傅國湧的《1949：中國知識份子的私人記錄》利用各類日記、書信等資料，真實記錄了知識份子在大變化時代的脈搏的跳動。這是一本幾乎完全靠第一手資料說話的書，唯其如此，它更能讓人有很深的感觸。筆者讀後，印象最深的一點是：對於堪稱「天翻地覆慨而慷」的新時代，大多數知識份子都滿懷熱望，並真誠地試圖融入這個時代之中。在剛剛過去的1948年，史學家金毓黻還在日記中為東北戰事發議論說：「吾遼大難臨頭，……如何度過，殊難逆料」，但時間邁入1949年2月，解放軍自西郊進入北京城，則在金氏日記中看到了這樣的記載，「閱毛主席澤東所撰《新民主主義論》」，「李君告余現代生活方式應向工人看齊，此語極為扼要，蓋往日生活方式向士大夫看齊，以致演成奢侈頹廢之風俗。今日不然，以農工為社會中堅，必業此者乃為人民之本位，故工人之生活即全國人民之標準生活也。不悟此旨，則不能適應時代，又非具有最大決心不能改變此生活方式。」著名歷史學家陳垣是更顯著的例子，北平解放後，勵耘書屋的書桌書架上，增添了大量馬列主義理論書籍，在公開和私下的談話中陳垣表示，「這個時代是偉大的時代，和以前大大的不同了，……我今年已七十，可惜聞道晚矣，但是本人一定努力地跟上去」，同年4月，陳先生更拋出了那封著名的致多年學術知交胡適的公開信，信中說：「我第一次意味到我們對歷史所作的全部研究工作是主觀的，是不科學的」。現在重讀這些文字，筆者並不想作什麼驚人之論，只是真切地感受到了舊知識份子為融入

新時代而付出的真誠的努力。可是這種真誠的努力是否有知識份子預期的效果，是否為外界所滿意，似乎還值得探究。關於這一點，宋雲彬1949年5月的一首詩很值一讀，題曰〈自嘲〉，詩云：

> 結習未忘可奈何，白乾四兩佐燒鵝。
> 長袍短褂誇京派，小米高粱吃大鍋。
> 避席未聞談學習，出門怕見扭秧歌。
> 中層階級壞脾氣，藥救良方恐不多。

「結習未忘可奈何」，是自責，怨懟，還是略帶幾分文人的傲氣？在宋氏1949年的日記中我們還看到他深以參加「冗長之報告會」為苦，屢屢逃會的記錄。應該說，在大變動的時代自覺有幾分不適應，而且把這種不適應表露出來的知識份子，像宋雲彬這樣的並不多。1949年7月，中華全國文學藝術工作者代表大會（即通常所說的第一次文代會）在北京召開，手頭有一本這次大會的《紀念文集》，其中收了部分作家在會上的發言稿，和作家們過去的文字相比，這份發言稿從題目上看就有了很大的變化，〈從群眾中來，到群眾中去〉，〈我是來學習的〉，〈新的誕生，舊的滅亡〉，〈人民改造了我〉，〈在學習的路上〉，……，像情感的流露，心境的反映，更像對一個新時代的表態。而到了1949年10月1日，隨著天安門城樓升起的禮炮，這種流露、反映和表態到了一個新的高潮，在天安門城樓觀禮的巴金，面對如海嘯般歡呼的人群，感覺到了「個人的感情消失在群眾的

感情中間、溶化在群眾的感情中間」，撰文表示「我要寫」、「寫人民的勝利和快樂」，「我要歌頌」「偉大的時代」、「偉大的人民」、「偉大的領袖」。而最為精彩的一筆則是胡風用濃墨潑下的：

　　　時間開始了！

　　是的，時間開始了，歷史掀開了新的一頁，誰也不知道即將上演怎樣的劇目，自己將會擔任怎樣的角色⋯⋯

真實與幻影
——近世文人縱橫談

# 之「平生自問尚無羞」
## ——書生翁文灝

　　20世紀三十年代的中國政壇上，湧動了一股「學者從政」的小小浪潮，著名者如名滿天下的胡適，清華大學歷史系主任、史學家蔣廷黻，南開大學經濟學院主任、經濟學家何廉，而其中官位最高、經歷最曲折者當屬地質學家翁文灝，他做到了國民政府行政院長的高位，晚年又翩然海外來歸，以政協委員終老。1956年，毛澤東在〈論十大關係〉中論及應該如何團結「善意地向我們提意見的民主人士」時，專門點到了翁文灝，說他是「有愛國心的國民黨軍政人員」，算是未蓋棺而論先定。

　　翁文灝（1889-1971），浙江鄞縣人，字詠霓，早年留學比利時，獲物理及地質學博士學位。1912年回國，任農商部礦政司司長等職。1914年任北京政府地質調查所礦產股股長等職。1918年代理所長。1922年起任清華大學地質系教授、主任，曾先後出席太平洋科學會議、國際地質會議等，首次提出燕山運動在中國的存在及意義。1931年，一度代理清華大學校長職務。1932年被國民政府委為教育部長，辭未就。1935年初，出任國防設計委員會委員兼秘書長。1937年4月，以中國特使團秘書長身份，隨孔祥熙到英國參加英王喬治六世加冕典禮。6月，訪問德國，旋赴蘇聯考察。1938年1月，任經濟部長兼資源委員會主任委員和工礦

調整處處長,負責軍需生產。1943年9月,主持同美國戰時生產局局長納爾森及赫爾利關於中美兩國軍事經濟合作計畫會談。同年11月,工礦調整處改稱戰時生產局,兼任局長。1945年當選中國國民黨中央執行委員,並任行政院副院長。1948年5月任行政院院長。11月辭職。1949年曾任總統府秘書長。離職後,於1950年由香港去法國講學,次年從法國經香港回北京。後任政協全國委員會委員、中國國民黨革命委員會中央常委、臺灣和平解放工作委員會委員。1971年1月17日,在北京病逝。著有《中國礦產志略》、《甘肅地震考》、《椎指集》等。」[註1] 從這個辭條可以看出,翁文灝的人生在1935年判然兩途。作為學者的翁文灝,曾在近代中國大放異彩,手頭有一本《翁文灝選集》,書後附有〈翁文灝在我國名列第一的貢獻〉,計有十一項:中國第一位地質學博士;中國第一本《地質學講義》的編寫者;第一位撰寫中國礦產志的中國學者;中國第一張全國地質圖的編制者;第一位代表中國出席國際地質會議的地質學者;……[註2] 對作為科學家的翁文灝,如今的評價已趨一致,尤為難得的是,他在科研方面的組織和管理上的才能也早有定評。中國近世文人學者多多少少都與政治有剪不斷、理還亂的關係,而以翁文灝的天性,他本應是一粹然學者、書生。他雖然也被視為自由主義知識份子,但和丁文江等這批朋友不同,他不僅有濃厚的專業關懷,而且骨子裡是相信科學救國的。職是之故,翁文灝先後兩次婉拒了國民政府的徵召。然而對近世知識份子,政治這東西簡直就是胡適所說的「不要兒子,兒子來了」。一個對做官沒有興趣相信科學救國的學者,最終還是走上了政治前臺,甚至一發不可收,在一個被世

人目為腐朽無能的政府內閣中掛了頭牌。回首前塵，其中可有幾分宿命的意味？

　　翁文灝命運的轉折緣於一場突如其來的車禍。1934年農曆正月初三，翁文灝赴長興調查石油的途中，因所乘汽車猛撞到橋欄杆上，汽缸爆裂，致頭部受重傷，完全昏迷，病勢極為兇險。蔣介石得報後，命令醫院不惜一切代價搶救，並延請國內名醫會診，接來家屬照看，終使翁文灝轉危為安。說到翁、蔣的關係，還要追溯到1931年。鑒於日本咄咄逼人的威脅，蔣介石在錢昌照的建議下，決定在國民政府參謀本部內成立一個秘密機構——國防設計委員會，按照錢的設想，此處的「國防設計」是廣義的，不僅有軍事、外交，還包括教育文化、財政經濟、原料及製造、交通運輸、土地糧食及各種專業人才等各個方面，錢按照蔣的意思，擬定了委員會的組成人員名單，這一名單和以往南京政府的官僚機構有極人的不同，名單中人大多未曾在南京政府中任職，有些甚至是對南京政府持批評態度的人士。這份名單使一大批中國知識界、實業界的精英人物進入了蔣介石的視野，翁文灝也列名其中。1932年春，蔣介石授意錢昌照分批安排名單中人與自己會見或講學。翁文灝遂於該年夏天應錢昌照之邀上了廬山牯嶺，與蔣有了第一次近距離接觸。蔣、翁二人不僅都是浙江人，而且蔣的老家奉化與翁的老家鄞縣過去同屬寧波府，這種地緣關係可能淡化了初次相交時的距離感。兩人在會談中有一個中心議題，就是如何應對日本迫在眉睫的威脅，翁文灝說，如果以蔣為首的政府能夠負起抗日保國的重責，必能取得全國擁護，而且因了確定的中心目標，經濟建設等具體工作也易推進。談到自己，翁文

灝說他對政府工作並無專長，「惟歷年調查礦產，於主要富源，尚知梗概，因並告以我國自然資源分布情況」。[註3] 蔣順著翁文灝的話頭，托出了自己和錢昌照準備成立國防設計委員會的設想，並趁熱打鐵請其擔任委員會中負實際責任的秘書長一職（蔣自任委員長）。蔣的這一要求使毫無從政準備的翁文灝措手不及，他表示自己可以擔任委員，但秘書長一職實難允諾，蔣卻堅持己見，幾經反覆，最後以雙方妥協達成一致：翁文灝接受秘書長的職務，但並不到職任事，仍居北平繼續主持地質調查所工作，由錢昌照擔任國防設計委員會副秘書長，負責委員會的實際工作。[註4] 時隔不久，南京政府再次改組，10月28日任命公布，教育部長竟然是事先毫不知情的翁文灝。翁以繼母病故要送其靈柩返鄉為理由，上書南京政府緊辭未就。

蔣介石在考慮國防設計委員會秘書長人選時，為什麼獨獨相中翁文灝？主因大概有二，一是作為學界名流的翁未加入任何黨派和團體，無政治背景和派系色彩，既有利於和各界精英聯繫與合作，也便於蔣介石對國防設計委員會的控制；二是國防設計委員會的針對性很強，但當時中日表面上還未正式全面決裂，翁文灝雖是名人但畢竟尚未在政壇上露過頭角，由他任秘書長可以減少外界注意。當然，蔣、翁二人小同鄉的關係，也是個可以適當注意的因素。

回顧蔣、翁的關係，二人有一個逐步接近的過程。不論真假，蔣在二人的第一次談話中，慨然以鞏固國防為己任，這給崇尚科學救國的翁文灝留下了很深的印象，也影響了他此後的人生選擇，翁文灝晚年回憶說：「那時我誤認蔣雖是一個軍人，但

尚能認識保全國土的責任。即此誤解，便成了我走錯道路的開始。」因了這種印象，一個是國內最有權勢的人物，一個是學界清流，兩種人物之間本容易產生的隔膜感就此消散，翁文灝雖然拒絕了蔣的徵召，但在其內心裡，對最高當權者的這種「知遇之恩」是否一定就無動於衷呢？大概是很難的。而等到一場車禍突來，等到最高當權者再施救命之恩時，像翁文灝這樣愛過傳統處世哲學薰染的淳厚君子，會做出怎樣的選擇，已經是不言自明瞭。

1935年11月，時任國民政府行政院長的汪精衛遇刺受傷，行政院長一職為蔣介石接任，蔣即著手組織自己的內閣班底。行政院的辦事機關是秘書處與政務處，各設秘書長和政務處長，主管行政院內日常事務，等於行政院長的幕僚領袖。蔣介石決定秘書長一職由翁文灝擔任，而且不容翁文灝推辭。隨後，翁文灝又向蔣推薦時為清華大學歷史系主任的蔣廷黻擔任政務處長。和翁、蔣同期在蔣介石內閣中任職的還有主掌教育的法學家王世杰等知識界、實業界精英，一時被稱為「人才內閣」。

進入政界的翁文灝素有清官和能吏之名。他在國民政府中先後主管過多個部門，且多係肥缺，而他自己始終保持書生本色，不貪不佔，所負責的工作從來都是井井有條。在當時政要中，他的家風、門風也有著良好的口碑，子女全無豪門習氣，翁文灝的次子——國民黨空軍上尉翁心翰更是拒絕了上級讓他不上前線的好意，新婚剛滿半年便壯烈地犧牲在對日空戰中。一向對國民政府官員持批評態度的《大公報》為此專派記者前去採訪翁文灝，那位記者寫道：「（翁文灝）談起殉職的兒子時，沒有歎息，甚

至談笑時全沒有半點不自然……『本來作戰就是危險的，報國心切的人，在作戰時死的機會更多。』說完，他淡淡地笑笑」。[註5]表面的淡然更透出了內在的創痛之深，這種痛苦在給老友陳布雷的私函中表露無遺：「弟勉力公事，視若處之泰然，實則衷心創痛，非可言喻。吾國空軍人員為數較少，死亡頻仍，精華垂盡，不特弟一家之苦，實亦可為大局憂也。」

　　翁文灝在國民政府中是少有的清廉正直之士，但這並不表示他是一個不知變通和從權的迂人，應該說其自有特具的處世和應變的手法。在一個像國民政府這樣暮氣沉沉的衙門中浸淫已久的人，當然知道要想做成某項哪怕正當的事業，就難免要有一些妥協的。根據時人的記述，有兩件事頗值留意，一件是蔣廷黻在他的《回憶錄》中所記，當蔣廷黻任行政院政務處長時，蔣介石要蔣廷黻儘快提出改革中央政府的意見，「首先我向他口頭報告我的擬議。他很高興，要我正式提出建議。當我草擬建議時，南京有很多議論」，各個部門各色人等利益所在，對蔣廷黻的方案提出了各種要求。因為反對者太多，蔣為免夜長夢多，用最快的速度把他的建議稿滿懷熱望地交給了蔣介石，但最後的結果卻是最高領袖把他調離了崗位。在這次機構改革的小小衝突中，翁文灝並未給蔣廷黻足夠的支持，蔣說：「最後，連翁文灝都勸我不可操之過急」。[註6] 揆諸情理，以蔣廷黻、翁文灝二人相似的知識結構，翁當然理解蔣的改革方案必會有利於衰朽的官僚機構提高效率，更何況蔣的「入幕」還緣於翁的薦舉呢？可是翁文灝此時不能不更多地考慮現實的後果，一個看似很好的方案如果註定執行不了，那又有什麼用呢？後來接替蔣廷黻改革中央政府工作的正

是翁文灝，看來在蔣介石眼裡，翁文灝是個較能為各形官僚接受
的人。在國民政府這樣前現代色彩濃厚的政府裡，過於鋒銳未必
有益。翁文灝在官場中的圓通，在玉門油礦的開發上再一次得到
了證明，當時負責勘探的孫越崎等人，經和時任經濟部長的翁文
灝研究上報了開發計畫，約需開採資金五百萬美元，這份計畫在
行政院的會議中遭到了反對，出席會議的翁文灝見會場上反對的
意見一面倒，多說無益，因而一言不發，但在會後，他卻對失望
至極的孫越崎講了一番很有意思的話，「會上解決不了的事情，
就要靠會下去想辦法，我同你去見孔祥熙（時任行政院長），向
他說明這份計畫是你做的，你多向他說幾句好話，大約就可以成
功了。」孫越崎依計行事果然得到了孔的批准。出了孔府以後，
孫還在為低頭去求當時口碑甚差的孔祥熙而耿耿於懷，翁卻說：
「我們是為公又不是為私。大事成功了，還有什麼難受？」[註7]可
以說沒有翁文灝的圓通就不會有後來玉門油礦的成功。翁文灝的
從政之路極為順暢，最高當權者對他的「寵眷」始終不衰，其故
安在？除了他的才幹，和向來超然於複雜的派系紛爭與人際關係
以外，他處世的圓通、較有人緣也應該是一重要因素。從翁文灝
的從政生涯中，我們一方面可以看出他的確是一個人情和世務都
極為練達的能吏，另一方面也可窺見所謂「潛規則」在一個前現
代政府裡的無處不在。這對像翁文灝這樣具備現代政治素養和行
政能力的人，其實又何嘗不是一種悲哀？

　　說翁文灝是能吏，是指他擅長處理一個個具體而微的行政
事務。他是以從事科學研究的那種精細來做行政工作的，可是行
政畢竟與政治不是全同，一個精細入微者可以是一個好的行政人

才，卻未必能成為一個有眼光的政治家。且不說翁文灝在政治生涯中的選擇問題，僅從翁文灝對蔣介石及其政府的體察上，他就明顯缺乏睿見。對蔣介石，翁文灝一直執著於知遇之恩和救命之恩，「入幕」之後蔣對他也優渥有加（他60歲生日那天，本人未聲張，照常上班，而晚上蔣氏夫婦突然親臨翁府祝壽），他大概以為蔣是真正信任他的，似乎從未回頭細想一下，在他的從政生涯中，究竟參預過多少黨國機要？那個前現代政府裡的各種最重要、最核心的決定，從來都是三五要人籌畫於密室最後由最高當權者拍板定案的，即使翁文灝做到最高行政首腦的位置，又怎樣呢？他要做的只是將別人已決定好的東西用一種冠冕的形式包裝一下而已。究其實質，位居國民政府行政院長高位的翁文灝和負責他辦公室灑掃之責的人並無區別，都不過是這個政府需要的從事具體事務的公職人員。所以，那個同屬「學者從政派」的著名經濟學家何廉在失望之餘說了句透徹的話：「翁文灝和我雖都在政府中位居高職，但比起『圈內集團』來，畢竟還是外人。我們並非政府的裡層人物，也非黨的成員，我們不過是政府的『裝飾品』！我們從未能夠搞清楚幕後究竟在搞些什麼。」註8

以翁文灝的性格，他即使對自己作為「政治裝飾品」的角色有所體察，可能也不會在意的。許紀霖對此分析得甚好，「行政官吏所具備的只是工具理性，他們所關心的只是行政效率的高下，只為管理是否合理化負責」。註9 所以，像何廉猶能早早覺醒，而翁文灝儘管多次想從政治中抽身，卻欲罷不能，反倒越陷越深，在眾人皆知國民黨政府勢將傾覆之際，居然還會成全了別人的「拉郎配」，坐到了行政院長的火爐上。

翁文灝是事務之才，不論是在當年還是現在，似乎都無異辭。但一到決策──僅僅是在經濟事務的決策上，他的思路和選擇便讓人們的感受複雜起來了。1935年，原國防設計委員會易名資源委員會，隸屬軍事委員會，1938年又改隸經濟部，由經濟部長翁文灝兼任主任委員，這時的翁文灝已成為戰時「總綰後方經濟」的重要角色。而翁文灝的經濟理論是什麼呢？資源委員會的重要成員吳兆洪在一篇回憶文章中說得很清楚：「翁文灝篤信孫中山的『發達國家資本，節制私人資本』的理論，他多次告誡資源委員會工作人員不許自己搞民營企業，也不得參加民營企業股份。……翁文灝和錢昌照的國營企業理論，有三個『基本原則』：（1）中國經濟建設，必須以工業化為中心。（2）工業化必須以重工業建設為中心。（3）重工業建設必須以國營事業為中心。」註10……翁文灝等人這種過度依賴政府之力發展經濟的思路後來受到了胡適的批評，1954年，接觸了哈耶克思想的胡適在《自由中國》雜誌的一次茶會上作了長篇發言，發言中，借「一位朋友」的話說：「（翁文灝）認為中國經濟的發展只有依賴政府，靠政府直接經營的工業礦業以及其他的企業。從前持這種主張最力的，莫過於翁文灝和錢昌照，他們所辦的資源委員會，在過去二十年之中，把持了中國的工業礦業，對於私有企業蠶食鯨吞，或則被其窒息而死。他們兩位終於靠攏，反美而羨慕蘇俄，也許與他們的思想是有關係的。」註11胡適曾經推許翁文灝為「一國之瑰寶」，而此處的批評卻似犁庭掃穴，頗為嚴厲，幾近於思想清算。許多年後，當代學者謝泳又寫了篇〈胡適為什麼要批評資源委員會〉申胡適之說。面對這段公案，第一個問題是：翁氏

後來的選擇是否決定於他的經濟思想？竊以為二者之間只有或然性關係的，因為有不少持計劃經濟思想的人並沒有走翁氏後來的路這樣的反例。第二個問題是：在20世紀30年代，對國弱民困外有強敵入侵的中國而言，整個工業和經濟的建設究竟應否首先服從和服務於抗敵保國戰爭？如果答案是肯定的，那麼在親眼目睹蘇、德集權式經濟模式巨大成就之後，翁文灝的選擇就有了不得不然的合理性。如果資源委員會不按翁文灝的路子走會不會成效更大呢？這種假設並無實際意義，對前人也是不公平的，而有一點現在倒是清楚的，那就是在翁文灝等人的苦心經營下，資源委員會至少維持了經濟的命脈，中國的工業沒有因戰爭轟然倒下，做到這一點極不容易，哪怕是盡舉國之力代價甚大。更何況立足中國的國情，翁文灝堅決反對公職人員參與私人資本運營也充滿了道德的光輝。

　　1948年底，國共之爭勝負已成定局。這年的12月，中共方面宣布了一個40餘人的戰犯名單，這時的翁文灝雖不過是掛名的政務委員，但因其曾位居國民政府院長之高位，也赫然在焉。1949年，翁文灝先赴香港，後轉法國，1951年2月28日，經多方周密籌畫，翁文灝乘飛機離開法國，途經香港、澳門、廣州，於3月7日抵達北京。

　　「戰犯」的帽子沒有嚇退翁文灝海外歸來的腳步，證明中共和翁文灝之間的距離至少不像「戰犯」這個辭彙所張揚的大。陳毅進入上海後在和吳兆洪談話中提及翁文灝時曾說：「翁文灝是書生，不懂政治，即使他在國內，我們也不會為難他。」[註12] 陳毅「書生」一詞經吳兆洪之口輾轉傳到了翁文灝耳中，正在海外飄

零而且從心底裡不願做「白華」的翁文灝想必別有一翻感觸，可能也促使他下定了回歸的決心。

　　陳毅所說的書生也許代表了不少中共要人對翁文灝的看法，可是翁氏的牌子畢竟太招人眼了，「行政院長」、「戰犯」這些外在的東西終究不好靜悄悄地消化，翁文灝要融入一個幾乎完全陌生的土壤還需付出艱苦的心力。等著這位國民政府前行政院長的，首先是如何表態與過去決裂。這一過程堪稱一波三折，早在他滯留海外僅有回國之想時，中共方面就表示其回來可以，但需在回國前寫一悔罪書公開發表，翁揮筆寫就，而文內居然還有「委員長蔣」、「行政院長宋」等字樣，連居中溝通的人士都不敢拿出手了，所幸周恩來同意其可以先行回國，悔罪一事暫且拋在一邊。<sup>註13</sup> 但一俟翁文灝在京定居，怎樣認識充滿罪惡的過去並與之決裂，仍然是個逃不過去的問題，面對這個問題，翁文灝最感難邁的坎是「必須劃清界限，譴責蔣介石反動集團」，像翁文灝這種教育背景和天性淳厚之人，君子絕交不出惡聲，何況還有知遇和救命之恩？要他自責容易，去罵別人卻戛戛乎其難了。在他回國之初的一段日子裡，怎樣做好這篇悔罪的大文章是他最重要也是最讓他頭痛的工作。毛澤東的著述學習領會了不少，文章幾易其稿，自覺昇華了再昇華，又到處徵求友好意見，卻總覺「自己未參與勾美反共機密，敘述並無新鮮事實，難符所望」。他沒想到一篇文章竟如此難作，大出意外，「實感悲苦」。<sup>註14</sup>大概也只有翁文灝似的呆子才會為這種應景、奉命文章悲苦了，中國歷史上本來多的是做這樣一類文章的高手，作文要訣其實也簡單得很，「今是昨非」四字足矣盡矣，有何難哉？悔罪書完稿

後，翁文灝寫了兩首七律，首句曰：「平生自問尚無羞」，像是自我寬解，但結末還是充滿了猶疑，吟道：「生氣欣看時勢變，新朝可許一浮鷗？」註15 在悔罪書上達等待官方結論的幽居歲月裡，他曾用「棲息京師撫寸躬，自慚餘孽得優容」的詩句概其遭境，「餘孽」二字下得極重。

1952年，經過一翻波折，在翁文灝連續發表了兩篇抗議美帝侵略臺灣的文章後，翁文灝被選為政協第二屆全國委員會委員，到各地參觀視察成為政協委員的主要工作和生活內容。忙日子當閒時過，這期間翁文灝瞻顧平生，寫下了不少舊體詩，當是揣摩其晚年心境的最佳材料。文革中他在周恩來的保護下未受大的衝擊，但其長子，石油專家翁心源卻於1970年在潛江五七幹校不明不白地落水而死。長子之死對暮年翁文灝打擊極大，他一連作了以「悲懷」為題的詩十餘首，其中如「我今八一猶偷活，哀動全家哭汝靈」一字一淚，另如「深知餘日無多少，勉以殘齡答盛時」等句猶堪咀嚼，也是讖語，就在次年元月，這個飽經風霜和炎涼的老人走完了他的一生。新華社發布的新聞稿中除報導了民革中央為翁文灝舉行的告別儀式外，主要轉載了他的遺囑，遺囑中追述了他一生的曲折經歷，再次感謝毛主席、共產黨對他的寬大待遇，對「新中國日益強盛」表示「萬分興奮」，特別「念念不忘神聖領土臺灣」還未統一。註16

新華社的新聞通稿中未按慣例對翁文灝的一生作蓋棺之論。是啊，說什麼呢？還是當年陳毅一語道破：書生。終究是書生。

—— 註釋 ——

1. 《中華民國史辭典》，上海人民出版社1991年版，第410頁。

2. 《翁文灝選集》，中國現代自然科學家選集叢書，冶金工業出版社
   1989年版，第358頁。

3. 翁文灝：《回顧往事》，載文史資料出版社《文史資料選輯》第80輯
   第1頁。

4. 《翁文灝》，李學通著，蘭州大學96年版，第108頁、202頁、289頁、
   317頁。

5. 《翁文灝》，李學通著，蘭州大學96年版，第108頁、202頁、289頁、
   317頁。

6. 《蔣廷黻回憶錄》，岳麓書社2003年版，第188頁。

7. 宋紅崗：《孫越崎》，花山文藝出版社1997年版，第182頁。

8. 《何廉回憶錄》，中國文史出版社1988年版，第121頁。

9. 許紀霖：《尋求意義》，上海三聯書店1997年版，第150頁。

10. 《回憶國民黨政府資源委員會》，中國文史出版社1988年版，第106
    頁、138頁、141頁。

11. 《胡適之年譜長編》，轉引自謝泳著《沒有安排好的道路》，雲南人民
    出版社2002年版，第87頁。

12. 《回憶國民黨政府資源委員會》，中國文史出版社1988年版，第106
    頁、138頁、141頁。

13. 《回憶國民黨政府資源委員會》，中國文史出版社1988年版，第106
    頁、138頁、141頁。

14. 《翁文灝》，李學通著，蘭州大學96年版，第108頁、202頁、289頁、
    317頁。

15. 《翁文灝詩集》，團結出版社1999年版，第2頁。

16. 《翁文灝》，李學通著，蘭州大學96年版，第108頁、202頁、289頁、
    317頁。

真實與幻影
──近世文人縱橫談

# 七 一個沒有失敗的「失敗者」

## ——「民國憲法之父」張君勱

　　在中國現代史上，有這樣一個知識份子，畢生以在中國實行憲政為目標，為實現這一目標，替幾種政治力量草訂過多部憲法，時而周旋於政治，時而徜徉於學術，在兩個領域都獲取了極大的聲譽，也承受了不少訾議，譽之者稱其為「國士」、「一代宗師」，毀之者詆其為「地主資產階級代言人」、「國民黨幫兇」，鉛華脫盡之時，此人卻自稱為一個「失敗者」。這個人就是被稱為「民國憲法之父」的張君勱。

　　和置身於風雲激盪大時代的許多知識份子一樣，張君勱的一生充滿了矛盾：他曾被國民黨政府綁架和軟禁，卻又一度是蔣介石的座上賓；61歲生日時周恩來曾送給他一塊「民主之壽」的壽匾，但時隔不久，他卻進入了中共開列的「頭等戰犯名單」中；他是民盟的創建人和領導人之一，但最後卻和他組建的民主社會黨一起被勒令退盟；他深受西學洗禮，掌握和精通三門外語，卻拒絕用白話文寫作，並成為新儒家的一大重鎮；……註1

　　張君勱（1887-1969）江蘇寶山（今屬上海）人。原名嘉森，字士林，號立齋，別署世界室主人。清末秀才。1906年留學日本早稻田大學政治經濟科。1910年（宣統二年）畢業回國，授翰林院庶吉士。辛亥革命後，任寶山縣議會議長，組織民主黨。1913

年留學德國柏林大學。1915年底回國，任上海《時事新報》總編。1916年任段祺瑞所設國際政務評議會書記長和馮國璋政府秘書，旋任北京大學教授。1918年12月隨梁啟超、丁文江等赴歐洲遊歷，並留居德國三年，師從倭鏗，推崇康德哲學。回國後，於1923年挑起科學與玄學之爭。1926年與李璜合辦《新路》雜誌。1932年與張東蓀籌建國家社會黨，創辦《再生》雜誌，宣傳「國家社會主義」。1934年當選國社黨中央總務委員會委員兼總秘書。七七事變後，任國民參政會參議員。1938年發表〈致毛澤東先生的公開信〉，要求取消八路軍、新四軍和陝甘寧邊區。後任中國民主政團同盟常委、國社黨主席等職。1946年10月，參加蔣介石召開的國民大會。1949年初，遷居澳門。1951年定居美國，宣揚宋明理學，自詡「二十世紀之新儒學」。1969年2月23日在三藩市病故。著有《人生觀》、《理學的發展》等。<sup>註2</sup>

　　粗看《中華民國史辭典》編者列出的這份張氏簡歷，張君勱和近現代許多知識份子一樣，是個在「政治國」和「學問國」之間左右搖擺的人，這大致不錯。不過，張君勱也自有其獨特的一面，這就是，他對政治和學術的興趣始終是打通的，他熱衷學術，但始終想著怎樣為現實服務，投身政治，又在想著這種實踐能結出怎樣的學術果實，他並不像丁文江等人那樣，有一段時間特別鍾情於政治，一旦失望就又在學問國裡沉潛一段時日，過段時間說不定又會將興趣轉移到現實政治。這一特點或許與他的學術專業有關，法律和政治學本身就是和現實緊密結合的學問。他自己對此也有剖白，「求學問是為改良政治，是為救國，所以求學問不是以學問為終身之業，乃是所以達救國之目的」。

　　張君勱對法律和政治學的興趣彷彿出於一種天性。在20世紀初的西學東漸大潮裡，張君勱被家鄉江蘇寶山縣選為官費留日生，於1906年考入日本早稻田大學經濟科，本來寶山縣給他官費，是叫他和當時多數學子一樣，學習理化，然而他一到日本便改學法律和政治學，並為此付出了失去官費的代價，幾乎陷入生活無著的窘境。他對現實政治的熱情也似乎是一種天性。1913年，因一篇〈袁政府對蒙事之十大罪〉的反袁世凱檄文，張君勱成了袁世凱的眼中釘，為逃避迫害，他赴德國柏林攻讀博士學位，適逢第一次世界大戰爆發，當時德國盛傳日本將幫助俄國進攻德國，中國人因和日本人一樣長著一張黃面孔，常常受到一些德國人的不友好對待，不少中國留學生紛紛提前回國，但張君勱的打算卻迥異儕輩，他認為這樣大規模的戰爭正是考察各國外交、財政、軍事方針及社會、經濟、民情的絕好機會，決心冒著　定風險（先後兩次遭遇轟炸）留在戰爭的當事國作近距離觀察。戰爭一開始，張君勱就買了不少地圖和書籍，並結合每天的報紙，認真研究戰爭的進展，他還在牆上掛了一張大地圖，將各條戰線上的進展情況標記出來，以預測雙方的勝敗，這種過度熱心險些被誤認為敵國間諜而引來員警。當然，張君勱的這種種措置都是為了一個目的，他自己交代得清楚，「處此大戰之中，無論自何方面，無不可以下一種之觀察，且本此觀察，以聳國民之聽，則無在不可有益於國。」[註3] 也正是本著這一目的，自大戰爆發以來，張君勱「嘗略舉外交、財政、軍事上一得之愚，以告國人」，先後在《東方雜誌》等國內媒體上發表了多篇研究大戰的文章。

張君勱留歐期間，既有學術可攻，又有大戰可供研究，學術和政治本來結合得很不錯了，可是由於袁世凱的復辟，僅僅因為梁啟超的一紙電召，正在撰寫博士論文中的張君勱居然什麼都不管不顧了，匆匆踏上了回國的路。這也可以見出張君勱的特質：到政治場中流擊水，始終是他關注的第一位。

說到張君勱和梁啟超的關係，其中情事倒可活畫出張君勱其人的真性情。當年張君勱在日本留學，正是梁啟超主編的《新民叢報》在留學生中風行的時候，作為輿論界鉅子的梁氏頗讓年輕的張君勱折服，這時正好因失去官費生活無著，於是轉而給《新民叢報》投稿賺取生活費，讀梁氏文章，給《新民叢報》撰稿，張君勱在思想上不能不受梁啟超的巨大影響，在立憲派和革命黨的大論戰中，張君勱也貢獻了一些主張立憲反對革命的文字，並因此成為梁啟超的堅定追隨者。終張君勱一生，他對梁啟超都是以師相事的，思想觀念、組黨等且不必說，僅生活小節上，二人亦十分投契。1922年11月，已從現實政治中息影的梁啟超赴南京東南大學講學，因酒醉後傷風得病，據醫生言，心臟稍有異狀，追隨梁氏的張君勱謂為腦充血，因迫梁停止課外講演一周，據梁23日給梁思成的信裡說：「張君勱硬說我有病（說非酒病），今日徑約第一醫院院長來為我檢查身體。據言心臟稍有異狀，君勱萬分關切。吾今夕本在政法專門有兩點鐘之講演，君勱適自醫生處歸，聞我已往，倉皇跑到該校，硬將我從講壇上拉下，痛哭流涕，要我停止講演一星期，彼並立刻分函各校，將我本星期內（已許之）講演，一概停止。且聲明非得醫生許可後，不准我再講。我感其誠意，已允除本校（東南大學）常課外，暫不

多講矣。彼又干涉我聽佛經，我極捨不得，現姑允彼明晨暫停一次。」註4 29日給女兒梁令嫻一信中又說：「張君勱跟著我在此，日日和我鬧說：『鐵石人也不能如此做』，總想干涉我。……那天晚上是法政學校講期，我又去了，君勱在外面吃飯回來，吃見大驚，一直跑到該校，從講堂上硬把我拉下來，自己和學生講演，說是為國家干涉我。再明日星期五，我照例上東南大學的講堂，到講堂門口時，已見有大張通告，說梁先生有病放假，學生都散了，原來又是君勱搗的鬼。……神經過敏的張君勱，聽了醫生的話，天天和我吵鬧，說我的生命是四萬萬人的，不能由我一個人作主，他既已跟著我，他便有代表四萬萬人監督我的權利和義務。……君勱氣勢洶洶，他說我不聽他的話，他有本事立刻將我驅逐出南京，問他怎麼辦法？他說他要開一個梁先生保命會，在各校都演說一次，不怕學生不全體簽名送我出境，你說可笑不可笑。……」註5 一個做事認真、性格倔強、篤於風義的書呆子形象躍然紙上矣！梁啟超感動之下趕快寫信給女兒，問「可笑不可笑」，想必梁令嫻當日也會發出會心一笑，因為大家都知道張君勱這人並不懂玩什麼機巧和幽默，連他自己的女兒後來在回憶中也抱怨他個人生活單調枯燥，家庭之中缺乏樂趣，其行事向來憑本性去做，別人看來哪怕滑稽的事，他也是一絲不苟，喜劇效果就在這種書呆子的較真中凸現了。

1923年，國內知識界爆發了一場歷時一年有餘、幾乎使當時所有學術界名流都捲入其中的論戰，這就是所謂「科學與玄學」的論戰。論戰的挑起者正是張君勱，也正是這場論戰使張君勱在士林暴得大名，乃至許多年後，大陸人士還能知道張氏的名字也

真實與幻影
——近世文人縱橫談

多半因為這場論戰。這一切也許非當年張君勱始料所及,那本來是一場極平常的演講,他並未作精心準備。當年的論戰,給「科學派」幫拳的人盛且有大名者多,相形之下,張君勱一派氣勢差得甚遠,在唯科學主義思潮君臨中國知識界,讀書人都夢想靠科學救國的時候,論戰的結局可想而知:雖說文字較量是無形的,但一般公論張君勱一派是論戰中的輸家,張氏本人還因此得了個「玄學鬼」的「惡謚」。時過境遷,現在來看這場論戰,這場論戰實在有些無謂,很簡單,雙方都各有道理,這原本就是一場沒有是非曲直,也註定分不出輸贏的論戰。筆者疑心,當年為「科學派」幫拳大出狠招的人對此未必不心知肚明,但形格勢禁卻又不能拼命剝奪張君勱一派的話語權,以防人們沉迷於玄想思辨而忘卻了科學救國的重任。胡適當年本意為丁文江助拳的一席話就露出了天機,他表示只有科學發達的歐美才有資格講講玄學,言下之意豈不等於說張君勱那些為玄學張目的話的失誤,僅僅在於早講了些年頭嗎?

　　憲政是張君勱終其一生的追求。從留學日本開始,張君勱眼見日本通過立憲而非革命手段成為近代國家,就立志通過立憲改造中國政治。當年,他在日本時看到了一種叫做《聯邦國》的雜誌,是美國的開創者漢密爾頓等在費城召開憲法會議時所辦,這本雜誌專門討論中央與各州的許可權問題,後來美國的憲法就是按照他們的主張完成的,這使張君勱大受鼓舞,他後來回憶說:「我當時讀到這種雜誌,使我感覺到幾個少數人,能左右一國的大法,我們遠東的青年,為什麼不應努力呢?」[註6]字裡行間,分明有一種建立中國的憲政理論推進憲政事業捨我其誰的豪氣。為

了做中國的漢密爾頓、伊藤博文（日本憲法的起草者），他傾入了極大的心血。他對各國憲法進行了認真研究，結合中國的國情和國民性，對1919年德國通過的《魏瑪憲法》下功夫尤深，當年他在國外剛接觸到這部憲法，便以最快速度將其譯成中文介紹給國人，並專門撰文評論，高度稱讚《魏瑪憲法》是「以往的成文憲法中最徹底的民主文件之一」。德國革命之後很快建立了一個穩定的政府，制訂了民主憲法，反觀中國，張君勱認為，中國首先應該學習德人制憲這一事實，而暫時不要論這部憲法的美惡，其次是要學德人的統一意志和相互謙讓、同舟共濟的精神，而不是動輒以實力相威脅，此外，《魏瑪憲法》中所含社會主義成分也給張君勱留下了深刻印象，這不僅影響到他的制憲思想，也促成了他「國家社會主義」思想的問世。

研究《魏瑪憲法》，張君勱痛感「中華民國成立已經七年，還沒有憲法，而德國革命後不到九十個月，憲法便完全成立」，決心改變這一局面。正好機會來了。1922年，全國商會聯合會等八團體在上海召開「八團體國是會議」，邀請剛剛回國、在國內已是小有名氣的憲法學家和社會活動家張君勱草擬《國是會議憲法草案》，草案擬成後，他又撰寫了《國憲議》對自己擬訂的憲法草案作了補充說明，由時事新報社出版。這是張氏最早經由制憲實踐展露他的憲政思想。這部憲法草案以《魏瑪憲法》為藍本，以其聯邦制、保障公民人權、對不稱職議員實行「召回」等內容，讓當時中國人耳目一新。但是，八團體是以地方實力派為依託的，客觀上反映了當時地方軍閥主張聯省自治的要求，隨著國是會議的結束和聯省自治運動的消歇，這部傾注了張君勱心血

和智慧的憲草設計註定無法成為現實，以後也沒有任何政治團體以它作為政治訴求。但張氏的憲政構思仍然受到了輿論的重視，1923年給軍閥政府裝點門面的曹錕憲法基本上就是抄襲了張君勱的《國憲草案》。

第一次制憲實踐讓張君勱更深刻地理解了中國的現實。《國憲草案》以後一個時期，他的憲政努力不再單純放在起草憲法文本上，並因此拒絕了國民政府要其參與國家制憲的邀請，這時的張君勱認為，與單純的憲法文本的制訂相較，應該更優先解決「憲法之前提」的問題。所謂「憲法之前提」，就是指能夠滿足憲政需要的國民素質，在張氏看來，憲法作為國家的根本大法，它能否真正得到實行，取決於全體國民之素質的高下。職是之故，張君勱決定在「憲法之前提」尚不具備的情況下，暫時「不談憲法，而注意國民身上」。在上世紀20年代後期至30年代早中期，張君勱積極致力於講學、辦學，和李璜、張東蓀等人合辦《再生》、《新路》等刊物，抨擊國民黨一黨專政，呼籲「廢止訓政」、「保障人民言論自由、結社集會自由」、「速議國憲，實行政黨政治」，都可視為張氏為解決「憲政之前提」問題而付出的努力。直到抗戰勝利，國共兩黨舉行重慶談判，速定《中華民國憲法》、和平建國的要求再次把張君勱推到了制定憲法文本的前臺。當時，張君勱參加了政協會議的憲法草案討論組，組內既有國民黨員，也有共產黨、其他黨派人士和社會賢達，參會人員圍繞今後中國應採取什麼樣的憲法問題展開了激烈爭論，國民黨主張採取孫中山的五權憲法，即《五五憲草》為藍本，其他人士則大多傾向採取英美式憲法。正在爭執不下的時候，張君勱

提出了折衷方案，通過了針對《五五憲草》的十二條修改原則，據親臨其會的梁漱溟回憶，當時張氏方案提出後，「在野各方面莫不欣然色喜，一致贊成」，周恩來表示「佩服」，國民黨代表孫科也表示支持，梁漱溟用罕見的讚揚口氣指出，這「十二條原則」是張氏「用偷樑換柱的巧妙手段，保全五權憲法之名，運入英美憲政之實」。註7 修改原則通過後，張君勱又草擬了一部憲草，後來國民黨政府決定單方面召開制憲國大，為了誘使中間黨派與抵制國大的中共拉開距離，決定採用這部憲草。

圍繞《政協憲草》的爭論，我們可以清楚看到張君勱從事政治的一個特點抑或優長，這就是懂得妥協。妥協是一門政治藝術，張氏雖無政治家之名目，但在當時「政府要三民主義，我們要歐美民主，青年黨要責任內閣，共產黨主張司法制度各省獨立、國際貿易地方化」的複雜情勢下，他不得不像政治家那樣，在憲草中「調和鼎鼐」，試圖對各方面利益進行平衡。他認為這是制憲者應有的視界，他沒指望將中國的憲政事業一步推到非常理想的境地，只要各方力量有訴求的交集，就應該先從此交集著手，他清醒地知道，在各種政治訴求的碰撞中，固執一端雖然痛快，但註定徒然僨事。這實際上也為他稍後冒天下之大不韙，率領國社黨參加國民黨一黨包辦的國大打下了伏筆。

在二十世紀上半葉的近代政黨政治中，奉張君勱為黨魁的國家社會黨（後改名為民主社會黨）是一支重要的力量。和當時許多自由主義知識份子一樣，作為國社黨黨魁的張君勱既對執政的國民黨不滿，也不愜於共產黨，大致屬於第三條道路的倡導者，不過，張君勱在那一群書生論政的朋友中，仍自有其特色，

首先他毫無疑問是民主憲政的堅定信仰者，但他同時對資本主義經濟的自由放任模式表示疑慮，認為這將導致「財富集中於少數人」、「無統籌全局之計畫」等弊端，主張應該有適度的政府干預，建立一種所謂「修正的民主政治」，這實際上也是當時一種具有世界傾向的思潮，是資本主義經濟危機和德俄兩國集權式經濟表面勃興雙重刺激之下的一種產物；其次是在張君勱的意識中，民族復興始終是他格外關注的主題，他私淑德國的哲學大師費希特，高度讚賞費希特在民族危機時刻發表的那篇著名的〈對德意志國民之演講〉，希望自己的學術和政治活動跟費希特一樣，激發本民族人民的愛國情操和民族自信心，他這種民族本位的文化觀，顯然與完全西化的自由主義知識份子不同，但他同時也不是國粹論者，他理想的民族文化是以精神自由為基礎的。

在二十世紀上半葉的近代中國「幹政治」，便怎樣也避免不了和當時的兩大黨——國民黨和共產黨打交道，避免不了和兩大黨的領袖人物打交道。早在組建國社黨之前，張君勱已經通過筆墨和兩大黨作了數次交鋒：張君勱在《新路》雜誌上撰文猛烈抨擊國民黨的一黨專制，指出國民黨上臺以來的政績，不外「失敗」二字，認為國民黨要想不失敗，只有廢除訓政，速行民主政治；出版《蘇俄評論》，強烈反對中共將中國「作為俄國政治化學室之試驗品」。等到國社黨第一次全國代表大會之後，國社黨在張君勱的領導下，對各大政治力量更是多面出擊，它批評國民黨「腐化」、青年黨「頑固」、共產黨「強化」，攻擊三民主義失之「混」，國家主義失之「舊」，共產主義失之「激」，批評國民黨為「前期革命」，青年黨為「過渡時代的點綴品」，共產

黨為「混時代的犧牲品」。張氏及國社黨自然招來了回擊，在野的共產黨不過是著文批判，當權的國民黨則除了禁止國社黨書刊發行，更施以了包括綁架在內的陰暗手段，張氏的一隻腿就是在這次綁架中而受傷，並從此不良於行。但是，隨著日寇的進迫，曾是政治對手的幾股力量還是在「共赴國難」的大旗幟下走到了一起。現在我們還可以從關於國社黨的檔案資料中看到張君勱1938年先後寫給國共兩黨領袖的兩封信，在給蔣介石、汪精衛的信中，張氏自承他本人及國社黨的政治主張與「中山先生遺教有若合符節者」，在致毛澤東的公開信中，張氏則要求外敵當前統一軍令和政令[註8]。不同立場的人對這兩封信肯定會有不同的觀感，當時蔣、汪就很快回復了，毛則未予理睬，而現在我們重讀這兩封信也當有別一種感受：在民族危機深重的形勢下，其中是否透出了一個持國家至上主義的知識份子屈己從人的苦心，和希望各色人等都和他一樣妥協的書生氣？

抗戰勝利後，和平民主建國呼聲高漲，但後來的事實眾所周知，和平沒來，民主也沒盼到；國民黨在中共的抗議聲中堅持一黨包辦國民大會，成為國共兩大黨決裂的標誌，是否參加這個國民大會，也成為檢驗第三方力量站在哪一邊的尺規。作為憲政專家和民盟重要領導人的張君勱個人沒有參加，但他組建的民社黨卻和青年黨一起參加了這次國民大會。這一決策對國民黨來說有非常現實的好處，時任國民政府外交部長的王世杰當年就在日記中說：「國民黨則可以宣佈此次之國大並非一黨之國大耳」[註9]。作出這個決策的責任當然應由其黨魁來承擔，這個決策最直接的後果就是作為民盟重要領導人的張君勱及民社黨被勒令退盟，後來

張氏之列名「戰犯名單」以至多年來被冷落和批判也無不以此為肇因。作為憲政專家並曾經激烈批評過國民黨的張君勱為什麼要冒這個天下之大不韙，去為獨裁統治抹粉？比較容易想到的說法是這是一種政治交易，認為張君勱要藉機安插跟隨他打拼多年的黨內幹部，同為民盟領導人之一的羅隆基1949年後在撰寫文史資料時回憶，張君勱親口對他說過：「這一夥人跟著我這許多年，好不容易等到了今天，抗戰勝利了，國民大會要開了，聯合政權就要成立了，我還能夠要他們老餓著肚皮跟著我嗎？國民黨是國庫養黨，我有什麼法子養這些黨員。」這種親歷者的說辭當然足以備一說，不過我們看張氏為民社黨參加國大所提的種種前提條件，至少可以明白歷史和人物遠遠不是如此簡單。蔣介石及其政府在向張氏許諾的條件中最重要的內容是什麼？據當時代表蔣介石與張氏接洽的雷震回憶，蔣介石請民社黨參加這次所謂制憲國大，承諾以張氏起草的《中華民國憲法》為基礎，保證不推翻這個憲草的基本原則，後來蔣介石本人更在一封親筆信中殷殷勸導張君勱：「先生平素主張早日實施憲政，此次召開國民大會，即在制定憲法，俾本黨結束黨治，還政於民，……」註10 張君勱當然是書生，但他不會不知道，國民大會沒有中共這個第二大黨的參加，和平斷難保證，儘管如此，因為當權者給他畫下了憲政這樣一個大餅引誘他縱身一跳，雖然他清楚這一跳對自己多年清譽的損害，但他還是跳下去了。他曾經作過如是分析：「我們反對國民黨一黨專政，希望民主與和平二者均能實現，但在二者不能得兼時，只有先爭取民主的實現。得到一點，總比沒有好。」註11 一

個以實現憲政為畢生理想的人,當理想似乎伸手可及時,他的定力也許就是這樣脆弱吧?可恥,可惜,還是可憐?

張君勱不惜捨身一跳,不指望和平民主兼得,只求獲得民主,事實證明這一願望他也落空了。終究是書生,哪裡夠格與長袖善舞翻雲覆雨的政客談判做交易?

1949年後,張君勱開始了海外流亡生涯,著力於從儒家思想中發掘復興民族的新因數,逐漸成為一代大儒。但他終究不能忘情於政治,忘懷於故人和故國,兩封公開信頗值一敘。一是1950年,到印度講學的張君勱看到馮友蘭作於思想改造運動中的檢討文章,即撰〈一封不寄信——責馮芝生〉,批評馮友蘭放棄了獨立精神;二是1956年章士釗到香港,張致信對章多所關懷,同時對大陸有所批評,斷言「中共之政制既與俄同,其日後之發展,自不能逃出俄國軌道之外。試思中共統治,可以成為子孫萬世之基業乎?」

晚年張君勱經濟困窘,定居美國後生活往往只能靠稿費和一點養老金維持,1956年好不容易得到了斯坦福大學一個研究中共問題的職位,但校方指定的每天翻看成堆的大陸報刊,並寫出英文摘要的工作殊無趣味和價值,精神和經濟的雙重壓力使他患上了嚴重的胃潰瘍。幾經疾病折磨,1969年2月23日,張君勱在三藩市的一個療養院中去逝。這個專研憲政、以中國實現憲政為最高理想的人,在其生前沒有看到他理想實現的一天,晚年回顧生平常常自嘲地稱自己是個「失敗者」,但歷史畢竟按著既定的軌道運行。張君勱真的失敗了嗎?

━━━━━━━━━━ 註釋 ━━━━━━━━━━

1. 鄭大華:《張君勱傳》,中華書局1997年第一版,第2頁、44頁。

2. 《中華民國史辭典》,上海人民出版社1991年版。

3. 鄭大華:《張君勱傳》,中華書局1997年第一版,第2頁、44頁。

4. 梁啟超年譜長編第968-970頁,上海人民出版社1983年版。

5. 梁啟超年譜長編第968-970頁,上海人民出版社1983年版。

6. 陳先初:《精神自由與民族復興——張君勱思想綜論》,湖南教育出版社1999年第一版,第75頁。

7. 梁漱溟:〈我參加國共和談的經過〉,載重慶出版社1989年版《政治協商會議紀實》第372頁。

8. 中國第二歷史檔案館編:《民國時期黨派社團檔案史料叢稿:中國民主社會黨》,檔案出版社1988年10月第一版,第79-85頁,第338頁,第347頁。

9. 《王世杰日記》第五冊,臺灣中央研究院近代史研究所1990年版。

10. 中國第二歷史檔案館編:《民國時期黨派社團檔案史料叢稿:中國民主社會黨》,檔案出版社1988年10月第一版,第79-85頁,第338頁,第347頁。

11. 中國第二歷史檔案館編:《民國時期黨派社團檔案史料叢稿:中國民主社會黨》,檔案出版社1988年10月第一版,第79-85頁,第338頁,第347頁。

# 八 說到「英雄」一涕然

## ——陳其美及其時代

　　起首便引「詩曰」，詩是國民黨元老于右任先生的，「十年薪膽餘亡命，百戰河山弔國殤。霸氣江東久零落，英雄事業自堂堂」。此詩係為陳其美而發。說到陳其美，也算是近代史上聲名赫赫的人物了。陳旭麓先生等編於1990年的《中華民國史辭典》「陳其美」條說：陳其美（1878-1916），浙江吳興（今湖州人）。字英士。早年為當鋪學徒。1906年（光緒三十二年）留學日本東京警監學校，是年冬加入中國同盟會。1908年奉命回國，往來於浙滬及京津等地，聯絡黨人，結識蔣介石，加入上海青幫。1909年（宣統元年）創辦《中國公報》、《民聲叢報》，並協助于右任等辦《民立報》，宣傳革命。1911年同盟會中部總會成立後，被推為庶務部長。武昌首義後，在上海積極回應，事成後被推舉為滬軍都督。次年元月為派系權力之爭，派人刺殺光復會領袖陶成章於上海廣慈醫院。3月委為唐紹儀內閣工商總長，遲未就任。旋被解滬軍都督職。二次革命時，被推為上海討袁軍總司令，事敗走日本。1914年中華革命黨成立，任總務部長。1915年10月被孫中山委為淞滬司令長官，準備反袁，12月與楊虎等發動肇和艦起義未果，為袁世凱忌恨。1916年5月18日被張宗昌遣人刺死於上海寓所。

　　好的辭典應該是只敘事實少發議論的，《中華民國史辭典》「陳其美」條是典型的辭典的寫法。但對於陳其美這樣一個在紛紛擾擾的清末民初政治中上演過無數好看大戲的人，旁人看來，自然會各有各的側重、各有各的觀感。1917年4月，陳其美殉難周年，孫中山向中華革命黨黨員發出〈為陳君英士醵資安葬之通告〉中稱其「功業彪炳志行卓絕，……為吾黨唯一柱石」[註1]；蔣介石取得政權後，為這位昔日把兄弟採取了多種紀念形式，包括建紀念館、發行紀念郵票、出版宣傳資料，時人評價「在辛亥革命先烈中，在國民黨政權時期，受到如此崇高待遇者，唯陳其美一人」；而1949年後，大陸加諸陳其美頭上的則多為「流氓政客」、「反共老手」、「買辦階級的代理人」等帽子，直到1978年大陸中華書局出版《民國人物傳》叢書，〈陳其美〉一章中也多帶貶抑，要點有三，一是軍事冒險主義，二是個人權欲，三是指責其在二次革命時挑撥孫中山和黃興的矛盾；而到了1985年，上海社科院出版社出版了建國後大陸第一本《陳其美傳》（莫永明著），據說其學術貢獻端在於「如實評價了陳其美為推翻清政府和反對袁世凱獨裁統治所建立的功績和勇於任事、百折不回的革命精神」[註2]；1986年5月，在由浙江社科院、杭州大學等五單位聯合主辦、京滬等九省市專家學者參加的「紀念陳英士先生殉難七十周年學術討論會上，與會代表則宣稱對陳氏其人要「重新認識重新評價」，認為「從主流與整體來說，陳英士是中國舊民主主義革命的英雄、功臣」了；到了上個世紀九十年代，較具權威性的《辛亥革命大辭典》許之為「有見解、有作為、有貢獻的資產階級民主革命家」，而另外一書一刊則更富意趣，書是湖北

沙市一位楹聯愛好者劉作忠編注、1996年出版的《輓陳其美先生楹聯輯》，近八百頁，輓聯大概是最具中國特色的文體了，「成仁」、「取義」、「大名著四海」、「人格著千秋」等等是這一文體的關鍵字，而在海峽對岸，由國民黨中央委員會黨史委員會主辦發行的《近代中國》雙月刊於1999年出了期「陳英士先生生平與事業研討會專輯」，封面上赫然是「大丈夫不怕死」幾個凜凜大字。

關於近世人物的評論史，實質也是近代以還中國政治史的縮影。就陳其美而言，中間有段時間對其貶多於褒的原因眾所周知，好在終經山重水複，復見柳暗花明，近世一「英雄」、「偉人」形象巍巍然乎。但陳其美肯定還是「那一個」，也肯定是「身後是非懶管得」了。常識告訴我們，對任何一個人物要想來個欽定似的蓋棺定論都是不可能的，既如此，且讓嗟予小子也來說道說道，算是在一片黃鐘大呂中，來點瓦釜之鳴吧。

## 清末民初政爭中的陳其美

在「辛亥革命先烈」中，陳其美算是大器晚成，1906年在他30歲時始在日本加入同盟會，且初時並未受重視，同盟會成立後的初期軍事活動中，其均未參與，查《孫中山年譜長編》，在那一時期也看不到這個精悍的湖州男子的身影，足以證明那時的陳其美還無法進入決意推翻滿清政府的同盟會的決策層。可是，在他的後十年，卻宛如異峰突起，屢屢立於風口浪尖，讓人側目而視，其故安在？雖說時勢能造英雄，但歷史既然選擇這一個而非

那一個來當英雄，無疑還有歷史的邏輯。陳其美人生的轉折在於同盟會革命策略的適時調整，由於孫中山力主的在華南地區首先舉事的計畫屢遭挫折，1911年7月，宋教仁、譚人鳳等人在上海設立同盟會中部總會，「主張以長江流域為中心，在中國的中部發動革命，而反對繼續在邊疆搞武裝起義」[註3]。在此之前於1908年受命自日本回國經營滬上的陳其美出任同盟會中部總會的庶務。武昌首義，袁世凱的北洋勁旅兵臨武漢三鎮，陳其美等人決定「上海先動，蘇杭應之，以救武漢之危」，他聯絡光復會上海支部、商團、會黨及部分防軍，在上海樹起獨立大旗，並一舉榮登滬軍都督的寶座，成為民初政壇上雄據一方舉足輕重的人物。在陳其美通向滬軍都督的路途中，有兩件事值得一敘，一是陳氏率兵攻打清政府最頑固的堡壘江南製造局時，在兩度失利的情況下，他竟隻身進局勸說製造局總辦張士珩歸順，結果被拘，險被殺害。這件事已經昭示了陳其美所特具的「不怕死」、「以冒險為天職」的特色；二是在滬軍都督之位的爭奪中，陳其美的一些做法頗讓人詬病，後人記載於此雖多歧異，但大致是說對打下製造局並救了他本人的商團首領李平書和光復會領袖李燮和採用了一些不太光彩的手段，如讓會黨分子在都督推選會場上威脅要扔手榴彈同歸於盡，迫參加推選的李平書知難而退，而據章太炎在《自定年譜》中的說法，光復會領袖李燮和之所以被陳氏擠掉，乃因李燮和攻下製造局後，「日常撫慰降人，疲極。英士趁其倦臥，集部黨舉己為上海都督」。但不管怎樣，為什麼回國經營滬上的偏偏是過去迄未被人看重的陳其美？在滬上活動僅僅兩載便能一戰功成而手握都督權柄，這難道全屬上帝的手誤？其實陳

氏自有其非常人所及處，這就須提到他的多種身份：商人，他早年曾經商12年，素以四捷——口齒捷、主意捷、手段捷、行動捷著稱；會黨大頭領，他歸滬後即參加了青幫，在上海幫會中勢力很大，一齊「殺雄雞、喝血酒、歃血為盟，立下字據永為兄弟」的擁躉者不少，當時「上海的戲院裡，茶館、澡堂裡，酒樓、妓院裡，無論哪個角落裡都有他的黨羽」；南社成員，並與邵力子等人關係深厚，說起來陳其美並非純粹起起武夫，僅從他留下的遺墨和書信看，側身文采風流之南社實不愧然；報人，陳氏注重輿論宣傳，在上海先後參與或創辦過《中國公報》、《民聲叢報》、《民立報》，足領一時風尚。湖州向有經商的傳統，湖州商人在上海灘頗具影響力，而其中不少巨賈又和陳其美沾親帶故……試問，在同盟會中，像陳其美這樣頭腦活、膽子大、手段辣、關係廣的又有幾人？在上海灘這樣一個光怪陸離的社會裡，若非陳其美，又豈是宋教仁這樣的書生、黃興這樣的單純質樸之士能夠打開局面的？清末民初，世事紛擾，完全可以套用狄更斯《雙城記》中的一段名言，「既是最好的時代，也是最壞的時代，既是智慧的時代，也是愚蠢的時代」，在這樣的時代裡，陳其美這樣的人是其天生驕子，幾乎可以斷言，他對滿清政府革命能革得驚天動地，如果取另外的人生走向，也肯定不會「沒世而名不稱」。

我們似乎不必在陳其美的都督之位是否「正取」的問題上過多糾纏，因為這畢竟牽涉到同盟會和其他各種團體、勢力的利權之爭，而一涉利權，許多記載和說辭便很難分別真偽了。相形之下，作為首任滬督的陳其美在任內究竟幹了些什麼，也許更值得

關注。很遺憾，我雖然搜集了數十種有關陳其美的資料，但似乎都在這一點上大而化之、語焉不詳，莫永明《陳其美傳》中說：「陳其美擔任都督期間，同清廷封建統治和各種反動勢力進行了艱苦的鬥爭」，舉其大端，除募捐籌集軍餉、加強軍隊訓練外，還採取了許多如告示剪辮、嚴禁鴉片、禁止賭博、禁用毒刑等一些「破除舊俗陋習的措施」，作者稱讚這些都「有力地觸動了封建專制秕政」註4；另一位研究者在文中作蓋棺之論曰：「陳英士這位民國的上海第一任『市長』的政績，將永留史冊，是不能抹煞的」，可是說到「政績」，也不過是「傾全力支持南京臨時政府，和袁世凱反動勢力幾經較量」而已註5。這當然符合評價歷史人物「宜粗不宜細」的原則，但對一個不想把歷史放進玻璃罩而是準備去觸摸、感受的人，細節的缺失是無法忍受的，而且如果把陳其美和敵手抗爭、發佈新政文告等都算成了不得的事功，那袁世凱後來在民國總統任上的「政績」似乎就更要大書一筆了。關於陳其美在滬軍都督任上的「細節」，上海社科院歷史研究所編《辛亥革命在上海史料選輯》中收有當時人寫給陳其美的一封信，說陳氏「中秋節以後，已連取小星四人；進出必坐極華美極昂貴之汽車；府中上下人等，凡是稍優之缺，悉數以湖州人充之，一若都督府變成湖州同鄉會也。閣下身居都督，與朱少屏等一群人成群結黨，花天酒地，置軍務於高閣，無怪有因公奉訪者，十數日不得一遇面也」，同書還載有幾位辛亥老人的回憶，同時提到陳其美「好嫖」，說是陳氏向光復會中僅次於章太炎的二號領袖人物陶成章提出要分用其從南洋帶回的華僑捐款，陶予以拒絕，並說：「你好嫖妓，上海盡有夠你用的錢，我的錢要給

浙江革命同志用，不能供你嫖妓之用」<sup>註6</sup>。鑒於這些說法多半出
自不喜陳氏作派的人之口，其真實性還可以研究。而我感興趣的
是，在後來一些稱讚陳都督政績的著作中，對此要麼諱莫如深要
麼草草帶過，既然要以陳都督的政績做文章，為什麼對這些明顯
不利自己觀點的說法不予以辨正，並為前人洗誣？難道他們認為
這些東西對於一個主政一方的人來說根本不值一提，而只有那些
和所謂反對勢力抗爭的「大節」，才是我們必須關注的？一個歷
史決定論者總是用所謂幾幾開來評論人物，他看到的是歷史的必
然性，因此總能保持如水般寧靜的心境，可是生活於歷史現場的
芸芸眾生卻無法超脫，也許對一個當年在陳都督治下的上海人來
說，他們的「市長」和誰誰誰英勇抗爭並不重要，然而如果這個
「市長」好冶遊、一意任用私人，那簡直就等於天塌下來了。一
位曾服務於中行的人回憶說：「滬軍都督陳其美隨向中行索取軍
費，宋經理以不合手續，予以拒絕。旋被車送都督拘扣。事聞於
司法總長伍廷芳，認為都督府非法拘捕，違反民主國法治精神，
提出抗議。伍致陳函，曾編入《民國經世文編》，傳誦一時。」
查《伍廷芳集》，他與此相關的致陳函還不止這一封，如〈為妄
事捕逮咎陳都督文〉，〈與陳都督論清查與捕獲之許可權〉，
〈為妄事捕逮再致陳都督書〉<sup>註7</sup>。另外一些當年的疑案，隨著檔
案史料的更多披露也越來越清晰了，如商務印書館的創辦人夏瑞
芳遭暗殺，斯時不了了之，而在晚近出版的《張元濟年譜》中已
經明確指出夏氏招禍「乃因先前出於維護商界利益，曾聯合諸商
抵制滬軍督陳英士駐兵閘北，陳嫉恨之，嗾使人暗殺」。後世
閒坐書齋的史家可以心態從容地勾劃陳都督的「大節」、「主

流」，然後輕描淡寫地帶一句「當然他也有其局限性，也犯了一些錯誤」云云，一般人誰會知道這幾句閒閒的話裡面掩藏了多少小老百姓的血淚呢？

陳其美在滬軍都督任上幹過一件驚天動地的事，即指使蔣介石暗殺當時出任浙江都督呼聲最高的光復會領袖陶成章，此乃舉世皆知的公案，不必細表。相對而言，在陶案之前，陳其美於都督府大堂之上槍殺曾參與南京光復之役的江浙聯軍司令部參謀長陶駿保的事件要動靜小一點，其實兩案相較，後者性質要嚴重得多，因為前者陳氏用暗殺，雖手段卑劣，還自知為人神共憤，所以既要安排小兄弟潛逃，同時還要裝模作樣地「嚴飭緝凶」，而後者則是未經任何法律手續便公然了斷了一個高級軍官的性命。什麼是「和尚打傘」，於茲概見矣。

## 「政黨政治」中的陳其美

近代意義上的政黨，是19世紀以來立憲政治的產物，謝彬1924年著《民國政黨史》開篇就說：「政黨之產生，一方固須人民具有政治常識，他方尤須政府能循法治軌道。政黨籍輿論為後盾，發揮監督政府指導政府之本能，政府亦惟國利民福是求，不敢濫用權力，違反民意，始相制而終相成，而政黨於焉興起」[註8]，而楊幼炯先生於民國時期寫就的《中國政黨史》則給「政黨」下了個定義：「政黨者，即國民各以政見、主義相結合，求實現其一定政見或主義之團體也」[註9]，準此，說中國歷史上被人以黨冠名的清流黨、東林黨等等都不是近代意義上的政黨，其理自明。

到了清末，從光緒中葉至宣統三年，清政府以立憲相號召，乃成為楊幼炯所稱的「政黨結胎時期」。但像這時的同盟會當然還只能算秘密會黨，資政院內民選議員組織的憲友會要在政府的「關照」下活動，當然也不能算真正的政黨了。那麼民國肇建，以「共和」為體，政黨政治是否形成了呢？

　　進入民國後，同盟會一變而為國民黨，再變而為中華革命黨，最後以「國民黨」而定型，但考察其在大陸活動的前後歷史，可以說國民黨始終是畸形的「政黨政治」中的「畸形政黨」，始終不脫秘密會黨的陰影。為什麼會出現這種情況？這就要說到謝彬先生所揭示的政黨產生的兩個前提條件，除此之外，竊以為一個政黨的組織者、領袖人物是否具備現代政黨政治中的憲政民主意識也是至關重要的。同盟會諸雄起事之初從事的是掉腦袋的勾當，採取秘密會黨的形式自無可非議，考察其是否具備憲政民主意識應該放在局勢穩定的時候以及他們能夠控制局勢的地方。武昌首義成功，革命黨和袁世凱達成妥協後，臨時政府究竟應建於何處是雙方一大角力點，孫中山、黃興等人出於制約即將出任臨時大總統的袁世凱的目的，堅持袁氏在革命黨勢力範圍內的南京宣誓就職，而袁世凱深悉「虎不可離山，魚不可脫淵」的奧妙，不願離開北京這個北洋軍閥的大本營。南京臨時政府參議院曾就此問題進行表決，「經過激烈辯論，竟以多數票通過臨時政府設於北京。孫中山、黃興聞訊震怒，……黃興尤怒不可遏，兩手插入軍服口袋中，踱來踱去。……黃興遽曰：『政府決不為此委屈之手續，議院自動翻案，盡於今日；否則吾將派憲兵入院，縛所有同盟會員去！』」[註10]，吳玉章在其回憶中也

說：「我急著去找黃興，他也正在穿軍裝，準備起身到明孝陵去。我請他延緩時間，他說：『過了十二點如果還沒有把決議改正過來，我就派兵來！』說完就走了。這怎麼辦呢？……通知所有的革命黨人，必須按照孫中山先生的意見投票。經過我們一天緊張的努力，當日召開的參議院會議終於把十四日的決議糾正過來了」<sup>註11</sup>。頗具諷刺意味的是，當後來臨時政府以糾正過來的這個決議為名派蔡元培、宋教仁等人赴北京敦請袁世肯南下就職時，袁世凱嗾使部下兵變，並利用列強使團施壓，給人一副非袁不能穩定北方的印象，這個時候，南京臨時參議院又通過了一個新決議，即「袁大總統允其在北京就職」！後人讀史至此，不能不生無限之感慨，袁世凱、段祺瑞等反動軍閥多次兵迫國會，孰知孫黃等革命偉人也曾用「帶兵來」威脅議員呢。近代中國，那些用手投票的議員先生們通過的決議向來是沒有什麼權威的，一句「帶兵來」讓一紙決議顯得非常可笑，但如果有人帶更多的兵來，這決議會馬上有了約束力也未可知。這就是民國「政黨政治」的大的背景。

在這樣一個背景之下，在一個以政黨自況的團體之內，陳其美和孫中山的關係不像現代政黨中黨徒和黨魁的關係，便可以理解了。前面說過，在陳其美留學日本從事革命期間，他並未進入孫中山的視野，可是在孫中山先生發動二次革命失敗流亡日本後，從《孫中山年譜長編》可以看出，孫、陳幾乎無日不在一起商討大計，陳死後，孫許之為「吾黨唯一柱石」，親自為他撰寫祭文，在和唐紹儀聯名發表要求給陳國葬的呼籲書中更說陳「勳烈媲於黃君（黃興），而死義之烈過之」，儼然是孫氏眼中最重

要的黨內幹部了。除了陳氏死難之慘的刺激，似乎更應從陳其美在黨內分歧中對孫的竭力擁戴考慮。討袁事敗後，孫中山進行了反省，他的答案是，「一，革命必須有唯一崇高偉大之領袖，然後才能提挈得起，如身使臂，臂使指，成為強有力之團體人格」，「二，革命黨不能群龍無首，或互爭雄長，必須在唯一領袖之下，絕對服從」，「三，我是推翻專制、建立共和，首倡而實行之者，如離開我而講共和、講民主，則是南轅而北其轍」，「四，再舉革命非我不行，同志要再舉革命非服從我不行」註12，並據此思想組建中華革命黨，手訂了入黨之誓約。而就是這一誓約中關於「附從孫先生再舉革命」一詞、入黨人須於署名下蓋指模，以及按黨員入黨時間不同、享有不同權利的規定引爆了不滿，對立面是以黃興、李烈鈞為代表的老同志，認為「前者不夠平等，後者幾近侮辱」。黨內同志多方設法彌縫分歧未果，黃興遠避美國，而「中華革命黨成立，開總理選舉會時，到者僅得八省，這和同盟會成立時有十七省人士參加相差甚遠。可見當時中山先生服從個人的要求只有少數人士能夠接受，曾任都督而參加中華革命黨者，只胡漢民、陳其美兩人⋯⋯」，「後來中山先生亦自動地無形中取消了兩項入黨規定，後來且明令附從他的人不再以中華革命黨黨員身份活動」註13。⋯⋯這場爭論的是非不必浪費筆墨了。我所關心的是陳其美於其中扮演了怎樣的角色？有些著作中說陳為孫、黃的矛盾添火加油，可是卻又未提供原始的證據，不能不讓人疑慮。不過，如果細細披尋，即使從一些公開的資料中也還是能看出孫、黃、陳關係變化的蛛絲馬跡的。黃興到美國後，陳其美曾有一封著名的〈致黃克強勸一致服從中山先生

繼續革命書〉[註14]，從信的內容看，雖然其中孫是黃非的種種說法肯定會讓黃興不滿，但在檢討「錯誤」時，陳其美是主張包括黃興和自己等黨內同志共任其咎的，而且從全書用詞看，堪稱披肝瀝膽，同志之情見乎詞，然而黃興對這樣一封信卻未予理睬，這很不符合黃興光明磊落的赤誠男兒個性，也許只能有一個合乎情理的解釋，即黃興認定陳其美應該對他和孫中山之間的裂痕負相當的責任。我們再看看孫黃，1914年6月，黃興為免紛爭離開日本之前，曾於寓所宴請孫中山等人敘別，中山先生於席上集古句「安危他日終須仗，甘苦來時要共嘗」並書聯以贈，告別宴的氣氛是融洽的，從孫山中的書聯看也體現了他在不久前致黃興函中所說的「彼此可不談公事，但私交上兄實為我良友」的態度，然而幾乎沒有任何徵兆，在黃興到達紐約後，孫中山突然給黃興發了封措辭激烈的信，其中不僅嚴辭追問討袁失敗「文之非歟？公之咎歟？」，而且指責黃興「以徘徊為知機，以觀望為識時，以緩進為穩健，以萬全為商榷」，孫黃裂痕在黃興遠避後竟然有擴大之勢，這中間肯定是有原因的，有人居中杯葛抑或是重要因素。結合多方面考量，如果有人，這個人只能是陳其美。實際上在1914年中華革命黨組建爭執中，陳其美的作用已經顯露，當時有人提議將誓約中的「服從中山先生」改為「服從中華革命黨之總理」，本來是調和分歧的好辦法，據說「因陳其美反對最力，不果」，還有一種說法，造謠攻擊黃興在東京大興土木的風波中也有陳的活動……。

關於陳其美在孫、黃關係中的作用，有人以「權欲思想作祟」論之並無確實證據，黃興遠避後，陳是始終謙辭中華革命

黨二把手——協理一職的。也許在致黃興書中所反映的是他真實的思想亦未可知。無論怎樣，這封長信都堪稱近代史上的重要文件，對作為政黨的國民黨的影響尤其不能低估，因為我們在其後國民黨的思想建設和組織建設中都可以看到這封信的影子。陳氏創造性地把一個政黨劃分為兩個群體，一個是先知先覺一貫正確的黨魁，一個是包括黃興和他自己在內的後知後覺的眾多黨徒。回顧同盟會組織以來的歷史，陳氏的總結幾乎是兩個凡是：凡是按黨魁意見去做的，就一定成功，凡是未按黨魁意見去做的，則必歸失敗，職是之故，黨員對黨魁絕對服從為「當然天職」。孫中山先生對此信非常珍視，專門把此信作為附錄收入了自己所著的《建國方略》，可見陳氏的主張和他自己的思想十分契合，他後來手定國民黨黨章不是也明確規定「總理有全權總攬本黨一切事務」、「總理對於中央執行委員會之決議，有最後決定之權」嗎？蔣介石依託陳其美進入了革命黨的精英圈，二人惺惺相惜，蔣的作風和陳其美頗為神似——史學家陳鼓應稱之為「上海灘」幫會心態、作風，後來蔣介石政府把陳其美捧到武昌首義功臣中一人之下、萬人之上的位置，顯然有樹典型的意義，即讓眾多黨員明白只有像陳氏這樣對黨魁絕對服從的才是好同志，試圖用這樣的典範的陶鑄和薰染，以此實現「一個政黨、一個領袖、一個主義」。

　　一個現代的政黨，最重要的是有無共同的政見，它以政見相維繫，而絕非靠神化黨魁、靠黨魁對黨徒的絕對控制相維繫。縱觀國民黨1949年前的歷史，即使是獨掌權柄，也仍然喜歡搞些鬼蜮伎倆，黨內鬥爭如此，和其他政黨間的競爭中更如此。梁漱溟

等民主人士多次搖頭說國民黨作為執政黨「太無風度」，其實他原本就非一現代政黨，求其有風度豈非緣木求魚？

## 「不怕死」的是是非非

陳其美有一口頭禪：「丈夫不怕死，怕在事不成」，除此之外，他為人題詞書贈還愛寫以下一類壯詞，「死不畏死，生不偷生。男兒大節，光與日爭。道之苟直，不憚鼎烹。渺然一身，萬里長城。」「有萬夫不當之慨，無一事自足於懷」，看他的遺墨，都是筆墨淋漓之作，霸氣、豪氣躍然紙上。國民黨元老邵元沖評價說：「他生平不知道有所謂艱難挫折，總是前進，總是奮鬥」，廣東社科院一位學者在《近代中國》雜誌上撰文，則以「浪尖谷底總風流」概括其人格特質。的確，陳其美是一個一旦認準目標便毫不放鬆、勇猛精進不懼犧牲的革命者。

然而，革命光破壞顛覆是不夠的，革命者僅僅「不怕死」還不能解決所有的問題。面對陳其美，我常常困惑，這位近世豪強究竟要的是什麼？個人的榮華富貴？絕對不是，袁世凱幾次重金收買他都未得逞；他一再標舉的「民主共和」？可是這位被史學家定位為「資產階級民主革命家」的人顯然對「民主」還知之甚少，不僅是在志向無由得申的地下秘密活動時期，即便一日飛龍在天、坐鎮一方，所行所施仍然和「民主」南轅北轍。廣東社科院的學者在《近代中國》雜誌發表的文章中對此給出過一個解釋，他先引述了宋慶齡女士的一段話：「孫先生生平但知目的，不問手段；但知是非，不顧利害，尤反對調和」，認為中山先生

關於目的與手段互動的範式，可以借用來解答陳其美，用這種範式觀照，陳其美製造的「陶案」在該先生的筆下就是「除陶以定革命大局」的必須之舉，成了「辛亥革命成敗最大關鍵」[註15]。所謂目的手段的互動範式，是一帖解答歷史難題的萬應良藥，可是在筆者這樣的笨伯看來，沒有手段，目的何從體現？就靠當事人的自說自話旁觀者的曲為之說？一個顯而易見的判斷是：手段的正義容易檢測，而目的是否正義卻很難預期。

閱讀近現代史，我們也許能夠發現許多標舉「民主共和」的人，所要的其實僅僅是一個符號，至於這一符號在各人心目中的輕重則可能各各不同，有的也許僅僅是裝裝門面，有的也可能會為之頭顱輕擲。不敢說陳其美就屬這一流亞，但他的英雄氣概、捨身就死和暴戾恣睢的糾纏不清，卻讓人感慨百端。他本人有知，也許不會在意這些矛盾的，「惟大英雄能活人殺人」，他向來是以大英雄自期的，當然具有使人活、使人死的權力了。

稱讚陳其美「英雄事業自堂堂」的于右任先生後來在1924年寫下了〈讀史三首〉，有一詩專為歷史上的大英雄而發，詩曰：「風虎雲龍亦偶然，欺人青史話連篇。中原代有英雄出，各苦生民數十年。」這是一首看了發冷的詩。不知老先生寫這首詩的時候是否想到了那位故友？正是：說英雄道英雄，說到「英雄」一涕然！

真實與幻影
——近世文人縱橫談

註釋

1. 《孫中山全集》第四卷第27頁，中華書局1985年5月版。

2. 章開沅主編《辛亥革命大辭典》第248頁，武漢出版社1991年版。

3. 《吳玉章回憶錄》第68頁，中國青年出版社1978年版。

4. 莫永明《陳其美傳》，上海社科院出版社1985年版。

5. 《陳英士研究文集——紀念辛亥革命九十周年》，浙江湖州市陳英士研究會2001年10月編印。

6. 上海社會科學院歷史研究所編《辛亥革命在上海史料專輯》，上海人民出版社1981年版。

7. 《伍廷芳集》，中華書局1993年版。

8. 《近代稗海》第6輯第9頁，四川人民出版社1987年版。

9. 楊幼炯著《中國政黨史》，上海書店1984年版。

10. 《黃興年譜長編》第273頁，毛注青編著，中華書局1991年版。

11. 吳玉章著《辛亥革命》第151頁，中國青年出版社1961年版。

12. 《孫中山年譜長編》第885頁，中華書局1991年版。

13. 《黃興新論》第130頁，薛君度、蕭致治編，武漢大學出版社1988年版。

14. 信件全文作為附錄收入《黃興集》第399-405頁，中華書局1981年版。

15. 《近代中國》雙月刊第131期，臺灣近代中國雜誌社1999年6月版。

## 九 真實與幻影

### ——朱自清的一九四八年

1948年是朱自清人生的最後一個年頭。對於一個學者、作家，這意味著思考和創作的終結，對於曾經從其思想文化遺產裡受益的人，意味著深長的思念和不盡的感戴。但朱自清1948年的意義絕非僅止於此，因這一年裡他的某些言論、文字和行動，他被塑造為接受人民呼喚，終於從象牙之塔裡走出的鬥士，其晚年的「選擇」和「轉變」被界定為知識份子走什麼樣的道路的宏大命題。

1948年，中國發生了什麼？在朱自清的生命年輪裡，又發生了什麼？

按照通行的說法，1948年是兩個階級搏鬥初見分曉的一個特殊年代。對於知識份子來說，不論他們曾經持何政治立場，一個舊時代即將被埋葬，這一點，哪怕終日兀坐書齋不問世事的人都會有所感知。於是一個極為重要的問題擺在了面前，這就是面對這樣的歷史巨變與轉折，你興奮也好，沮喪、惶惑也罷，無法回避選擇。1948年的特別意義還在於，這一年，國民政府推行的幣制改革的失敗，使國統區物價上漲勢頭一浪高過一浪，包括大學教授在內的絕大多數中國人，都面臨著物質條件的困窘和生活狀況的惡化。

在這樣一個大變動的時代，知識份子群體中的各種變化都不意外，只是這種變化往往有輻度大小之別、微調和巨變之異。朱自清屬於哪種呢？朱自清一直對政治不感興趣。這不僅緣於天性，也是客觀環境所致。朱自清最初以新文學家出名，後來卻長期在中國的最高學府清華大學擔任國文系主任，從他的日記中可以看出他在學術上是有壓力的，充滿了焦灼感，這種壓力驅使他不得不把主要精力用到學術研究上。當然一個知識份子不可能完全沒有政治傾向。朱自清的政治傾向，用他自己的話，就是一個「愛平靜、愛自由的個人主義者」。這種人承認現有的秩序，認為這種秩序是保持「平靜」的要素，但也可能因現實的刺激偶或流露不滿，並對秩序的反抗者部分地表示同情。當然，最重要的，這種人始終珍視個人的自由，對所有以各種名義擠壓個人空間的企圖敏感而充滿警惕。

雖然長期在象牙之塔裡，但朱自清詩人般的敏銳感受並未完全鈍化，他也意識到了可能的時代之波，並努力嘗試去適應。於是晚年朱自清有了一些變化。比如讀書，1948年前，在朱自清的書單上除了經典舊籍，就是同輩學者的研究著述，可1948年1月朱自清開始讀《大眾哲學》，月底便讀完了，並在日記中評價道：「甚有說服力」；7月份又讀一本名為《知識份子及其改造》的通俗讀物，稱讚「它論點鮮明，使人耳目一新」；這位向來以詩一般的抒情散文著稱的新文學家，還在他的日記中記載了他閱讀趙樹理的《李有才板話》、《李有才的變遷》和袁水拍的《馬凡陀山歌》的情景，稱讚趙的小說是一種「新體裁的小說」。這時候朱氏的寫作也出現了一些新的特點，他開始討論

「朗誦詩」和「標語口號」這些原本在學者教授視野之外的東西。他強調以「政治性」和「群眾性」見長的朗誦詩「應該有獨立的地位」；一邊批評代表集體力量的標語口號是非理性的起哄，但又說：「人們要求生存，要求吃飯，怎麼單怪他們起鬨或叫囂呢？」……

　　朱自清晚年變化給人印象最深的是「扭秧歌」。秧歌這種革命的符號雖然很受有左翼傾向的學生和大眾的追捧，畢竟很難讓國統區高等知識份子接受。於是朱自清的「扭秧歌」就顯得特別醒目了。那些熱烈讚頌朱自清「轉變」的文章，最熱衷提及的就是朱自清熱情扭秧歌的意象：馮鍾芸回憶，「在參加『五四』青年節的聯歡晚會上，他加入青年們長長的行列，扭陝北秧歌，和青年學生的心貼得更近了。」柏生回憶，「特別使人記憶最深的是，1948年元旦晚上，在余冠英先生家裡開同樂晚會的那感人的情景。那晚，朱先生帶病，但是還興致勃勃地和同學們擠在一個行列裡熱情認真地扭秧歌，同學們以民眾喜愛的風格，親昵地給他化了裝，穿上了一件紅紅綠綠的衣服，頭上戴了一朵大紅花。朱先生呢，對這來自解放區人民大眾化的演出形式和內容，十分喜愛，熱情支持。他這種精神使在場的許多師生受到感動。」（均見三聯書店1987年版《完美的人格》）「朱自清擁抱秧歌表示他要和舊的生活徹底決裂」，顯然這就是所有回憶者要告訴我們的。應該說，因為秧歌本身就是一個意味深長的符號和圖騰，而且朱自清本人對其符號意義肯定不會一無所知，所以這種解讀自有其道理。但查閱朱氏日記，我們卻看到了意外的文字：1948年元旦，朱自清寫道：「參加中文系新年晚會，深有感慨。」4

月8日又記，「學生兩次來請我們參加大飯廳的學生集會，他們還請我們在臨時搭起的臺上扭秧歌。大眾的壓力確實不得了，使我整晚上感到不安。」究竟哪一個才是真實的朱自清？「感到不安」的朱自清和「扭秧歌」的朱自清當然還是一個人，作為一個珍視個人自由的知識份子，對那種集體的威壓怎麼可能不「感到不安」？那麼他為什麼不當面拒絕？除了此時的朱自清多少帶有一點民粹傾向，對原本是民間文藝形式的秧歌有瞭解之欲望外，似應更多地從其性格特點上去分析。朱自清是個外圓內方的人，待人隨和，不願拂人面子，但這在很多時候並不代表他自己的真實想法。其早年日記裡有一條很有意思的記載：一個他很不喜歡的人向他借錢，他借後，在日記中大罵那人是「下流壞」。按照一般分析，你不喜歡他，不借就是了，可朱自清不願如此，借了又不甘心，於是轉而向日記發牢騷。這種似乎有悖常理的做法，非常典型地代表了朱自清的性格。他後來成為知名學者後也是如此，經常有學生請他講演，並且題目都給擬好了，朱自清不高興，但幾乎每次還是去了。

　　讀了朱自清與秧歌有關的日記，又明瞭其性格特點之後，回頭再看回憶、解讀朱自清扭秧歌的文章，是否都不同程度地有「過度闡釋」之嫌呢？

　　因為「扭秧歌」，許多人盛讚朱自清晚年「表現得十分年輕」，在他們看來，這是一個找到精神皈依的人的自然心態。但透過另一種個人色彩強烈的文本——舊體詩，我們就會發現一片「悲涼之霧」。1948年2月，時在病中的朱自清看到吳景超夫人龔業雅的一篇散文〈老境〉，其中的蕭瑟況味觸動他寫下了一首七律：

中年便易傷哀樂，老境何當計短長。

衰疾常防兒輩覺，童真豈識我生忙。

室人相敬水同味，親友時看星墜光。

筆妙啟予宵不寐，羨君行健尚南強。

　　詩中的衰颯之氣是一個稍有舊文學修養的人都能體味出來的，難怪當時傳抄到俞平伯、葉聖陶那兒，這兩位老友都為之「不怡」。細細想來，在1948年那個特殊的年代，纏綿病榻的朱自清的這種悲涼之感，誰說不正是人情之常？

　　除了「扭秧歌」，晚年朱自清還有一件事為人豔稱，這就是「不領美國救濟糧」。關於朱自清不領美國救濟糧的始末，王彬彬先生有一文作過精細的考證，這裡不贅。但有意思的是，因為此事，又因為一篇名文對此事格外論列，發生了意想不到的效果。那篇名文關於朱自清的一段是這麼說的：

　　　我們中國人是有骨氣的。許多曾經是自由主義者和民主個

　　人自由者的人們，在美國帝國主義者及其走狗國民黨反動

　　派面前站起來了。聞一多拍案而起，橫眉怒對國民黨的手

　　槍，寧可倒下去，不願屈服。朱自清一身重病，寧可餓

　　死，不領美國的「救濟糧」。……

　　這篇名文在革命史、思想上的意義不必多論。但有一個直接後果實在出人意料，這就是人們對朱自清之死的臆測。自朱自清1948年辭世至今，關於其死因，權威的說法是他「貧病交加

而死」，而在不少僅僅讀過像上面這篇名文這樣文字的讀者印象中，朱自清居然是「餓死」的。不必奇怪，筆者當年束髮讀書，也是這麼認為的。

那麼朱自清「餓死」的印象從何而來？那篇名文的巨大影響力是一個因素，因為那段話從形式邏輯上講，的確可以理解為「朱自清要麼領救濟糧，要麼餓死」，二者必居其一，既然朱自清最後沒領救濟糧，當然就只有「餓死」一途了。但文章的藝術不能硬套邏輯，事實上朱自清拒領美國「救濟糧」是真，拒領也肯定會給他的家庭生活帶來影響，但並不意味著他真的就沒飯吃了。從根本上說，容易讓人生出朱自清餓死印象的緣於另外一些大判斷。什麼樣的大判斷呢？朱自清所處的是一個「政治腐敗、社會黑暗、民生凋敝」的時代。這個判斷當然是對的，在那個黑暗時代裡，豈止是知識份子，可以說除了達官貴人以外的幾乎所有中國人的生活都頗為艱辛。但是在這樣的大道理的下面，在主流和大局之外，應該還有支流和個案，比如像朱自清這樣全國有名的文化人，他的生活似乎還不會淪落到要被餓死的地步。

朱自清實死於嚴重的胃潰瘍。這種病的起因與生活的顛沛流離有關，日寇侵華中朱自清所服務的清華大學曾幾經播遷；戰時教授們的生活水準大大降低，這也是容易引發胃病的重要因素。但教授們的生活水準究竟低到了何種程度？是否瓶無儲粟屢告斷炊？恐怕也不盡然，查閱朱自清的日記，可以看到，即使是在被公認生活最困難的西南聯大時期，他還是經常會有飯局，而且隔三差五就會和朋友們在一起打打橋牌，很難想像，一個空著肚子的人會有心思和閒暇去鬥這樣的巧智。可以認為，雖然當時

的知識份子處境不佳，但和大多數底層百姓相比，他們的基本生活還是有保障的，更不用說像朱自清這樣名牌大學的教授了。抗戰勝利後，國民黨政府看不清世界大勢，集中資源於內戰，國統區的知識份子再一次被波及，許多學生憤然衝出校門，聲勢浩大的「反饑餓、反內戰」運動一時如火如荼。國民黨發動的內戰和所謂幣制改革使經濟接近崩潰，大多數中國人的生活都不能不大受影響，知識份子也一樣，但揆諸現實，我們就會發現知識份子所受的這種影響肯定要小於一般底層群眾。《人民日報》的著名女記者金鳳當年在燕京大學讀書，她回憶了1947年底參加「反饑餓、反內戰」遊行的情景，「中午時分，學校食堂送來白麵饅頭和菜湯，一旁監視我們的國民黨特務嘲笑我們：『你們吃得那麼好，還成天喊反饑餓，你們挨餓了嗎？』我們理直氣壯地回答：『我們是為老百姓反饑餓。全國老百姓不是被內戰拖入絕境了嗎？！』」（人民日報出版社2000年版《金鳳自述》第50頁）學生們對特務的反擊自然是有力的，但從中也可反證我上面的判斷：在校學生的生活是像金鳳描述的這樣，教授生活如何豈非不言自明？

具體到朱自清，其實他應該是最不容易被聯想到「餓死」這一淒慘圖景的。不僅因為他的聲望、地位和收入水平，也由於他的病。稍有常識的人就都知道，胃潰瘍這種病對進食有很多顧忌，既要禁吃某些食品，更不能多吃，稍不注意，就會嘔吐，使胃大受折磨。朱自清的日記也證明了這一點。翻開1948年的日記，我們沒有看到他為食物短缺而苦的記載，相反，多的倒是下面一些文字：「飲藕粉少許，立即嘔吐」；「飲牛乳，但甚痛苦」；「晚食過多」；「食慾佳，終因病患而克制」；「吃得太

飽」；⋯⋯就在他逝世前14天的1948年7月29日，也就是他在拒領美國「救濟糧「宣言上簽名後的第11天，他還在日記裡提醒自己：「仍貪食，需當心！」⋯⋯

1948年8月12日，朱自清辭世。

朱自清的辭世引發了國內的紀念熱潮。最值得注意的是其中楊晦、馮雪峰和以香港《大眾文藝叢刊》（邵荃麟主編）「同人」名義刊發的三篇紀念文章。這三篇文章的最大亮點是強調朱自清作為「自由主義作家」向「民主戰士」轉變的意義。於是晚年朱自清成了一個標本，他的選擇被提升為「知識份子的道路」。

晚年朱自清究竟有無「轉變」，發生了什麼樣的「轉變」？各有各的說法和理由，相形之下，討論朱自清有沒有「不變的」也許更有意義。什麼為朱自清堅守如一始終不變？通過閱讀他那些私人化的文本，竊以為，還是他自己那句「愛平靜、愛自由的個人主義者」的評價可以當之。他預感到了舊時代即將終結，自己也的確在努力去適應未來新的時代，但他是否就丟棄了一直被他所認同並堅守的某些終極價值？值得探究。

於是，又引出了一個新的問題，像朱自清（包括聞一多）這樣向來被認為中間偏左的知識份子，在那一個大變動的時代裡，他們想要的究竟是什麼？當聞一多甚至不惜以生命與一個腐朽的政權相爭時，他是否預見到了後來的一切⋯⋯

1948年的朱自清有幾分真實幾分幻影，雖然人們喋喋不休，其實於逝者已經是無謂的事了，豈不聞「身後是非誰管得」麼？

# ✝ 「北京政變」中的胡適

先查辭典，陳旭麓主編的《中華民國史辭典》「北京政變」條曰：「1924年10月第二次直奉戰爭期間，原直系討逆軍第三軍總司令馮玉祥，接受國民黨聯合倒曹錕、吳佩孚主張，在熱河前線與奉軍達成協定，於20日秘密回師北京。馮與胡景翼、孫岳等共同行動，22日將總統府衛隊繳械遣散，幽禁曹錕。次日聯合發佈通電，主張停戰。又組織國民軍，電邀孫中山北上，主持大計。24日曹錕被迫下令停戰，罷免吳佩孚。11月2日曹錕宣告退職，由黃郛組成攝政內閣。4日內閣議決清廢帝溥儀出宮，廢除帝號。旋由攝閣與清室修正優待條件，5日執行。11月中旬奉軍違約入關，長江流域數省一致擁段。24日段祺瑞就任臨時執政。次日馮通電下野，辭去國民軍第一軍軍長兼總司令職。」

近代以降，武人主導的各類兵變、政變多矣，這次北京政變可有異乎？也許有的，因為這次政變的主要人物是「基督將軍」馮玉祥，因為他是要和孫中山合作的，更因為他後來在中國政治角鬥場中所扮演的微妙角色，所以，在相當長時期裡，在許多史家眼中，這次北京政變是一次革命的行動；他在政變之初發佈的「安民佈告」中說，「嗟我無辜同胞，何堪再罹兵戎？」、「推重國內賢家，共同解決內爭」，「軍人不干政治，義惟絕對

服從」，云云，宣告他發動兵變的目的是制止內戰、停止軍人幹政、推重賢能共建國家，這些話也常常被視為一個舊軍人天良激發思想轉變後的肺腑之言。至於為什麼驅走一吳佩孚，又來一愈加兇惡蠻橫之張作霖，為什麼掀下曹錕，又請一段祺瑞，為什麼政變之後內爭卻愈演愈烈，為什麼軍人干政始終尾大不掉，為什麼同胞之苦難更加深重，等等問題，只好歸結為革命的不徹底了。

恕筆者眼拙，實在不能從這次北京政變中看出什麼革命色彩，也實在弄不懂馮玉祥與張作霖合作，其對國家民族之意義就一定勝過他在吳佩孚手下做事。當年馮之大將鹿鍾麟後來回憶這次政變，曾詳加分析馮與直系在經費、地盤方面的矛盾，和他政變後對自己實力和地位未有擴展反受掣肘的苦惱。如果認同這種說法，那麼就一定會順理成章地得出一種判斷：北京政變和中國近代史上的其他一些政變一樣，不過是各派政治力量的博弈與利益再分配罷了，而所謂國家人民實未與焉！

對這樣一起拆濫污的事件，本來是不會有向來愛惜羽毛的胡適的身影的。可事實是，胡適偏偏捲了進去。這一切都因為溥儀出宮。

從前面引述的辭典條目看，「溥儀出宮」實在只是北京政變中的一個小小枝節，對當日在京城握有重兵龍蟠虎據的馮玉祥來說，簡直等於摟草打兔子，順帶的功業。也許是因為北京政變中先後登場的各色政治人物太多，各種事件太讓人眩目，溥儀出宮一事在現代史上的影響被大大低估了，而且就在當年，許多富有遠見的人物對此也是漠然視之的，查閱孫中山、梁啟超、蔡元

培、魯迅等人的日記、年譜等資料，他們關於1924年的記載也許提到了馮玉祥、吳佩孚等名字，而溥儀出宮一事卻全然在他們視野之外，哪怕就是事件的主角馮玉祥，在《我的生活》中可以繪聲繪色回憶自己在軍事政治上的種種部署，但關於驅逐清室卻只有「最有意義」等寥寥數語。這其實符合一般人的思維的：廢帝早已過氣，能給當時人們生活帶來直接影響的只會是風雲際會的實力派政客。

　　而胡適是一個罕見的例外。1924年11月5日，也就是溥儀出宮的當天，胡適致信給時在黃郛內閣中任外交部長的王正廷表示「抗議」，信中說：「我對於此次政變，還不曾說過話；今天感於一時的衝動，不敢不說幾句不中聽的話」，胡適說：「我是不贊成清室保存帝號的，但清室的優待乃是一種國際的信義，條約的關係。條約可以修正，可以廢止，但堂堂的民國，欺人之弱，乘人之喪，以強暴行之，這真是民國史上一件最不名譽的事。」此信於11月9日在《晨報》上發表，在輿論界掀起軒然大波，胡適一時幾成眾矢之的，連他的好友、向來與其思想接近的人如朱經農、周作人等也不贊成胡適的態度，朋輩中周作人的一封致胡適的信可稱代表，他說：「這次的事從我們秀才似的迂闊的頭腦去判斷，或者可以說是不甚合於『仁義』不是紳士的行為，但以經過二十年拖辮子的痛苦的生活，受過革命及復辟的恐怖的經驗的個人的眼光來看，我覺得這乃是極自然極正當的事，雖然說不上是歷史的榮譽，但也絕不是污點」。李書華、李宗桐致胡適的信，則正好代表了社會上一般人士的看法，「一個新文化的領袖，新思想的代表，竟然發表這種論調，真是出乎我們意

料之外。……我們根本上認為中華民國國土以內，絕對不應有一個皇帝與中華民國同時存在，皇帝的名號不取消，就是中華民國沒有完全成立。」這一事件的餘波還延續到了1925年，這年8月，有人以「反清大同盟」名義在報上發表宣言，要求將胡適驅逐出京；同年8月26日，因胡適沒有參與反對教育總長章士釗的宣言，「上海學生聯合會」致信胡適，說胡適「比年以來，先生浮沉於灰沙窟中，捨指導青年之責而為無聊卑污之舉，擁護復辟餘孽，嘗試善後會議，諸如此類，彰彰較著，近更倒行逆施，與摧殘全國教育、蔑視學生人格之章賊士釗合作，……」在整個溥儀出宮事件中，反對馮玉祥逼宮的人雖有段祺瑞等人，但公開站出來稱讚胡適的，卻似乎只有溥儀的師傅、英國人莊士敦，他認為胡適「說出了這樣一件正確的事情，並且用正確的方式說了出來」。

　　胡適為什麼要冒著被大眾輿論指為「復辟餘孽」的風險為清室說話？一般人會立即想到他的先後兩次進宮。說起來，這也是現代史上的有名公案了。「他叫我先生，我叫他皇上」，魯迅以他那特有的筆法將這一事件高度濃縮為十個字，精煉當然足夠精煉，但無疑也遮蔽了好些本來應該是很豐富的內容。胡適的兩次進宮一度成為敲打他的一根絕好棍子，有人還繪聲繪色地描述胡適見了溥儀請求免跪拜的可笑狀。隨著時間的推移，人們現在對此事看得是越來越清楚了，也終於明白，還是當事人胡適進宮後寫的一篇文章最合情理和邏輯。胡適在那篇〈宣統與胡適〉的文章中說：「一個人去看一個人，本也沒有什麼稀奇。清宮裡這位17歲的少年，處的境地是很寂寞的，很可憐的；他在寂寞之中，

想尋一個比較也可算得是一個少年人來談談，這也是人情上很平
常的事。不料中國人腦筋裡的帝王思想，還不曾洗刷乾淨，所以
這件本來很有人情味的事，到了新聞記者筆下，便成了一條怪誕
的新聞了。」正像理學家說的「眼中有妓心中無妓」一樣，正因
為胡適沒有帝王思想，所以在他眼裡，17歲的溥儀只是一個生於
深宮之中、長於婦人之手，寂寞而可憐的少年，這無疑是一種人
情、人性的視角。考察他的與溥儀往還之種種，他的這種視角都
是一以貫之的，直到溥儀出宮，他還特地到溥儀暫時寄居的醇王
府去看望，表示慰問，並勸其出洋留學，願意予以協助。追論胡
適在北京政變中的立場和態度，不能不適當注意他與溥儀之往
還，也不能不注意他觀察溥儀的這一視角，說他沒有一點兒情感
的偏私大概是困難的，但這種情感是符合人性之常的，而肯定不
是那種舊式士子「士為知己者死」那種悖時的情感。

　　北京政變發生，溥儀被軍人驅逐出宮，表示抗議和不滿的
大致有三種：一是遺老一派；二是雖非遺老，但希望多一事不如
少一事，不願在清室有大喪之際，背負欺侮孤兒寡婦的名譽，如
段祺瑞即是；三是從法理角度表示反對。胡適自屬於後者，他的
意見的要點有二：一是對清室的優待是一種條約，為簽約一方中
華民國所認可和接受，不應輕易變更和廢除；二，即使變更和廢
除，也應雙方平等協商，而不應以暴力脅之。胡適的意見有沒有
道理呢？回顧昔日優待條例之產生，應該說它是政爭雙方妥協的
一種結果，可以設想，如果當年雙方都不願妥協，只會使戰事難
休流血更多，也就是說這一條例並不是只對清室一方有利的。當
年對雙方都是利好的條例，怎能隨著共和政體的鞏固，因其需支

浩繁，現在就轉而說中華民國對清室過於優待？當然，時過境遷，條例可以修正甚至廢止，但如何修正或廢止，訂約雙方應該首先找到訴求的交集，如果只有一方自說自話，那只是一方面的決定，命令另一方執行就是了，還能叫什麼共同遵守的條例？細讀「修正」後的優待條款，其實就是軍人一方也是承認所謂條例應該以雙方共識為基礎的，否則這個〈修正清室優待條件〉的開頭就不會有這段話：「今因大清皇帝欲貫徹五族共和之精神，不願違反民國之各種制度仍存於今日，特將清室優待條件修正如左：……」而應該是「中華民國決定將將清室優待條件修正如左」云云了。看來軍人一方希望外界認為這是一個平等協商的結果，可事實是，「鹿鍾麟催啦，說，再限二十分鐘，不然的話……景山上就要開炮啦……」這是為各種史料所明載的。

關於溥儀被逼出宮，最具權威性的看法也許來自當年參與導致皇帝退位和草擬優待條例，後來一度任民國司法總長的唐紹儀，他在接受記者採訪時說：「如果中國需要改變民國同清帝的關係，我們就應該公正合理和彬彬有禮地去促進它」，「我們之所以同意優待條件是因為滿洲人的退位縮短了革命的時間、拯救了人類的生命，並給予了我們一個專心致力於建設的機會。……不管我們個人發表過什麼意見，在新的協議未締結之前，我們一定遵守這個協議……但是馮將軍也許不再意識到中華民族的倫理原則……這不是政治問題，而是道德問題，這不是中國的政體問題，而是這個國家是否有禮貌觀念的問題……」看得出來，這種觀點是和胡適接近的。

也有人試圖從法理的角度，但從反的方向證明取消優待條例之合法，如章太炎所說：「六年溥儀復辟，則優待條件自消」，這是說清室應該為民國六年的張勳復辟負責。這種事後追溯看似有理卻站不住腳。像張勳這樣的既有實力而又魯莽的武人，清室有力量制約他嗎？如果真的因為溥儀參與復辟所以要取消優待條件，那麼民國六年復辟敗滅之初，為什麼不立即著手？更何況，溥儀出宮之後，有人曾試圖在溥儀的文件中找到他參與和支持復辟的證據，可惜並沒有找到，當時擔任外交部長的王正廷後來也承認了這一點。說來很有意思的是，1922年，也就是張勳復辟之後16年，北京政變之前兩年，溥儀大婚，送禮的既有吳佩孚、徐世昌、曹錕、張作霖等炙手可熱的人物，禮單上還有北京政變的主角、「基督將軍」馮玉祥將軍送的一柄「白玉大喜如意」呢。從這一富有喜劇化的細節中，我們是否可以窺出種種堂皇言辭下面的一些東西？

溥儀出宮後，於1924年的11月29日，偕同鄭孝胥、陳寶琛逃往東交民巷日本使館；1925年2月，溥儀又在日本人的保護下乘車赴天津；再以後的事，國人已耳熟能詳。如果沒有北京政變，沒有溥儀出宮，又會如何呢？歷史無法假設，當然也可以說溥儀後來之被日本人利用，自有一種必然的邏輯，但我們說北京政變之發生，至少給日本人的這種利用提供了便利，應該要算平實之論吧？

北京政變還影響到了一個著名學者的命運，他就是王國維。《王國維年譜長編》記載：1924年11月，「先生因清廢帝溥儀被逐出故宮，自認日在憂患中，常欲自殺，為家人監視得免」。王

之後來沉湖自盡，雖有各種解說，但他與清室的精神聯繫是誰也否定不了的。當然，一個學者的生死，在軍國要人和動輒大談「歷史必然性」的人士心目中，實在也算不了什麼。

往事已矣。這樣的往事曾經發生過怎樣的影響，我們只能說說而已了。我只是在回望這段往事的時候常常想起胡適。當年他給一個猛烈抨擊他為清室「張目」的人回信，說，「你們只知道『皇帝的名號不取消，就是中華民國沒有完全成立』，而不知道皇帝的名號取消了，中華民國也未必就可算完全成立。一個民國的條件多著呢！……在一個民國裡，我偶爾說兩句不中聽、不時髦的話，並不算是替中華民國丟臉出醜。等到沒有人敢說這種話時，你們懊悔就太遲了。」讀這樣的句子，不由人不感歎：胡適畢竟是胡適。

# 「我本將心托明月」
## ——民國學者從政活動的歷史考察

　　中國知識精英的參政意識在歷史上堪稱源遠流長，余英時先生在他的《士與中國文化》一書中就認為，如果根據西方關於「知識份子」的標準（即不僅有專業技能，還有公共關懷），中國從先秦開始，「士」便是一個承擔著文化使命的特殊階層，在歷史上發揮著「知識份子」的功用。「以聖控王」向來是中國士人的理想，然而正如一位研究者所說，中國自古以來並無西方教會那樣獨立於政統的道統組織，知識份子參政所憑藉的唯有個人的道德資源，全無組織化的社會資源保障，因而往往是欲以聖控王，卻往往落得個為王所控，無所作為。註1

　　上述的尷尬局面到二十世紀初有所改變，隨著市民社會的逐步確立，知識份子終於從政治全能主義的壓迫下掙出，不必再如影隨形附在政統這張「皮」上，中國社會開始有了一個獨立的、自由擇業的知識階層。這個時候的知識精英的參政當然便有了與前人不同的面貌。

　　許紀霖先生把民國知識份子參政模式概括為三種，一是加入政府，成為職業官僚；二是議政，相當於「獨立政論家」；三是組黨。本文所要談的是第一種，即對進入實際政治層面的學者從政活動略加考察。20世紀二、三十年代的中國政壇上，湧動了一

股「學者從政」的小小浪潮，胡適，曾任清華大學歷史系主任的史學家蔣廷黻，著名地質學家丁文江、翁文灝，著名經濟學家何廉都是個中代表。

對這一時期的學者從政活動進行考察有何意義？老實說，作為作者，我也混混沌沌，但在閱讀資料和動筆過程中，卻分明有一種莫名的感喟，使我欲罷不能，當然，這只是一點個人的小悲歡而已，無關大局無關宏旨，不說也罷。明眼人也已經看出，我所舉的幾個學者從政的代表人物幾乎都屬於「胡適派學人群」，這倒不是作者本人的傾向性，而是由「學者從政」這個話題本身的規定性所決定的，因為這幾個人物無論是外界的認知，還是他們自我定位上，都是「自由主義知識份子」，進入實際政治層面一般都不是自由主義知識份子主動追求的目標。自由主義知識份子與政治的關係，用胡適的一句趣語，正所謂「不要兒子，兒子來了」。為什麼不要「兒子」，「兒子」會依然降臨？這其中有怎樣的偶然和必然？正是在這個意義上，近代中國的學者從政才是一個值得說道說道的話題。

## 救世情懷與感恩情結

中國的知識份子向來有以天下為己任的傳統，這傳統究竟是好是壞，言人人殊。到了20世紀的二、三十年代，在新的條件下，這一傳統又被賦予了新的特色。所謂新的條件，一是國難日深，民族生存的危機漸趨嚴重，二是這一時期的知識份子已遠非過去的士子可比，他們多半接受了西方式教育，在新的視角的觀

照下，中國政治之污濁、民生之凋敝是無法忍受的。所謂新的特色，是這一時期的知識份子的擔當意識更加強烈，具有更強的主體性。丁文江堪作代表。丁文江（1887-1936），字在君，江蘇泰興縣人，中國地質學的奠基者，一般被認為屬於胡適派學人，發表政論文字時常用「宗淹」的筆名，以示對那位「先天下之憂而憂，後天下之樂而樂」的范仲淹的崇敬。丁文江對政治有強烈的興趣，1923年8月，他在《努力週刊》上發表了〈少數人的責任〉一文，文中說：「我們中國政治的混亂，不是因為政客官僚腐敗，不是因為武人軍閥專橫，是因為『少數人』沒有責任心，而且沒有負責任的能力。」他宣稱：「只要少數裡面的少數、優秀裡面的優秀，不肯束手待斃，天下事不怕沒有辦法的。」「中國的前途全看我們『少數人』的志氣。」[註2] 據朱家驊回憶，丁文江面對當時混亂政治的看法是：「最可怕的是一種有知識、有道德的人，不肯向政治上去努力」，他認為「只要有幾個人，有百折不回的決心，拔山蹈海的勇氣，不但有知識而且有能力，不但有道德而且要做事業，風氣一開，精神就會一變。」[註3] 丁文江為了鼓動文人學者走出象牙之塔（或者說乾脆就是為自己的從政找一辯詞？），不惜將國家政治不上軌道的責任「歸罪」於同儕，其見雖偏，其志卻甚大，這當然與舊時那些以做帝王師為最高理想的士人稍有不同的。正是基於這一立場，他置眾多朋友的勸告於不顧，出任了孫傳芳治下的淞滬商埠總辦，雄心勃勃地擘劃發展「大上海」。

　　與丁文江不同，胡適一向提倡對政治保持一種「不感興趣的興趣」，即書生可以論政，但只對自己的言論負責，做一個獨立政論家。然而形勢比人強，日本人步步進逼，即使是抱著低

調論的胡適也已看出，一場大規模的為民族爭生存的戰爭是不可避免的了。胡適素來自詡「為國家做一個諍臣，為政府做一個諍友」，但在民族危機面前，首要的是有才幹的人出來做實幹之臣，1938年7月30日，胡適寫信給妻子說，過去曾發願「二十年不入政治，二十年不談政治。那二十年中『不談政治』一句話是早就拋棄了。『不入政界』一句話總算不曾放棄。……今日以後的二十年，在這大戰爭怕不可避免的形勢裡，我還能再逃避二十年嗎？……我只能鄭重向你再發一願：至遲到戰爭結束時，我一定回到我的學術生活去」。註4 同年，他在出國訪問的途中接到駐美大使的任命，給妻子的信中又說：「我二十一年做自由的人，不做政府的官，何等自由？但現在國家到這地步，調兵調到我，拉夫拉到我，我沒有法子逃……」註5 就在駐美大使期間，他在贈給參加中美借款談判的銀行家陳光甫的照片上題詩一首：「偶有幾莖白髮，心情微近中年。做了過河卒子，只能拼命向前。」「拉夫拉到我，我沒有法子逃」，「做了過河卒子，只能拼命向前」，語氣有些蒼涼，但細心品味，其中是否還夾雜著一種救國救世的自豪感呢？

說到書生出而應世的動機，一種舊的心理定勢不能不提，這就是中國士子根深蒂固的「士為知己者死」的情結。近代史上，像胡適這樣愛惜羽毛的人，對蔣介石的所謂禮遇都還會在日記中屢屢道及，遑論其他？如果肯對蔣介石——現代中國最有權勢者平心而論，首先我們得承認他究竟是儒家文化影響下的人物，無論是做表面文章，還是發自內心的尊敬，他對那些富有聲望的知識份子還是保持了舊時賢主禮賢下士的姿態，並且常有過之。

翁文灝頗富戲劇性的出仕經歷很有代表性。翁文灝（1889-1971）浙江鄞縣人，字詠霓，著名地質學家，比利時留學歸國後任教於清華大學，並一度代理校長。在和政治的關係上，翁氏和胡適、丁文江都有所不同，他是一個科學救國論者，對政治和做官全無興趣，即使偶爾寫點政論文章，也是應朋友之命而作，所以，1932年國民政府徵召他為教育部長時，他堅辭未就。但一場意外的車禍改變了這位書齋學者的命運。1934年農曆正月初三，翁文灝赴長興調查石油的途中，因所乘汽車猛撞到橋欄杆上，汽缸爆裂，致頭部受重傷，完全昏迷，病勢極為兇險。蔣介石得報後，命令醫院不惜一切代價搶救，並延請國內名醫會診，接來家屬照看，終使翁文灝轉危為安。這個時候，要翁文灝這樣淳厚的君子拿出勇氣去拒絕救命恩人的徵召顯然是不近情理的。「知遇之恩」、「救命之恩」，這些對現代中國知識份子來說仍然是過於沉重了，正如傅斯年曾經說過的，他這一輩的讀書人雖受西方教育，但安身立命仍然是中國式的。最難消受明主恩（昔人有詩「最難消受美人恩」），就這樣，在感恩情結的驅動下，翁文灝這位被認為是「一國之瑰寶」的傑出學者一步步走到了政治的前臺，從國民政府的行政院秘書長，到行政院長，演出了一幕「科學家錯位」的悲喜劇。

## 理想與現實的衝突

像胡適、翁文灝這樣的學者名流進入政府對改良政治究竟起到了多大作用，收穫了多少事功？俗語曰：看人挑擔不吃力，知

識份子也許論政是一把好手，可真要他進行實際運作，他就會立馬感受到理想與現實的激烈衝突。和胡適一起列名「好政府主義宣言」並一度入閣從政的湯爾和在內閣垮臺後對胡適說：「我勸你不要談政治了罷。從前我讀了你們的時評，也未嘗不覺得有點道理。及至我到了政府裡面去看看，原來全不是那麼一回事！你們說的話幾乎沒有一句搔著癢處的。你們說是一個世界，我們走的又另是一個世界，所以我勸你還是不談政治了罷。」[註6] 從「有點道理」到「全不是那麼一回事」，這中間究竟是哪個環節出了問題，其責任是否全應由知識份子來負呢？

這一時期從政的學者中，大致有兩種類型。一種是其依賴的資源唯有專業素養和學術聲譽，政治生活遠遠不如在學術流域得心應手，胡適即為顯例。蔣介石選中胡適出任駐美大使，看中的只是胡在海內外的巨大聲望和其對美國社會的熟諳。胡適並不具備外交天才，上任之初，也無外交經驗，除了標榜「誠實與公開」的外交風格，就只能靠他的演說才能和在學術界中的清譽了。應該承認胡適在大使任上竭盡了全力，他在致王世杰信中說四個多月裡，「演講百餘次」，差不多每天有一次演講。胡大使的廉潔和不辭勞苦即使是在最講究權變的外交領域也贏得了朋友和對手的尊重，他所完成的第一大使命，是在武漢淪陷後不久，促成美國政府給予我國2500萬美元的「桐油借款」，當時這算是國際間相當大一筆借款，極大地鼓舞了士氣民心，須知斯時的美國政府受中立法案的限制，連老資格的外交家王正廷多次向美交涉借款均未獲成功呢。後來胡適與美方又簽訂了「滇錫借款」的合同。然而富於演說才能、不辭勞苦和個人廉潔是否就是一個優

秀的外交家呢？1940年，宋子文以國民政府代表的身份赴美國活動，當面對胡適說：「你莫怪我直言，國內很有人說你講演太多，太不管事了。你還是多管管正事吧！」註7 說起來這並非全是宋的偏見，傅斯年在給胡適的一封長信中也曾轉述了「所聞各種對胡適大使工作的反應」，計有：館中人員始終未組織好，效率不高；只注意拉攏同情中國者，而不與反對黨接洽；好個人名譽，到處領學位等等。註8

除了胡適這一類型，從政學者中自然還有另一類極富行政才能的人。一般公認丁文江、翁文灝除了科學天份，其處理實際事務的才幹也是當時學者中少有的。丁、翁二人在從政之前都領導過地質調查研究部門的工作，那時已充分顯示了他們的行政才幹。可是像丁、翁這樣的技術專家都有一種泛科學主義的傾向，他們參與政治，也容易將政治簡單化、技術化，以為只要按照一套科學的方法管理政治，就可以藥到病除，馬到成功。不能說這種觀點完全不對，但它至少忽略了具體語境，忘記了用這種觀點和方法將要面對和解決的是「中國問題」這一個案。他們往往注重行政，卻不諳熟政治遊戲，容易模糊政治與行政的不同，始終將政治的問題看作是一個行政的問題，不具備一個政治家最起碼的政治識見。其直接後果就是他們往往在具體事務上甚為精明，卻缺乏大局眼光。從丁文江、翁文灝等人的從政生涯看，他們充其量始終只是一「行政人才」，只是一個優秀的技術官僚，而非政治家。儘管像丁文江以政治家自詡，他也無法逃脫這一定命。他做淞滬商埠總辦，雖只有八個月的時間，但確有其抱負和實績，胡適後來為他作傳記就評價說，回看過去，丁氏任內有兩件

事值得記載，「第一是他建立了『大上海』的規模，那個「大上海」，從吳淞到龍華，從浦東到滬西，在他的總辦任內才第一次有統一的市行政，統一的財政，現代化的公共衛生。」「第二是他從外國人手裡為國家爭回許多重大的權利。」尤其以收回公共租界的會審公堂為最成功。[註9]可是書生丁文江畢竟沒有看清大勢，隨著孫傳芳的很快倒臺，他這個商埠總辦的治績也隨之風流雲散了。丁文江是抱著改良政治的願望投到孫傳芳門下的，據傅斯年分析，丁以為改良政治應該抓住每一個機會，所以他想借參加孫傳芳試驗一回，然而一到裡邊去，知道事實不如此簡單，孫傳芳要做的事，大者並不與他們這些智囊商量。[註10]傅斯年揭出了尷尬的「智囊」二字，這是標榜為自由主義知識份子的人忌諱的，因為「智囊」者，哪兒還談得上獨立人格呢？

「志士淒涼閒處老」，在一個政治不上軌道的國度，「衙門」裡就註定是一個最消磨人的才華和銳氣的地方。1947年，胡適在致傅斯年的一封信中說：「十月裡我有一次到行政院去看翁詠霓，秦景陽也來了，他們堅留我坐，這是他們聊天的聚會，每次都是聊天，無一事可辦。我坐了一點鐘，聽他們聊天，心裡想：『這是中國兩個最有腦力的人才，幹嘛不到一個學校或研究室去？幹嘛要把他們困在一個完全自私自利的宋子文手下吃閒飯，聊悶天？……』」[註11]1947年對國民政府來說，並不是一個可以悠閒的年頭，可是像翁文灝這樣的官員，不論做到哪一級，如果不「閒處老」，對軍國大事又能操上多少心呢？他只要不貪不私，每天按時處理公文，定期召開某種會議，就算得上是「能吏」了。而這種只管埋頭拉車不抬頭看路的能吏，也許正是「明主」最喜歡的呢。

## 「萬山不許一溪奔」

　　胡適很喜歡楊萬里的一首絕句〈桂源鋪〉:「萬山不許一溪奔,攔得溪聲日夜喧。到得前頭山腳盡,堂堂溪水出前村。」大概取其明快和陽光吧?竊以為用「萬山不許一溪奔」這一意象來概括民國學者從政中的現實處境倒也堪稱允當。

　　蔣廷黻被人許為「民國學者從政中最有成就的一位」(見岳麓書社版《蔣廷黻回憶錄》「譯者序」),不過我估計這種立論是以1949年後蔣氏的「事功」為基礎的,至於1949年之前,蔣的主要角色是駐蘇聯大使,在這個位置上,似乎看不出他有何了不起的創獲。而蔣之做駐蘇大使實則還是受排擠的結果呢!當蔣廷黻任行政院政務處長時,蔣介石要蔣廷黻儘快提出改革中央政府的意見,「首先我向他口頭報告我的擬議。他很高興,要我正式提出建議。當我草擬建議時,南京有很多議論」,各個部門各色人等利益所在,對蔣廷黻的方案提出了各種要求。因為反對者太多,蔣為免夜長夢多,用最快的速度把他的建議稿滿懷熱望地交給了蔣介石,但最後的結果卻是最高領袖把他調離了崗位。註12 技術官僚想的是效率,而最高領袖卻不能不為通盤「大局」考量,不能不照顧方方面面的關係。蔣廷黻對此有無不滿?其回憶錄中只有極為隱晦的表示,而胡適遇到類似情況則激動得多,胡適在駐美大使期間的日記中感歎做事的困難「稍增加了」,因為來了一群「太上大使」。註13 1942年5月的日記中說「自從宋子文做了部長以來(指宋子文在美活動期間,1941年12月被蔣介石任命為外交部長),他從不曾給我看一個國內來的電報。他曾命令本

館，凡館中和外部，和政府，外來電報，每日抄送一份給他，但他從不送一份給我看。有時蔣先生來電給我和他兩人的，他也不送給我看，就單獨答覆了。……記此一事，為後人留一點史料而已。」註14 胡適有歷史癖，他有心留下這一點「史料」，也許是要後世讀者對他們這群迫於時勢到公門修行的學者，多一些同情和理解吧？

從本質上說，國民政府仍然是個前現代政府。一群具有現代政治素養和行政能力的人要想和諧和地融入其間不僅困難，而且幾乎註定要爆發衝突。何廉的從政經歷非常典型地說明了這一點。何廉（1895-1975）耶魯大學博士，著名經濟學家，留美歸國後曾任南開大學經濟學院主任。抗戰中，何廉一度任國民政府經濟部次長、農本局總經理、農產調整委員會主任，他所做的一系列工作，如成立農業合作社，建立農業合作金庫，為農民恢復生產提供貸款等等都取得了一定成效，而他為穩定戰時後方糧價所作出的努力及其失敗則充滿了悲劇意味。何廉是個經濟學家，他當然看到了米價上漲甚至出現米荒的重要原因不是缺米，而是執行了錯誤的金融政策，這仍然還是個經濟問題，隨著戰爭的持續，大米供應、分配和價格問題會繼續存在，不僅一個小小的農本局無法全部解決，中央政府也難有善策。但以蔣介石為代表的官員則習慣於用威權解決一切問題，「認為砍掉幾個人的頭，就能夠威懾大多數人」，從而穩定糧食市場。政府後來果然為此殺了不少人，包括成都市長，而危險的境況卻並未獲得改觀。政府轉而要求何廉動用農本局倉庫的米投放市場平抑物價，受到了何的抵制，因為這些米屬於農民，要徵用須得照市價付款，政府卻

不想這樣做，政客們唱起了國難時期「有錢出錢有力出力」的高調。何廉面臨著空前的壓力，最高領袖也表示不滿，直至農本局被裁撤。戰後重建中，本來對政治心灰意冷的何廉不好意思拂老友翁文灝的面子，出任經濟部副部長，這位著名經濟學家關於經濟建設的觀點根本未得到尊重，他認為政府應立即將接收的輕工業交給私營企業經營，努力限制官僚資本及政府干預，他彷彿懶得理會經濟政策制定後面的利益集團的龐大陰影，當然又是無功而返，後來國統區經濟崩潰的結局已經埋下了……這是一場現代和前現代的衝突，竊以為那一代學者名流從政的悲劇底蘊也就在這裡。滿懷救世熱忱的何廉在回憶錄中難抑悲憤：「翁文灝和我雖都在政府中位居高職，但比起『圈內集團』來，畢竟還是外人。我們並非政府的裡層人物，也非黨的成員，我們不過是政府的『裝飾品』！我們從未能夠搞清楚幕後究竟在搞些什麼。」註15「裝飾品」云云堪稱一語中的。在任何一個政府裡，都需要各種各樣的人物，即使是被世人目為「僵化」、「腐朽」的蔣介石政府，對那些特別有清望和特別有才幹的人也不會完全拒斥，從某種程度上講，這是龐大的官僚機器在進行一種自調劑。但正如何廉所覺察到的，蔣介石「看重」翁廷顥、蔣廷黻和他自己也許是真的，但可能從未真正信任過。像何廉這樣沒有黨內派系背景的技術官僚，在政府中發揮不了多大作用幾乎是註定的，制度、上司、同僚，還有官場上種種無聲無臭卻又無處不在的東西，都形成了強有力的掣肘，「有勁無處使」、「有理說不出」便成為何廉們一種普遍的狀態。何廉後來回憶這段從政經歷時用不容置疑的口氣說：「我在政府中的那幾年完全是白白浪費」，他的失望是很深的。

## 「看花愁近最高樓」

學者從政不可避免要直接與中樞打交道。如果仔細留意，一個學者選擇入誰的幕，除了客觀之機緣，很大程度上常常與中樞的個人魅力如何有關，當然這種魅力往往是言人人殊的。丁文江在眾人的側目中毅然參加孫傳芳，與他對孫的評價是大有關係的，他對朋友們說：「孫在軍人中，很有才，很愛名譽，很想把事情辦好，只是有一個根本的缺陷，就是近代知識太缺乏了。」這句話是丁經常用來批評一切中國歷年來當政的軍人的。他以為這些人中很多有才的人，有天生的才，只因為他們的知識不夠，故不能成大事。註16

而到了蔣介石獨掌乾坤時，學者名流對其觀感不僅各各不同，而且常常前後會有相當大的變化。陳寅恪抗戰中赴重慶，出席中央研究院會議，蔣介石宴請到會諸先生，陳氏歸後曾賦七律一首，其中有「食蛤那知天下事，看花愁近最高樓」之句，據吳宓注云，「看花愁近最高樓」云云是陳寅恪對初次見面的蔣介石之觀感，「深覺其人不足有為」。註17 揆諸史實，對蔣介石從有所希翼到大失望的學者頗不乏人，最典型的是聞一多，蔣的一篇〈中國之命運〉讓這位五四之子，嗅出了強烈的反五四的氣味，從此走上了激烈反蔣的道路。陳寅恪也好，聞一多也罷，畢竟與蔣介石本人甚少接觸，而從政的這批學者就不同了，他們的記述和評論更真切和真實。

談到從政學者與蔣的關係，將兩個學養、聲望相垺而且私交很好的學者蔣廷黻和何廉拿來對比是頗有意思的。說來何廉

從政，與蔣廷黻還頗有關係。何、蔣二人曾是留美的同學，1926
年至1929年又成為南開大學的同事，據何廉的自述，「我和蔣廷
黻十分友好，對他的意見我總是感覺尊重的」，正是因為這層關
係，當蔣廷黻1936年在國難日深的情況下，勸何廉接受國民政府
的邀請，出任他自己曾經擔任過的行政院政務處長一職時，何廉
再一次尊重了蔣廷黻的意見。而在此之前的1934年，何、蔣二人
同上廬山拜見蔣介石的一幕也很有意思，二人事後在各自的回憶
錄中追憶自己與這位當年中國最有權勢的人物初次見面的情景，
都「印象頗佳」，《何廉回憶錄》中寫道：「他注意聽我講，看
來十分耐心，又非常禮貌，印象中他迫切想聽獨到的見解」，蔣
廷黻在他的《回憶錄》則說：「他的態度極為得體，使我既不感
到拘束也不致完全放縱。……看得出他有堅強的意志，對於重要
工作，能夠全力以赴。」《蔣廷黻回憶錄》中難得地記下了一個
有趣的細節：因蔣廷黻和何廉是湖南人，蔣介石在談話的開始便
恭維說「湖南是出大人物的地方」，而蔣廷黻顯露了他的外交家
潛能，立應曰：雖然湖南過去出了一些偉人，但是現在的中國偉
人卻多出自浙江。在與蔣介石的關係上，《何廉回憶錄》和《蔣
廷黻回憶錄》在驚人相似的開端之後，很快漸行漸遠。此後我們
在《蔣廷黻回憶錄》中幾乎再也讀不到他對蔣介石的評價，也許
這是因為口述歷史中的蔣廷黻雖然已退休，但多年的職業習慣還
是使他有意無意地要字斟句酌吧。而何廉則在自述中對蔣所下的
判斷則越來越多，而且越到最後，負面評價越多。如果蔣廷黻不
是出於有意淡化口述過程中主體意識的目的，那我們得說，何廉
在這場學者從政運動中似乎更加投入，他深深地被裹挾進了一

 真實與幻影
——近世文人縱橫談

部巨大的官僚機器中，感同身受分外真切，看問題也深入、切實得多。《何廉回憶錄》中專列一章講作者本人看到的「中國權力內幕」，《劍橋中華民國史》在論述「南京政府的結構和運作」時特地引用了何廉的回憶：「總司令走到哪兒，政府的真正權力就到了哪兒。就權力而言，他主宰一切。」何廉所在的行政院本來是最高行政機構，而何廉發現，幾乎每份重要的報告，都首先到了蔣介石的駐地辦公室，決定是在這些辦公室作出的，行政院等著的只是去「採取正式和公開的措施」。何廉在此處用了「發現」一詞，透出的書生氣讓人感慨。《劍橋中華民國史》的作者於是提醒我們，在考察南京國民政府的運作時，把目光投在這個政府的架構上，諸如立法院與行政院關係如何等等問題上並無多大意義。這種種制度形式終究只是形式，這樣的政府終究只是一個前現代的政府。作為最高權力化身，蔣介石在其中發揮的作用自然是最重要的，據何廉觀察，蔣的作風是「辦什麼事，作什麼變動，只要他認為怎麼方便就怎麼辦。……他隨身總帶著一支紅鉛筆和一疊紙，如果他認為該作出決定或給哪位來訪者一筆錢，他會立即簽發一項有關的手諭。」何廉和蔣接觸不久便給蔣下了這樣的斷語：從根本上說，他不是個現代的人，辦事首先是靠人和個人接觸以及關係等等，而不是靠制度。何廉在回憶錄中回顧了他對蔣介石從寄予期望到最後失望的過程：「1936年冬，他從西安回到南京時所受到的歡迎，完全表明了我們對他寄馳多麼大的期望，……然而戰爭一開始，政策政策的施展，卻給我們許多人帶來了失望和幻想的破滅。……」

第
一
輯

時
代
與
人

144

## 出山清還是在山清？

1935年，也就是丁文江棄世的前一年，他寫了一首七絕〈麻姑橋晚眺〉：

> 紅黃樹草爭秋色，碧綠琉璃照晚晴。
>
> 為語麻姑橋下水，出山要比在山清。

「出山要比在山清」，這顯然是反用杜甫「在山泉水清，出山泉水濁」詩意而抒發懷抱。丁文江文弱中不失強項，儘管他的「出山」飽經挫折與誤會，他還是始終秉持著那份自信。不過，在局外人眼中，丁文江等人「出山」的清清濁濁還真是個見仁見智糾纏不清的問題。同為「出山」者，先為學者後長期在國民政府擔任要職的朱家驊雖然認為丁文江任淞滬商埠總辦的「動機完全是出於熱誠愛國」，但也說這一段事蹟是丁「最受批評的地方，也可以說是他生平的恥辱」。註18 朱家驊也是個有趣的人物，抗戰中曾鬧騰著要給「勞苦功高」的最高領袖獻鼎，為士林所笑，他為什麼不先反躬自省卻偏要以丁的事孫傳芳為恥呢？依我看其中未必能說出多少道理，無非是一種正統觀在作祟而已。我們現在若要討論那一輩人的出山，至少應該把正統非正統的畛域看淡一些才好。

出山清還是在山清？首先有必要把「清」的內涵界定一下。這好像是個簡單的問題，似乎只要看看其出山的初衷被現實扭曲了多少就能大致論定了。其實生活遠非如此劃一。政治中人的許

多行事即使符合歷史的必然性，可是清濁與否畢竟由外人判定，一揚一抑，簡直要看定數了。曾國藩晚年辦天津教案，他的種種佈置現在看實在沒什麼大錯，可是當日人言鼎沸，老於世故的曾國藩禁不住都要承受「外慚清議內疚神明」的心靈煎熬。政治人物的清清濁濁，豈是白菜豆腐那樣能夠一語道斷的？

說到政治人物的清，普通人最易想到的是其個人操守。而這對本文所討論的這一人群來說卻幾乎不值一提。像丁文江，其淞滬商埠總辦本來是一肥缺，但從他卸任後一度生活困窘竟至要靠一位並非知交的人救濟看，說他為官清正是沒錯的。蔣廷黻和何廉的回憶錄中，也有為各種請託苦惱最終拒絕之的記載。他們回憶這些經歷時並沒有特別渲染，在他們這種教育背景下的人看來，這也不值得渲染。當然在一個系統性腐敗的社會裡，他們只能保證個人的操守，尤其是當腐敗成為國家機器正常轉動的潤滑劑時，他們不做事則已，要想做出一點事情，就仍然不得不遵守「潛規則」。曾經在何廉手下做事的鯤西憶及何廉一事：「那時孔祥熙任行政院長，農本局治下川中各縣都有合作金庫，有四川最好的柑桔運來，是時必以一筐送往孔府，這是我在局內親見的作為學者的何氏也不得不照官場上的陋習行事。」[註19]

一般的人邁進權勢網絡是很難避免這種網絡與生俱來的腐蝕性的。對像胡適、蔣廷黻等這樣素負清望的人來說，權勢網路的腐蝕效應並非那種貪瀆腐化，而是能否堅持其向來標榜的獨立性。那麼胡適等人進入政府以後，是否顯示出了腐蝕效應呢？即使公開的表現不多，下意識裡是否會有所顯露？章清先生近著《「胡適派學人群」與現代中國自由主義》就有一段談到了這一

問題，他的答案是：「權勢集團所具有的腐蝕性，即便落在以『獨立』自詡的自由知識份子身上，同樣不能避免」，「既已加入政府，或既已與權勢集團有了緊密的聯繫，那麼在意氣上和人情上，也不好公開和政府對抗；有話要說，也無須選擇公開的輿論。這就是權勢集團的腐蝕性。」[20] 章先生還專門舉了胡適的幾個例子，一個是：1933年12月，羅隆基主持社論的天津《益世報》因受國民黨壓迫，被封鎖郵電，不能公開出版，與胡適談話時大為不滿，並說凡反對國民黨的運動總不免引起他的共鳴和同情，胡適在日記中批評羅此語是「不能劃清公私之界限」，認為這中「政論家之大忌」；另一個是胡適曾經在日記中記述他向蔣介石獻言，「說的都是逆耳的話」，而蔣「很和氣的聽受」。章先生據此認為「不難看出，胡適不經意間所說的這些話，愈益表明這群自由知識份子處在一個十分危險的位置。這不單是指他們逐漸背棄『大眾』而選擇『當局者』表達他們的意見，更主要的在此過程中形成了新的惰性。胡適等只能滿足於『說得都是逆耳的話』或者當局者『很和氣的聽受』，而對於發言能否產生實質意義，已越來越放在第二位。這樣一來，他們與當局者之間也逐步形成了『同舟共濟』的關係。」[21] 雖然胡適等人也是凡夫俗子，權勢網路的腐蝕性未必一定能夠避免，但章清從他們與當局者「同舟共濟」的關係上得出這一判斷，在我看來至少是弄錯了前提。因為現在討論的是胡適等人從政後能否避免腐蝕而不是他們應否從政的問題，如果我們已經把後一個前提忽略了，又怎能回頭要求一個已經進入政府的人不去與當局者「同舟共濟」？

「出山要比在山清」，仔細品味丁文江的這句詩，自信者少，給自己打氣者多。畢竟，中國現代知識份子剛剛體驗了自由職業者的趣味，學界班頭、士林領袖的成就感絕不亞於做帝王師，時乎命乎，突然要他重走前人學而優則仕的老路，難免要有幾分迷茫的。胡適還在做大使之前，因為和當局者的接近就多次痛感說話沒有了以前的份量，承認「青年人多數不站在我們這一邊」。註22 清乎濁乎，得乎失乎，真是一言難盡。

高唱「出山要比在山清」的丁文江曾經很感慨地對胡適說：「從前許劭說曹操可以做『治世之能臣，亂世之奸雄』，我們這班人恐怕只是『治世之能臣，亂世之飯桶』罷！」註23 這當然是責之過嚴了，嚴厲得差點要讓我這個後世讀者落淚！一個有專業背景、現代政治素養和行政能力而且具有強烈用世之心的人，不，是一個人群，最後仍不免做一個「政治裝飾品」，甚至自嘲為「飯桶」，這其中多少還是有些悲涼意味的吧。

1940年11月，胡適在駐美大使期間，不知所為而來，某一日突兀地在《日記》中抄錄了這樣一段話：

「《封神》十九回妲己說：『我本將心托明月，誰知明月照溝渠？』」註24

我本將心托明月……

# 註釋

1. 《尋求意義》第39頁，許紀霖著，上海三聯書店1997年12月第一版。

2. 《丁文江年譜》第27頁、31-32頁、37頁，王仰之編，江蘇教育出版社1989年8月第一版。

3. 《丁文江年譜》第27頁、31-32頁、37頁，王仰之編，江蘇教育出版社1989年8月第一版。

4. 《胡適年譜》第265頁、268頁、290頁，耿雲志著，四川人民出版社1989年12月第一版。

5. 《胡適年譜》第265頁、268頁、290頁，耿雲志著，四川人民出版社1989年12月第一版。

6. 《丁文江傳》第59頁、93頁、96-97頁、119頁，胡適著，海南國際新聞出版中心1版3印。

7. 《胡適日記全編》第七冊第396頁、418頁、423頁、478頁，安徽教育出版社2001年10月第一版。

8. 《胡適年譜》第265頁、268頁、290頁，耿雲志著，四川人民出版社1989年12月第一版。

9. 《丁文江傳》第59頁、93頁、96-97頁、119頁，胡適著，海南國際新聞出版中心1版3印。

10. 《丁文江傳》第59頁、93頁、96-97頁、119頁，胡適著，海南國際新聞出版中心1版3印。

11. 《胡適來往書信選》下冊第173頁。

12. 《蔣廷黻回憶錄》第188頁，岳麓書社2003年9月第一版。

13. 《胡適日記全編》第七冊第396頁、418頁、423頁、478頁，安徽教育出版社2001年10月第一版。

14. 《胡適日記全編》第七冊第396頁、418頁、423頁、478頁，安徽教育出版社2001年10月第一版。

15. 何廉的從政經歷見《何廉回憶錄》，中國文史出版社1988年2月第一版。

16. 《丁文江傳》第59頁、93頁、96-97頁、119頁，胡適著，海南國際新聞出版中心1版3印。

17. 《陳寅恪詩集》第28、29頁，清華大學出版社1998年1版4印。

18. 《丁文江年譜》第27頁、31-32頁、37頁，王仰之編，江蘇教育出版社1989年8月第一版。

19. 《清華園感舊錄》第7頁，鯤西著，上海古籍2002年6月第一版。

20. 《「胡適派學人群」與現代中國自由主義》第358頁、368頁，章清著，上海古籍2004年4月第一版），上海古籍出版社2004年4月第一版。

21. 《「胡適派學人群」與現代中國自由主義》第358頁、368頁，章清著，上海古籍2004年4月第一版），上海古籍出版社2004年4月第一版。

22. 《胡適來往書信選》中冊第297頁。

23. 《丁文江傳》第59頁、93頁、96-97頁、119頁，胡適著，海南國際新聞出版中心1版3印。

24. 《胡適日記全編》第七冊第396頁、418頁、423頁、478頁，安徽教育出版社2001年10月第一版。

# 十二 晏陽初：不同的視角

晏陽初和梁漱溟同為鄉村建設運動中的代表人物，都是致力於從解決農村、農民問題入手，以實現「本固邦寧」的目標。但二人的區別之處頗多，除了在方法上，晏氏趨洋，梁氏則較多傳統意味以外，二人後半生更走了一條完全不同的道路：梁氏在一場舉世皆知的風波之後，再也沒有機會走出書齋，迄以新儒學的一代重鎮終老；晏氏則矢志不移，將自己開創的平民教育事業移居海外，在世界範圍內大獲成功。

現在大概沒有人會否定晏陽初所從事的工作的價值，否認晏陽初「國際名人」的地位了。但這還只是對一種事實的認可，而具體到每一個與晏陽初打過交道的人，即使他承認某種「歷史必然性」，但其內心裡，是否就一定會贊同晏陽初的道路，一定會對晏陽初個人抱有足夠的敬意和好感呢？

我這裡還不是說在評價晏陽初功過上的學術爭論，關於這一方面，2006年《河北學刊》第2期刊有〈晏陽初研究八十年〉一文，已經把政學兩界對晏陽初及其事業，從批判到讚賞、探研的過程介紹得很清楚了。我關注的毋寧是更個人化的東西，我更感興趣的是，在「蓋棺論定」之外，那些熟悉晏陽初的人，私下裡

從何種視角觀照晏陽初，又得出了怎樣與「正史」大異其趣的結論？

西諺有云，偉人在僕人眼裡顯不出偉大；又云，一個詩人在歷史上是神聖的，但在隔壁便是一個笑話。無他，太熟悉了，少了遮遮掩掩的緣故。這裡就從晏陽初的一個鄰居說起，這個鄰居是著名歷史學家侯外廬。

1939年，國共合作抗日時期，晏陽初所領導的平教會遷到重慶，成立鄉村建設育才院籌備處，選定重慶近郊之北碚歇馬場為院址，晏陽初全家也在歇馬場一個叫白鶴林的地方暫時居住下來。而這時，作為左翼學者的侯外廬，也正好避居於白鶴林，主編一份由孫科提供支援的《中蘇文化》雜誌，和晏陽初比鄰而居。上個世紀80年代初，侯外廬撰寫回憶錄《韌的追求》（三聯1985年10月第一版），提及晏陽初時說：「想不到抗日戰爭把晏陽初的『鄉村建設』活動推到了我的面前，使我得到一個機會，能將這位人物的形象和這位人物的主張結合起來，建立一點感性的認識。」

什麼樣的感性認識呢？「他（指晏陽初）在歇馬場以官價向地主買田四百多畝，然後將田交給原來的佃戶耕種。這位鄉村改革家怎樣處理佃租關係，是我感興趣的問題。四川重慶一帶的農村，地主把田租給佃戶，租額是固定不變的，即根據某一豐收年的收成折算確定下來，不論遇到多嚴重的災年，佃戶都必須按此定額交租，即使竭盡所獲還不足數，也必須設法補足缺額。據我瞭解，『平教會』沒有實行減租，也沒有改變定額地租的辦法，他們與一般地主的不同在於，逢歉年，允許佃戶免償缺額，至

於交出全部收穫的佃戶將何以為生，則是無人過問的。晏陽初的『鄉村建設』究竟有沒有改善農民經濟地位，有沒有觸動農村封建剝削關係，便不言而喻了。」「晏陽初在白鶴林住了近一年，這一年中，我體驗到了一種更甚於『雞犬之聲相聞，老死不相往來』的生活，說來近乎是滑稽，晏陽初和我彷彿有默契，彼此避免照面，以至於事實上我的確與他不曾有一次正面相遇的機會，不曾有過一回頷首之誼。」「在白鶴林，晏陽初維持著相當高的生活水準。他的家庭雇有兩個滿口京腔的女傭，一個西餐廚師。據其家人說，他在家裡很少說中國話，基本上不吃中國飯。……晏不允許兩家的孩子來往。」「晏陽初拒人千里之外的態度或非偶然，因為他的生活標準、格調是遠離百姓的。」

從侯外廬先生對晏陽初的「感性認識」中不難得出這樣的判斷：一，晏陽初脫離百姓；二，晏陽初的生活方式和格調是和當時中國大多數人格格不入的；三，晏陽初所從事的工作沒有使農民受益。雖然侯先生在開始說，「晏陽初在數十年間是入『現代名人』之列的。作為緣慳一面的鄰居，我無權褒貶晏陽初，作為一位『現代名人』，我或可評價他的思想。」但實際上這裡的褒貶之意已十分顯豁。值得注意的是，侯先生在撰寫回憶錄的時候，關於晏陽初已經沒有什麼避諱、掩飾的必要了，也就是說，這裡的記載不會是侯先生為了某種需要不得不然，而是其真實的內心記錄。

侯外廬眼裡的晏陽初讓人震驚，特別是你在熟讀了海外學者吳相湘的那本《晏陽初傳》，知悉早在1943年，晏陽初就以唯一東方人的身份，和愛因斯坦等人一道，被西半球各國數百所高

等學術機構推舉為全球十位具有革命性貢獻的偉人等資料之後。侯外廬的晏陽初印象對當下已成定格的晏陽初形象堪稱具有顛覆效果，因為世界上如果有一種平民教育運動，而其領導人居然脫離民間和百姓，那簡直是一個笑談。所幸我們還有另外的記載。對晏陽初稍有瞭解的人都知道，晏氏事業的發端緣於他一戰中在法國戰場上為華工服務，主要工作是代寫代讀家信，並萌念創辦《華工週報》、舉辦識字班，平教運動即肇始於此。關於晏氏這段生活，相關史料上說他和「華工共同起居」，從當時的工作性質和內容上看應該是準確的，因為一個有脫離底層百姓傾向的人大概是不會做這種工作的。再看晏陽初擬訂的〈鄉村改造工作人員九項守則〉，前三條分別是「深入民間」、「與平民打成一片」、「向平民學習」，這會不會是一種具文呢？如果不是具文，會不會僅是針對下面的工作人員而設，晏氏自己卻完全不受此一規則之約束？其實我們只要想一想晏陽初在從事平教工作人員中的崇高威信就明白了。關於晏陽初的生活方式，鄉村建設學院的師生們後來也有多種回憶，隨便摘引幾條：「晏院長總是穿著普通布料的長衫和一般的西服，但更多的是著長衫，這樣便於接觸群眾，與群眾打成一片」；「他要求孩子從小就養成不奢侈、不浪費、愛惜財物的好習慣、好思想」；「晏院長的飲食很簡單，嚴格規定不多的一點菜金，不許多花。吃的麵包，是以洋芋粉為發酵麵和土麵粉作成的，有人搞不清楚，說是洋麵包」；「晏院長請客也同樣簡單，絕無鋪張操辦之事。並採取中菜飯西式吃法（每人一份），既衛生，又不浪費」；「（晏氏）下鄉檢查平教工作時，大多步行，間或坐驢車和騎驢」；「（晏氏）對

人和悅，待人至誠，在他家作過工的高媽說，與晏先生相處20多年，從未聽到他說一句怨言和責備的話。……也愛和工人們聊天」；「（晏氏）常說：平教會的經費是『沿門托缽』來的，其中包括不少孤兒寡婦的捐贈，如我們不踏踏實實為平民工作，隨便浪費他們的捐款，是對不起他們，也是一種犯罪！」……（均見重慶出版社1998年版《晏陽初紀念文集》）。這些師生們的回憶我以為大致可信，晏氏騎驢下鄉有流傳至今的照片為證，至於其在經費上的律己，只要我們想想，平教會的經費很多來自美國財團的捐贈，如果晏陽初個人生活奢華，接受、使用捐款的手續不清，精明的美國人會如此慷慨地給晏氏持續支持。

如何評價侯外廬的晏陽初印象？其實侯先生自己說的很清楚，他雖然和晏陽初比鄰而居，卻「不曾有一次正面相遇的機會」，說這種印象得自傳聞應該不過份。不過，實事求是地說，這種傳聞也並非完全沒有根據，晏氏深受西方文化洗禮，且為虔誠的基督徒，其平素行事和生活格調有那麼一點「洋味」，是一點兒也不奇怪的。考察侯外廬之所以有這麼一種「晏陽初印象」，晏陽初身上的「洋味」是因素之一，但更重要的，則必須推原到思想、理念上的嚴重分歧，而思想、理念上的這種對立，正是看人容易先入為主的關鍵。

晏陽初的思想簡而言之，他認為中國農民有四個基本問題，就是「貧、愚、弱、私」四個大字，而「貧」是根本，農民生存都成問題，所以沒法講究衛生和教育，更不會熱心公益事業。針對這四大問題，他提出了在中國農村開展四種教育，以「生計教育」救農民之貧，以「文藝教育」救農民之愚，以衛生教育救農

民之弱，以「公民教育」救農民之私。顯而易見，這是一種追求點滴改進的路徑，未觸及社會制度之根本，且容易被視為企圖抹煞階級對立。這種路徑是為追求根本解決的人所輕蔑的。侯外廬先生就說：「（晏陽初）的特點是，常常不以中國人的立場分析中國的問題。我一向認為他搞的那一套與帝國主義的在華利益不相矛盾，與國民黨統治利益更不相抵觸。抗戰期間，通過一年的旁觀，我產生了一個新的認識。晏陽初自稱欲救治國人之貧弱愚私而拒人於千里之外，他熱中平民教育、鄉村教育，以『鄉村建設』的倡導者自居，卻絕不縮小與中國百姓之間的鴻溝。退一萬步，如果說晏陽初心中真有一個烏托邦的話，我想，那也興是佈施者構想的幻境，而這位佈施者自己口袋裡的錢，也不過是從美國人那裡得來的。」

中國農村乃至中國社會的問題，有沒有一個根本解決之道？學界爭議很多，這裡不論。不過，我們可以對侯先生為論證晏氏路徑之無益所舉的一個例子略作分析。平教會買了田租給農民，「沒有實行減租，也沒有改變定額地租的辦法，他們與一般地主的不同在於，逢歉年，允許佃戶免償缺額」，所以，侯先生認定其沒有「改善農民經濟地位」和「觸動農村封建剝削關係」。照侯先生的意思，平教會大概只有買了田一文不取地分給農民，才能算「改善農民經濟地位」和「觸動農村封建剝削關係」了，可是我們知道，平教會本身不置產業，其經費幾乎全部來源於募捐，如果按這樣做下去，能夠堅持幾天？

個案只是個案（且不說就此個案而言，平教會的行為也並非對農民沒有一點兒好處），歷史學家侯外廬先生僅以此個案，就

得出晏氏事業無益於底層百姓的結論，即使不說其輕率，至少也是為時過早。晏氏事業對中國乃至世界平民地位的改善，我們現在不是看得越來越清楚了嗎？

　　平常我們都知道要「知人論世」，可說說容易做起來如何？也許只有感歎一句：難矣哉。

真實與幻影
——近世文人縱橫談

# 十三 秧歌與大變動時代的知識份子

秧歌，一種源於北方民間的文藝形式，它是民歌與戲劇、舞蹈的簡單結合，節奏強烈，劇情單一，帶有強烈的滑稽笑樂色彩。它原是在過年或其他節日等農閒時節，農民自編自導自娛自樂的一種消閒方式。其功能單一，無非圖個紅火熱鬧，另外它和民間幾乎所有文藝形式一樣，不可避免地帶有情欲挑逗、渲泄的味道，代表著草根階層粗獷而本真的一面。

就是這樣一種樸素的民間文藝形式，在二十世紀的四十和五十年代，在中國的大地上扮演了極其重要的角色，乃至成為一個時代的符號，將許許多多地位、才能、階級和政治色彩迥異的各色人等深深裹挾了進去。其中，秧歌和知識份子的維繫尤為緊密，透過那一句句簡單的唱詞，一聲聲激越的鼓點，一個個誇張的舞姿，我們彷彿可以更好地窺見中國現代知識份子的命運和心跡。

## 新秧歌興起的背景

提到新秧歌便不能不提到延安魯藝，當年「魯藝家的秧歌」紅遍延安並且享響國統區；到「魯藝家的秧歌」便不能不提到影響中國現當代文學最大的一次講話——毛澤東在延安文藝座談會

上的講話；提到這次講話，便不能不提到魯藝的所謂「關門提高」。

成立於1938年的延安魯藝，中共賦予的使命是「實現中共文藝政策的堡壘與核心」。在其成立之初，這種作用主要體現於對戰時中共需要的各種文藝人才進行速訓。到了1940年，在時任魯藝副院長周揚的主持下，魯藝的辦學方向開始向專門化、正規化努力。以戲劇活動為例，1940年至1942年，魯藝流行「演大戲」，即大力排演外國經典名劇和一批大後方著名劇作家的作品，以《日出》為發端，魯藝戲劇系和實驗劇團先後上演了果戈里的《婚事》、《欽差大臣》、契訶夫的《鐘錶匠與女醫生》和曹禺的《雷雨》、《北京人》等作品。但魯藝的這種努力和嘗試很快受到了中央領導人、前方部隊將領以及部分文藝家的質疑和不滿。因出演秧歌經典劇目《兄妹開荒》而成為延安文藝明星的王大化後來意外因車禍逝世，他的妻子任穎就回憶道：「在毛主席在文藝座談會上的講話之前，延安一些大的戲劇專業團體，經常演出的是外國名劇，和我國幾幕幾場的大戲，觀眾也只局限於幹部和學員之間，我們的勞動群眾與劇場（大禮堂）是無緣的，即使偶爾有這麼一個看戲的機會，他們也不可能接受、理解《日出》中陳白露的生活方式和《雷雨》裡繁漪的心理活動，更不能鑒賞果戈里《巡撫》中的欽差大臣、市長、女兒這一類角色的表演和創造。」[註1] 曾經被公認為魯藝最有希望的劇作家的劉因，因為創作的四幕話劇《中秋》描寫的是淪陷區農民的悲慘生活和抗日鬥爭的悲劇，遭到了軍人的抵制，戲還沒完，看戲的八路軍指戰員便跑步退場了。[註2] 到了延安整風時期，這種辦學方向被認定

為是脫離現實政治鬥爭的「關門提高」。1942年5月，經過精心籌備，中共中央宣傳部在延安楊家嶺召集文藝工作者一百多人舉行座談會，毛澤東在講話中指出文藝應該服從於政治，為工農兵服務；就在文藝座談會的同時，陝甘寧邊區政府文化工作委員會戲劇委員會於1942年5月13日舉行戲劇界座談會，討論「劇運方向」，與會者大都認為，自從上演《日出》以後，延安出現的排演多幕劇、外國戲，「只演洋人和死人」的「大戲熱」，忽視了廣大民眾和士兵觀眾，是一種錯誤傾向。文藝座談會之後，邊區文委臨時工作委員會又於6月27日，召開了延安劇作者座談會，繼續對只演大戲、外國戲，看不起自己的小戲的偏向提出批評，強調劇作者以後應以工農兵為主要對象，並號召大家趕寫小型劇本。

文藝座談會剛剛結束，毛澤東便於5月30日親自來到魯藝，向全體師生發表講話，號召他們走出「小魯藝」，到「大魯藝」去。同年9月，「關門提高」的主持者周揚在《解放日報》發表了一篇長文，對魯藝教育的錯誤方向作了檢討和自我批評，文章強調藝術工作必須和軍隊工作、政治工作、文化教育工作配合起來。

魯藝全院各系很快掀起了一個向民間文藝學習的熱潮，這被認為是與政治結合為工農兵服務的唯一正確的方向。在這股熱潮中，秧歌以其形式最為邊區群眾喜聞樂見，自然被視為一個絕好的工具。延安的戲劇演出活動的主要舞臺從此搬到了廣場。在廣場搭土臺子進行露天演出，雖然延安的一些專業劇團以前也曾經嘗試過，但作為一種十分突出的現象，卻是文藝座談會之後普遍

出現的。從劇場到廣場，這種演出場地的改變，表明了延安戲劇活動所發生的重大變化。新秧歌劇便是適應了廣場演出的特點而誕生的。

從「小魯藝」到「大魯藝」，從「劇場」到「廣場」，包括魯藝在內的許多知識份子終於實現了一個轉變，從熱衷陽春白雪、多少有些自戀的文人徹底變成了向人民獻藝的「文藝工作者」。本來向民間文藝學習是中國文人固有的優秀傳統，那婉曲優美的詞最初就是先在民間傳唱而後被文人熱愛並改造的，中國的不少優秀文人都曾為來自民間的天籟而嘆服。但二十世紀四十年代的這次向民間文藝學習運動獨具面目，這就是它更像一種「站隊」、一種政治表態，你對民間文藝的態度就是在宣示你屁股坐在哪一邊，如果你拒斥，那就表示你還沒有脫胎換骨，與人民融為一體，那你就應該懺悔。於是，這場向民間文藝學習運動已經不單單是藝術上的廣採博納為我所用的純藝術問題了。

新秧歌的引入，似乎代表著知識份子相對自由散漫式生活和唯美藝術傾向的終結；新秧歌運動的開展及其風行，也許預示著一種新型的文藝管理模式已呼之欲出。

## 從舊秧歌到新秧歌

秧歌雖然為老百姓喜聞樂見，但要把它納入中共文藝政策框架之內，真正為政治服務，並不是一件容易的事。

從舊秧歌到新秧歌，我們可以從當事人的自述中看到這一過程並不那麼順利。魯藝秧歌隊所有大秧歌的設計、排練者，又

是領舞的「龍頭」的劉熾撰文回憶，「向民間學習秧歌，開始也走過偏差道路。如大秧歌正、副龍頭頭上用紅頭繩紮起好幾個高高的小辮子，耳朵上掛上兩個大紅辣椒，臉上畫著白眼窩兒，身上亂七八糟的穿上五六件不同顏色的衣服，裝扮起來令人發笑。……」，他舉了照搬的「慘痛教訓」，「當時大秧歌之後小場演出有《擁軍花鼓》，採用民歌填詞的辦法，舊瓶子（旋律）裝新酒（歌詞），歌詞是這樣的：正月裡來是新春／趕上豬羊出了門／豬哇、羊啊，送到哪裡去？／送給咱英勇的八路軍／哎哩美翠花、黑不溜溜兒花／送給咱英勇的八路軍。……演出時，每次唱到『哎哩美翠花、黑不溜溜兒花』，觀眾都大笑不止，開始我們以為演員表演精彩，後來詢問秧歌把式，他們說：「那是一句兒話（不好聽的話），是說男女下身部分，……」註3

正因為從舊秧歌到新秧歌的改造並不順利，我們才能從中處處感受到改造者的匠心和苦心：舊秧歌本來是鄉民好玩逗樂的，滑稽扮相自不可少，但這種小丑式的人物是不是對人民的一種侮辱呢？原來民間的小秧歌劇，多半是一男一女互相對扭，內容總帶些男女調情的意味，這種原始情欲的抒發也被視為一種醜惡，於是《兄妹開荒》的創作者在採用一男一女對扭這種民間藝術形式的同時，決定拋棄它的調情成分和舞姿，原先把人物寫成夫妻二人，為了不讓人無端與情欲掛鉤，將人物改成了兄妹。《兄妹開荒》的主題是宣傳農民回應政府號召，積極參加生產勞動，最初設計的情節是哥哥落後、妹妹積極，但創作者想，「一共才有兩個人，其中就有一個不積極，那麼怎能表現邊區人民生產熱情呢？」於是他們就把這個戲寫成了一場兄妹之間的誤會。註4

以宣傳擁軍優屬、擁政愛民、歌唱邊區新人新事、讚揚生產模範、批評二流子懶漢等為主要內容的新秧歌，在延安受到了空前的歡迎和熱烈的肯定。1943年2月（春節期間），魯藝秧歌隊百餘人連續在楊家嶺、中央黨校、文化溝、聯防司令部等處表演。領頭工農形象，手持斧頭鐮刀。毛主席、朱總司令、周副主席、任弼時、陳雲同志看後，認為很好。毛主席連連點頭，發笑，讚道：「這還像個為工農兵服務的樣子，你們覺得怎樣？」朱總司令說：「不錯，今年的節目和往年大不同了！革命的文藝創作，就是要密切結合政治運動和生產鬥爭啊！」……魯藝宣傳隊每天給延安農村演出五六場秧歌，群眾奔相走告：「魯藝家來了！」魯藝院長周揚笑著對隊員說：「魯藝家，多親昵的稱呼！過去你們關門提高，自稱為『專家』，可是群眾不承認這個『家』，如今你們放下架子，虛心向群眾學習，誠誠懇懇地為他們服務，剛開始作了一點事，他們就稱呼你們是『家』了。可見專家不專家，還是要看他與群眾結合不結合。這頭銜，還是要由群眾來封的。」[註5] 從《延安文藝運動紀盛》一書所列的延安文藝活動年表看，自新秧歌興起後，延安凡有節慶和重大政治活動，必有各種秧歌隊的聲影。

秧歌為政治服務的實績是當時及後來者都津津樂道的。因為新秧歌仍然還是一種粗放式的文藝形式，是貨真價實的「文藝輕騎兵」，所以能夠迅速跟上現實政治的節奏，易收「政治需要什麼秧歌就演什麼宣傳什麼」的奇效，為他種文藝形式所不及。

## 符號的意義

一種文藝形式取得了為政治服務的實績，就會有人來進行理論上的闡發，從中總結出綱領性的東西，這是一個把文藝納入統一管理框架之內的政黨必然要做的事情。新秧歌就這樣被總結、歸納、提煉，終於上升為一種革命話語中的新的符號和圖騰。

完成這個工作的當然還非知識份子莫屬。《延安文藝運動紀盛》一書以年繫事，每年以月為序將延安文藝的大事逐一排列，屬純史料性質。現引出一些，以見新秧歌上升為符號之過程與這一過程中的知識份子之努力：

1942年9月，丁里在《解放日報》連載〈歌舞劇簡論〉，認為一般的秧歌，多在冬春農閒季節作為勞動之餘的娛樂。但在邊區，扭秧歌除了娛樂之外，已成為參與政治鬥爭、社會活動的武器，起著較大的作用。秧歌舞的長處：一、集體活動的廣大群眾性；二、配合當前的政治任務；三、秧歌舞是隨著群眾的進步而發展著。

1943年4月，詩人蕭三在《解放日報》撰文〈可喜的轉變〉，總結自延安文藝座談會以來文藝界的轉變。指出：面向工農兵大眾，為工農兵服務，與工農兵結合——是我們文藝之唯一的出路與發展前途，而大膽、廣泛吸收民間藝術，拿來加以精製、改造、提高，又放還到民間大眾去，……應該這樣幹一輩子。這方面成績很大，其中特別提到了魯藝的秧歌。

同年《解放日報》發表社論〈從春節的宣傳看文藝的新方向〉。指出：去年五月黨中央召集文藝座談會後，文藝界開始

向新的方向轉變，他們在思想上行動上的步調漸漸歸於一致。許多脫離實際，脫離群眾的小資產階級自由主義的傾向逐漸受到清算，而毛澤東同志所指出的的為工農大眾服務的方向，成為眾所歸趨的道路。尤其今年春節前後，可以說是新的運動發展成績的一個檢閱。其中也特別點到了秧歌。文章還總結說，這種新方向的特點是：一、「文藝與政治的密切結合」，……現在開始拋棄小資產階級的藝術趣味，努力表現革命的戰鬥的內容，把抗戰、生產、教育問題作為創作主題；二、「文藝工作者面向群眾」；三、文藝的普及與提高問題也有了解決的方向。

1944年3月2日，立波在《解放日報》撰文〈秧歌的藝術性〉，提出：秧歌的藝術性也要提高，而且應充分發揮秧歌的特點：一，它是廣場劇，鑼鼓要響，歌喉、動作要大；劇情緊湊、簡明，儘快引起高潮，人物不宜太複雜。二、應明快，有風趣，嬉笑怒罵皆成文章；三，它是歌舞劇，歌唱要好，舞蹈要美。

同年3月21日，周揚看了春節秧歌之後發表長篇文章〈表現新的群眾的時代〉，文章從理論上總結了文藝座談會以後的秧歌運動，指出「這是實踐毛主席文藝方針的初步成果」。文章說：延安春節秧歌，將新年變成群眾的藝術節，數量之多，規模之大，遠遠超過職業劇團。……新秧歌是解放了的、開始集體化的新農民藝術，是消滅了或至少削弱了封建剝削的新農村的產物。群眾已把秧歌當作自我教育的手段，用以表現生活鬥爭。

……

上述資料可以印證我上面的判斷：怎樣認識秧歌，相當程度而言已經不是一個純藝術的問題了。秧歌，不再是一種普普通

通的民間文藝形式，而是一種意義非凡的符號。新秧歌運動中這些文人表述中的「民粹」色彩有些像俄國民粹派，但俄國民粹派是真心認為自己的高貴是一種罪惡，要洗掉罪惡就必須向人民皈依，而中國的這些知識份子是否全然如此呢？他們是真的從心底裡認為這些秧歌劇的價值就大於那些經典名劇嗎？

演員，作詞作曲，理論闡釋，新秧歌運動沒有哪一樣少了知識份子，著名詩人艾青甚至還是當時延安一支著名秧歌隊——中央黨校秧歌隊的副隊長。因這支秧歌隊的春節節目精彩，1943年3月，中央辦公廳特撥款五千元予以獎勵，並去函勉以「藝術工農化」、「提高大眾藝術」等語。艾青對秧歌的理論闡釋也頗了得，他寫了一篇〈秧歌劇的形式〉在《解放日報》上發表，文章說，秧歌劇所以能夠很快地發展，主要因為它體現了毛主席的文藝方向——和群眾相結合，內容表現群眾的生活和鬥爭，形式為群眾所熟悉和歡迎。此文得到了毛澤東的讚揚，他在給胡喬木的一封信中專門交待：「此文寫得很切實、生動，反映了與具體解決了年來秧歌劇的情況和問題，除報上發表外，可印成小冊，可起教本的作用。……」註6

知識份子的身份畢竟特殊，特別是像艾青這樣在國統區享有聲譽的知識份子，以他和秧歌的關係，往往能起到非同尋常的功用。1943年，周恩來從重慶回延安參加整風時，當時在國統區的艾青的朋友、詩人徐遲託周恩來捎信給艾青，請求參加秧歌隊，說「我到你那兒打鑼吧！」註7 這種統戰的妙用真是異想不到；因為艾青等人在延安曾一度受批，國統區對此有種種議論，1944年6月24日，延安文藝界人士舉行集會，招待中外記者參觀團，艾

青說：「有的人問我為什麼沒有發表作品，這是因為我在參加組織秧歌隊，秧歌是群眾喜聞樂見的好形式，我很高興把我的時間和勞動放進這個工作裡。」註8 這是很機智的反駁。

不管是自覺，還是自願，還是自覺而兼自願，於延安的知識份子而言，秧歌這個符號已成為他們生活和思想非常重要的一部分。

## 秧歌與大後方知識份子

秧歌的興起本來是局限於延安一隅的，但這一舊瓶裝新酒的文藝形式後來漸漸向國統區滲透，並與大後方的很多知識份子產生了千絲萬縷的聯繫。

秧歌之在國統區登場，首先得歸功於統戰的威力。1944年5月，「中間偏左」的《新民報》的主筆趙超構參加中外記者參觀團，於6月3日到達延安，後來集成著名的《延安一月》，其中專列一章〈秧歌大會〉，讓習慣了劇場藝術的國統區人士大開眼界。這次中外記者團的延安之行，尤其是趙超構的《延安一月》，給秧歌在國統區的傳播起到了不可估量的作用，正如後來《新民報》發佈消息所稱，自去年中外記者團來延安參觀後，「扭秧歌」一詞已帶到了重慶。1945年7月1日，中共設宴歡迎從重慶飛抵延安的國民黨參政會褚輔成、黃炎培、傅斯年等六位參政員，會上演出了秧歌劇。黃炎培當日在日記中寫道：「使我最欣賞讚美的是一齣《兄妹開荒》的秧歌劇，表演得特別綿密而生動。據說表演的不是北方人，而語言、音調、姿態，十足道地

的寫出北方農村，這真是『向老百姓學習了』了。我是讀過王大
化關於演出《兄妹開荒》經過的報告的，他說：要表現出邊區人
民活躍而愉快的民主自由生活，要表現出他們對生產的熱情。事
後，我懷疑這位主角就是王大化，可惜當時沒有問。」註9

　　除了積極吸引中間偏左人士的目光，秧歌的傳播還主要借助
了中共在國統區的宣傳陣地，主要是設在重慶的八路軍辦事處和
《新華日報》。《新華日報》全文刊載了王大化的長文〈從《兄
妹開荒》的演出談起———一個演員創作經過的片斷〉，還刊登了
《兄妹開荒》的最後兩段。從前面黃炎培的日記看，王大化的
自述和這出秧歌劇，以其獨具系統的藝術理念和別開生面的藝術
形式，讓國統區的人士大感新奇和興味。延安整風後，周恩來從
延安飛返重慶時帶了若干秧歌劇，隨後組織延安來的文藝工作者
和辦事處、《新華日報》工作的同志，在「周公館」的過道裡，
演出小型歌劇。接著又在《新華日報》社的空場上和紅岩八路軍
辦事處的草地上，舉行兩次大規模的秧歌演出，招待國統區文藝
界人士。節目有《兄妹開荒》等。當演到集體秧歌舞時，周恩來
和幾位領導同志「首先從座中參加進秧歌隊，興致勃勃歡欣鼓舞
地扭了起來。在座的多數演員也坐立不住了，紛紛插進隊伍中，
隊伍越來越長，情緒越來越激烈，……廣場圍牆之外，報館附近
的居民，凡是跟工作人員熟識而又被認為是良善的，早已被請進
來，席地而坐，看著秧歌了。這是秧歌在國統區由劇目到現場排
演的重要一步。郭沫若就說：「秧歌舞之到重慶，就是隨著恩來
飛來的。」現場演出的效果從《重慶日報》的報導中可以見出，

該報還登出了凡僧、許幸之等知識份子在觀看秧歌後抒發感慨的詩文。註10

　　秧歌在國統區的傳播，經由中共文藝工作者的努力，取得了非凡的成就。1946年8月，《解放日報》發表〈滬文化界熱烈歡迎解放區文藝作品〉，其中說，解放區流行的秧歌劇，為上海青年們所狂熱愛好，許多學生團體的晚會，新添了秧歌的節目。劇作家李健吾在一篇短文裡把秧歌的改良者們稱為「無名英雄」，指出在描寫農民的秧歌劇中表現著文學生命的無窮希望。從大上海的情況可窺全國之一斑。

　　國統區的知識份子之接受秧歌值得品味。最簡單的解釋是，這是一種藝術口味上的喜新厭舊，就像人們吃慣了細糧轉而要吃糙米一樣。這當然是一個說得過去的理由，但也是一個偷懶的理由，它無法解釋向來不登大雅之堂的民間文藝形式如此之多，為什麼獨獨延安秧歌大受歡迎？在筆者看來，秧歌一旦流行到了國統區，便也具備了獨特的符合意義，秧歌已不再是音樂、舞蹈和戲劇的簡單結合，不再是一種充斥說教意味的政治宣傳品，而代表著一種嶄新的生活，接受秧歌就意味著與舊的生活徹底決裂。從本質上而言，國統區的知識份子接受秧歌，實際上是當時社會思潮普遍向左轉的一個表徵。

　　當秧歌在國統區的符合意義逐漸擴大之時，知識份子便只剩下了兩種選擇：接受還是不接受？接受就是勇敢地與舊的生活決裂，不接受就是要做舊的生活的殉葬品。怎樣面對秧歌的問題已經轉化為選擇什麼樣的道路的重大問題，即使你是兀坐書齋的學院派知識份子，也無法迴避這種選擇。以朱自清為例，他的晚

年之所以被解讀為「知識份子道路的轉變」，幾乎就因為他和秧歌的關係。於是在各種回憶文章中，便獨多朱自清熱情扭秧歌的意象，和回憶者對這一意象的「過度闡釋」：王瑤回憶，「復員以後，他（朱自清）隨時參加青年人的集會，朗誦詩，扭秧歌，寫進步的文章，主張為人民的文學，談詩的階級性，態度顯然是更激進了」；張清常回憶，「朱先生毅然參加了扭秧歌的行列。」；馮鍾芸回憶，「在參加『五四』青年節的聯歡晚會上，他加入青年們長長的行列，扭陝北秧歌，和青年學生的心貼得更近了。」柏生回憶，「一九四七年十月，中國文學系舉行迎新大會，一九四八年元旦，中國文學系會在余冠英教授家裡舉行新年同樂晚會，朱先生都參加了，而且和同學們一起扭秧歌，朱先生對當時從解放區帶進清華園裡的秧歌，感到十分有趣，他非常有興致地擠在我們男女同學的隊伍裡，進三步退一步地舞起來，而且學習得最認真。當時朱先生雖然已是五十歲的人了，但他那種向青年人、向新時代學習的認真嚴肅態度，使我們十分感動和敬佩。特別使人記憶最深的是，一九四八年元旦晚上，在余冠英先生家裡開同樂晚會的那感人的情景。那晚，朱先生帶病，但是還興致勃勃地和同學們擠在一個行列裡熱情認真地扭秧歌，同學們以民眾喜愛的風格，親昵地給他化了裝，穿上了一件紅紅綠綠的衣服，頭上戴了一朵大紅花。朱先生呢，對這來自解放區人民大眾化的演出形式和內容，十分喜愛，熱情支持。他這種精神使在場的許多師生受到感動。」[註11] 讀了這樣的記述和闡釋再來看朱自清的日記，當別有感觸。在1948年1月1日的日記中，朱自清寫道：「參加中文系新年晚會，深有感慨。」4月8日又記，「學

秧歌與大變動時代的知識份子

生兩次來請我們參加大飯廳的學生集會，他們還請我們在臨時搭起的臺上扭秧歌。大眾的壓力確實不得了，使我整晚上感到不安。」註12

## 「出門最怕扭秧歌」

1947年的延安，秧歌仍然是節慶和重大政治活動的必備節目，但和最初的狂熱相比，已呈退潮之勢。這年的1月，《解放日報》刊文〈對開展農村秧歌活動的意見〉，這是在新秧歌運動中，少見的一篇對秧歌有所不滿的文字，文章指出去年和今年的秧歌活動，幾乎都是舊的老一套。問其原因：沒有新的秧歌本子。

但隨著中共軍事和政治力量的迅速推進，秧歌作為革命的符號，在所有文藝形式中，其話語權有君臨天下之勢。所有解放區都有秧歌的鼓點，秧歌成為民眾對革命權力必須的接納，而且要興奮地用身體動作和紅色去表達。這時候的知識份子與秧歌，接受還是不接受，已經不成其為問題了。但也有罕見的例外。1949年5月15日，被中共邀請，自香港抵京參加政協會議的宋雲彬曾作詩一首，題曰〈自嘲〉，詩云：「結習未忘可奈何，白乾四兩佐燒鵝。長袍短褂誇京派，小米高粱吃大鍋。避席畏聞談學習，出門怕見扭秧歌。中層階級壞脾氣，藥救良方恐不多。」註13為什麼「出門怕見扭秧歌」？宋氏於日記中未作解釋，但在同月12日的日記中，宋直言：「余近來對於滿臉進步相，開口改造，閉口學習者，頗為反感。」一語已經道破。說到底，朱自清所感受到

的那種集體對個人的威壓，和其似乎天然的道德優越感，是會讓一個狷介的傳統型文人彆扭的。

不知是秧歌在精神領域的攻城掠地太不講策略，還是太少規則有些失控，1949年北京市專門制訂了扭秧歌的四條紀律以為制約。美國漢學家德克·博迪1948至1949年在北京訪學，留下了一本《北京日記》，書中記載了1949年6月28日《進步日報》的一條簡明新聞，新聞中說：由於群眾跳秧歌舞的熱情不斷升溫，出現了一些危害社會的現象。為了扭轉這種現象，北京市總工會制訂了四條紀律：禁止跳秧歌舞者男扮女裝；禁止佩戴封建迷信的掛件；禁止任何粗俗的言語行為，如把蔣介石畫成個黑烏龜；嚴格使用化妝品。<sup>註14</sup> 雖是一種約束，但從這種約束中適可見出當年秧歌的話語霸權。

在一個嶄新的時代，秧歌這種意象一度成為各種人物考察新時代的視角之一。連那個在十里洋場獨領風騷的傳奇女子張愛玲，也忍不住寫了一本小說《秧歌》，她企圖用隱喻的方式，曲折表達掩藏在秧歌舞的興奮之後的東西。但很多人都說這是一部失敗的作品，包括當年極度賞識她的柯靈。

一個新時代開始了，秧歌也似乎完成了它的使命，不可避免地走向衰落。在中國的城鄉，一度很難看到它的身影，直到幾十年後，它又重歸民間，成為北方都市老年人娛樂生活的一部分。

===== 註釋 =====

1. 文化部黨史資料徵集工作委員會編《延安魯藝回憶錄》，光明日報出版社1992年版，第180頁、328頁。

2. 王培元：《抗戰時期的延安魯藝》，廣西師大出版社1999年版，第272頁、282頁。

3. 文化部黨史資料徵集工作委員會編《延安魯藝回憶錄》，光明日報出版社1992年版，第180頁、328頁。

4. 王培元：《抗戰時期的延安魯藝》，廣西師大出版社1999年版，第272頁、282頁。

5. 艾克恩編纂《延安文藝運動紀盛》，文化藝術出版社1987年版，第419頁、433頁、513頁、518頁、573頁。

6. 艾克恩編纂《延安文藝運動紀盛》，文化藝術出版社1987年版，第419頁、433頁、513頁、518頁、573頁。

7. 艾克恩編纂《延安文藝運動紀盛》，文化藝術出版社1987年版，第419頁、433頁、513頁、518頁、573頁。

8. 艾克恩編纂《延安文藝運動紀盛》，文化藝術出版社1987年版，第419頁、433頁、513頁、518頁、573頁。

9. 黃炎培：《八十年來》，文匯出版社2000年版，第187頁。

10. 艾克恩編纂《延安文藝運動紀盛》，文化藝術出版社1987年版，第419頁、433頁、513頁、518頁、573頁。

11. 郭良夫編《完美的人格：朱自清的治學和為人》，三聯書店1987年版。

12. 《朱自清全集》第10卷，江蘇教育出版社1998年版，第501頁。

13. 宋雲彬：《紅塵冷眼》，山西人民出版社2002年版，第127頁。

14. 德克·博迪：《北京日記》，東方出版中心2001年版，第196頁。

## 十四 「昔時趙李今……」

在中國人的集體記憶中，趙明誠、李清照絕不僅僅是兩個古人，也不僅僅是一對夫妻，而早已成為重要的文化符號。「賭書消得潑茶香」，這是文人們傳唱至今的韻事；「願得閨房如學舍，一編橫放兩人看」，趙明誠的兩句詩也說出了很多讀書人的願望。

「趙李」，這一詞語在中國傳統乃至文化的語境中，代表著什麼？當然是佳偶，意味著人世間最為美滿的姻緣。這一姻緣中理應有以下幾個要素：男女雙方才貌相當，有著共同的趣向，而且情感真摯，生死相許。老實說，這樣的姻緣，在現實生活中是難得一遇的，而這也許正是人們樂於傳誦「趙李」佳話的原因吧？

可惜，佳話傳唱了數百年，近來卻有人大做「煞風景」的事。中國社科院的研究員陳祖美女士著《李清照評傳》，美國人宇文所安著《追憶：中國古典文學中的往事再現》，都在顛覆我們關於「趙李」的印象。陳女士在《李清照評傳》一書中，通過考證和細緻分析李清照詩詞的文本，告訴我們，因為趙李二家不同的政治立場，加上李清照「無嗣」，趙李的婚姻也並非就全然沒有陰影。宇文所安則運用另一文化背景中養成的獨特視角，居

然從那篇我們耳熟能詳、向來被視為佳話佐證的〈《金石錄》後序〉中，讀出了李清照對趙明誠重物輕人的幽怨。

不知別人對這種「顛覆」的工作如何評價，我是很敬佩著者的眼光的，因為它符合生活的辯證法。世界上哪有完滿無缺的姻緣呢？老輩人說，舌頭和牙齒也有打架的時候，庶幾能道出幾分人性的真實。不過，也許是「顛覆」的工作起步稍晚，或者是局限在學界的小圈子之內流傳，或者是人們不願正視佳話被打破的現實，在更廣泛的範圍內，「趙李」仍然是中國傳統婚姻的最理想的模式，人們一遇到才子才婦，就忍不住要拿「趙李」來比附，就是才子才婦們自己，也往往私下以「趙李」而期許。

現代「趙李」，僅我與聞過的，即有程千帆、沈祖棻先生，「昔時趙李今程沈」，這幾乎是程沈師友輩的眾口一辭。近日又聽說了另一對，就是原執教於杭州大學的著名語言文字學家蔣禮鴻及其夫人盛靜霞。蔣先生的大著《敦煌變文字義通釋》曾被人譽為「曠代之作」，其學問自不消說得，沒想到他的詩詞也宛轉可誦，更沒想到汪東先生在教出沈祖棻之後，又還有盛靜霞這樣一位同樣以詩詞創作著名的女弟子，乃可以「前有沈祖棻後有盛靜霞」自得。蔣、盛二位的詩詞合集名為《懷任齋詩詞‧頻伽室語業》，《懷任齋詩詞》是蔣禮鴻先生的詩詞集，《頻伽室語業》（頻伽：佛經中的兩隻妙音鳥，比喻夫婦唱和）主要收錄蔣盛二人的唱和之作，此書據聞有香港天馬圖書公司版，而我所藏的是蔣氏門人的自印本，詩詞後附盛先生的自注，也許更為珍貴。偶然展卷，略看了幾首，我就不得不暗地裡叫好，轉而回頭看書前盛先生寫的〈自述〉，其中述及婚姻時說：「我自幼喜愛

古典詩詞，對歷史上趙明誠、李清照夫婦『歸來堂』鬥茶的故事很嚮往，認為得一『文章知己』作為終身伴侶是人生最理想的志趣。……兩人同在杭州大學（前稱之江大學、浙江師範學院）中文系執教三十餘年，他教古代漢語，我教古典文學（重點是唐詩宋詞）。相處五十餘年，學術切磋，詩詞唱和，只有心領神會之樂，從無齟齬勃谿之苦，這是值得我們自豪的。」

盛先生自小嚮往趙李故事，企盼得一文章知己，而事實上，用今之蔣盛來比昔日趙李，也是不遑多讓的。學問才華且不必論，就是講客觀環境，應該說今之蔣盛也遠超趙李：昔日趙李切磋詩詞學問，不能出閨中一步，而蔣盛二先生執教於同一大學，相得益彰之處，哪裡是舊禮教限制下的趙李能夠比擬的呢？蔣盛非趙李能比，還有一個非常重要的因素，那就是他們這一代知識份子遭逢外敵入侵之國難，蔣盛二人輾轉流離，而矢志不移，是真正共過生死患難的。《頻伽室語業》中錄盛靜霞〈臥病復員舟中〉七律三首，記夫婦二人於抗戰勝利後坐船出川，備極艱險的窘狀，有「驚聽病侶死，愁見萬山環。不自知生死，猶能裂肺肝」之句，而盛先生事後所加小注尤足驚心，我視為那一時代的重要史實，乃不避做一回文抄公，全引在下面：

> 舟抵宜昌，尚須分批侯換船，數百人住一大統鋪。余與雲
> 從（蔣氏字「雲從」）至江邊散步，見野店有售鮮魚羹
> 者，不禁垂涎三尺。雲從素不食魚，余獨吞一大碗。詎知
> 兩小時後，腹瀉不止，休克。幸在江邊邂逅雲從秀州中學
> 同班同學朱有圻君，雲從立即雇人力車，將余連衣被抱置

車上，送至朱寓。其夫人吳愛群不顧瘟疫，央保姆為余洗滌，復邀宜昌唯一私人醫生出診。注射針劑，始得控制。蓋所患為急性阿米巴痢疾也。包輪已開出，又隔數日，始購得東去船票。抵武漢，再換船，抵南京。至雲從姑母家休息四天，返揚州。沿途，余病痢，時作時緩，不斷服藥，始能扶病登程。若非雲從竭力護理，余早登鬼簿矣。余曾有小詩紀其事，全詩已不復記憶，僅記得斷句云：

「神女多情留病客，鬼關有隙放生人！」

　　用一句通俗的話說，他們的愛情經受過現實乃至生死的嚴峻考驗，而趙明誠則是危難剛到的時候就撒手人寰，趙李的愛情未得到現實檢驗之機會。雖然愛情這東西，不好硬以文學中的「境界」一詞套用，但因了時代的差異，我還是忍不住要下一個魯莽的判斷，蔣盛愛情的境界是超過趙明誠和李清照的。當年新婚，他們二人住在重慶白沙，師友們就已經有「白沙今日是蓬萊」的嘆羨，目為神仙眷屬了。

　　一集《頻伽室語業》，讓我充分領略了兩位前輩知識份子的「心領神會之樂」。但我幾經猶豫，還是忍不住要近乎殘酷地揭破一個事實：盛靜霞先生所謂夫妻二人五十餘年「從無齟齬勃谿之苦」云云，其中含有一定的避諱成份。

　　還是讓原始資料說話。一代詞學大師夏承燾先生既是蔣禮鴻的老師，後又和蔣盛二人同執教於杭州大學中文系，浙江古籍版《夏承燾集》第五、六、七冊收錄《天風閣學詞日記》，第七冊中就有關於蔣盛「齟齬勃谿」的記載：

1955年9月22日，「肅反」學習中，「晨蔣禮鴻交待，涉
及靜霞一事，大可怪詫」。

1956年2月6日，「晨晤靜霞，謂前日予諷其誣陷雲從，以
此暴躁兩日，今日始稍寧靜。」

1958年4月7日，「反右」中，「見雲從交心文字，謂肅反
中以被靜霞監視過嚴，思在體育場路碰死汽車上，閱之汗
毛為起。」

……

夏翁的日記以詞學研究為主，記生活瑣事比較簡略，估計
因為蔣禮鴻是他向來鍾愛的弟子（日記中有特贊蔣氏敦厚樸實
的話），所以，蔣盛夫婦的一些活動便稍加筆錄，但僅僅以上數
語，已可完全見出事態的嚴重。「誣陷」，「思在體育場路碰死
汽車上」，這哪裡是一般的夫妻拌嘴偶爾鬥氣呢？當年夏翁「汗
毛為起」，現在，尚沉醉於那段美妙愛情和《頻伽室語業》動人
吟唱中的我輩，又怎能不為之悚然！

如本文前述，完美無缺的姻緣，甚至一句爭吵都沒有的夫
妻在現實生活中是絕難遇到的，按心理學家的觀點，偶或的小吵
小鬧還會增進夫婦的感情。然而，毫無疑問，蔣盛的離齬絕非此
一類型。普通的夫妻鬧意氣，或因品格個性，或因經濟，或因婆
媳之爭，或因夫家婆家利益糾纏，在蔣盛這裡都完全不存在，否
則，就不會有那一集《頻伽室語業》，也不會有那麼多師友曾經
的嘆羨了。而引發趙明誠李清照琴瑟失調的「無嗣」，在接受現
代文明洗禮的人看來，就更為無稽。那麼蔣盛二人情緣的變化屬

於哪一種類型？蔣盛的從生死相許至後來一方憤激到要「碰死汽車上」，誰實為之，孰令致之？

顯而易見，這絕不是蔣盛夫婦個人的原因。在正常的人倫被扭曲畸變的時候，一切情感，哪怕夫婦之私，又哪裡能由自己掌控呢？

對蔣盛兩位先生來說，儘管他們的愛情經受過戰火的洗禮和生死的考驗，但那一特殊時期投下的陰霾還是異常濃重的。我注意到，儘管風暴之後，蔣盛二人仍然作詩，但《頻伽室語業》中卻再也沒有一首唱和之作了。倒是蔣禮鴻先生病逝前一首〈無題〉詩顯得意味深長，詩曰：「飛花飛絮本無心，偶被拈來入短吟。我愛定庵詩句好：詞家從不覓知音！」「詞家從不覓知音」，蔣先生借用龔自珍詩擬表何意？沒有證據，不敢瞎猜，不過，其心境之悲涼是可以看到的。

有人消解了「昔趙李」的神話，現在我又提醒讀者注意「今趙李」佳話之外的一些東西，性質近似，但說句略嫌自負的話，竊以為我的工作也許意義更大，因為它關涉的非僅當事的「趙李」二人而已。

# 第二輯

# 性情與命運

# 一 顧准談吃
## ──特殊年代裡的「吃文化」

　　中國的食文化源遠流長，談吃的著述也就不絕如縷代有佳作。但說來也怪，名家談吃，卻往往意不在吃，遠的如袁枚那份素淨的《隨園食單》不說，即如現代文化史上的兩位名人周作人、梁實秋，也很少膠柱鼓瑟般談某款菜的秘方，或一味渲染珍饈雜錯前的大快朵頤，用知堂的話說，他們尋找的是包含歷史的精煉的或頹廢的點心。看來，要想從飲食這件俗事上雅起來，你就不能不把目光投到吃之外，去捕捉蘊含於食品中的情趣風味和文化民俗，否則倒不如乾脆去寫「烹調大全」一類得了。

　　可是，我們也有另外一種談吃的文本。它目光粗鄙，專注於麵條窩窩之類的形而下，為一條黃瓜一個紅薯斤斤計較，為肚皮問題殫精竭慮，並幾乎以吃而不是別的更高尚的目的為中心，形成了種種人際關係。這和前賢那些清淡雅致玄意幽遠的談吃之作，相去何啻天壤！這一文本就是被稱為建國後最傑出的思想家顧准，在史無前例的特殊年代給我們留下的幾本日記。《顧准日記》在近年裡曾是很轟動的書，但現在看來，顧准在日記中思考的東西，因時間的流逝已減少了一些光芒，倒是私人化的記述如吃喝拉撒一類，對我輩後生更具感知歷史的價值。

關於特殊年代的「吃文化」，過去也有文字涉及，但多為文藝性作品，如阿城窮盡吃相的小說《棋王》，張賢亮描寫饑餓在胃裡叫喊要吃要吃的《綠化樹》，相形之下，《顧准日記》中的談吃文字更樸素，其本色更能震撼人心。《知堂談吃》、《雅舍談吃》都是高明的選家替作者編出來的，不知道有人曾想到要編一本《顧准談吃》否？筆者且先抄其中幾段文字，但願能拋磚引玉吸引選家的注意。

> 用稀飯湯沖代乳粉一大缸，美極。

> 清晨烤紅薯一塊。五時許柳學冠等來，無法取出。……天明，我找機會取出我所烤的那塊，裡外熟透鮮美絕倫。

> 沈，每回晚回，必另做飯吃。昨天，我特別觀察謝德徵給他做的飯，麵疙瘩，加大量豬油，用蕪荽。

> 今晨，稀飯吃七勺，大便極端良好。

> 中午飯多，晚飯破稀飯，極絕。今晨大便，還是拉了稀的。

> 前晚昨晚均早睡，未能入寐，為食物的欲念所苦。……烤白薯北京很難買到，窩窩頭是美味。……想這些事竟至不能入寐。
> ……

老實說，第一次如此密集地接觸這類乾巴巴的近乎鄙陋的文字，既讓人不舒服更讓人困惑：為了一點烤白薯窩窩頭竟至不能入寐，而且時時關心吃後排洩物的乾稀，這像一個思想家之所為嗎？思想家不是更應該關注形而上的東西嗎，如當下某些讀物告訴我們的，那代知識份子儘管面有菜色但心憂天下，哪怕餓得浮腫，最痛苦的卻是沒有書看、沒有精神食糧？但很快，我就為自己這些矯情、殘忍的想法感到羞愧。到底是精神的壓制，還是物質的束縛，更能左右一個人，哪怕一個思想者的行與思？書生氣的我們在這一問題上常會給出一廂情願的回答，事實上，一個成熟的思想者，再黑暗的文化專制也無法遏制他自由思想，正如馮友蘭先生回憶的，他當年在大會上一臉肅穆地挨批，心裡卻在默誦慧能那首「菩提本無樹」的偈，相反，如果馮先生也被弄到了食不果腹的境地，他還能這樣思接千載、視通萬里地自由遨遊於他的哲學王國嗎？所以，當生存權都已岌岌可危的顧准，如此絞盡腦汁地關注個人的一己之「吃」時，我們除了為之心酸淚落，還有什麼理由要求他關注那些本應由肉食者籌措的宏大命題？一個第一流的頭腦終日被「吃什麼怎樣弄到吃」的問題所困擾（顧准的《希臘城邦制度》等書都是他生活稍稍安定後「嘔」出來的），也許只有明白了這一點，我們才能更深刻認識到那場悲劇所具有的國家意義和民族意義：試想，當中國的顧准在為窩窩頭烤白薯不能入睡的時候，異邦的伯林、哈耶克、哈貝馬斯在做些什麼？

文革已經遠去，重提顧准這些磣人的文字未免不合時宜，作為年輕的一代，我們中間也幾乎沒有人知道有一個時期曾以

國家行為來宣傳的諸如飲露或靜坐練功式的食物替代法了。荒唐也罷，悲憫也罷，這已經成為當代史上不可更改的一頁，誰都沒有資格以現世的精明嘲笑和迴避它。但願有心人能站出來編一本《顧准談吃》，同時寫一部有關特殊年代的吃文化的專著。這裡用得上那句用濫了的格言：忘記過去，意味著背叛。

# 二 「知堂談吃」有新篇

　　我曾經寫過一篇〈顧准談吃〉（發表在2000年的《書屋》雜誌上），文章的起首是這樣的：

> 中國的食文化源遠流長，談吃的著述也就不絕如縷代有佳作。但說來也怪，名家談吃，卻往往意不在吃，遠的如袁枚那份素淨的《隨園食單》不說，即如現代文化史上的兩位喜歡談吃的名人周作人梁實秋，也很少膠柱鼓瑟般談某款菜的秘方或一味渲染珍饈雜錯前的大快朵頤，用知堂的話說，他們尋找的是包含歷史的精煉的或頹廢的點心。看來，要想從飲食這件俗事上雅起來，你就不能不把目光投到吃之外，去捕捉蘊含於食品中的情趣風味和文化民俗，否則倒不如乾脆去寫『烹調大全』一類得了。

　　當時為什麼想起寫這篇〈顧准談吃〉？原因是顧准日記中分明有一種與前賢談吃迥不相類的文本，它目光粗鄙，專注於麵條窩窩之類的形而下，為一條黃瓜一個紅薯斤斤計較，為肚皮問題殫精竭慮並幾乎以吃而不是別的更高尚的目的為中心，形成了種

種人際關係。這和前賢那些清淡雅致玄意幽遠的談吃之作，相去何啻天壤！

文章寫過也便放下了。今夏無事，閒翻了一冊周作人晚年與香港友人鮑耀明的《通信集》（河南大學出版社2004年版），別的收穫沒有，凜然一驚的是自己當初對知堂談吃的一番議論，現在看來大有修正的必要：知堂談吃的文字風格其實遠遠沒有貫徹始終，並不如我等想像的那樣永遠冷雋有致。這本《通信集》從1960年起，到1966年6月止，計收周、鮑二人往來書信745通，內容尚稱豐富，但以筆者的第一觀感，其中的中心議題端在一「吃」字，尤其以周作人的信為然。在一代散文大師的筆下，這是怎樣的一些談吃的文字呢？試讀一二：

> 香港有一種罐頭「豬油」，雖無味而有實用，且稅並不高，一罐只課稅一元四角餘，敢請賜寄一罐，……

> 知又賜魚鬆等物，甚感嘉惠，……

> 前日往郵局取得小包，內中乃是豬油，此物最為實惠，因為經久實用，……

> 前次信中已說明豬油及砂糖，今擬請賜一包蝦米，見商店廣告有兩磅裝郵包，覺得此比他種肉類為佳，因不至於一口吃完，可以長期供用也。

> ……

這樣的文字在這本《通信集》中是非常密集的，幾乎隔一兩通就有。過去我常常困惑，以周作人鮑耀明的年齡、知識結構差異之大，加之分居兩個不同社會文化背景的城市中，一個無籍籍名的香港後輩怎麼會在周作人的晚年生活中扮演如此重要的角色，讓他留下這麼多披露晚年心境的書札？如今掩卷沉思，我乃有了一個大膽的假設：對周作人來說，與鮑耀明相交，除了一個老人排遣寂寞的需要外，更主要的原因，恐怕是由於客觀條件的不同，身居香港而又仰慕自己的鮑氏有意願和能力提供相對富足的食物吧？而且這個人非舊交，也可以少些面情的負擔。細細披閱二人往來書信，有心人當能注意到一個有趣的現象，從鮑的書信看他是一個對現代文壇掌故極為關注的人，周作人正好是滿足這一願望的合適人選，而周作人的回信則往往是在回答了鮑氏與文事相關的問詢後，立即轉入另一個話題：吃。一段文壇佳話居然被我定義為以形而下的口腹之欲為中心，也許別人會以為這是一種唐突，但筆者卻分別感受到了一種悲涼。

學者、出版家鍾叔河先生編的《知堂談吃》最近再版了，頗多精美篇什，有些段落是自己幾乎能夠背誦的，如〈北京的茶食〉中說：「我們於日用必需的東西以外，必須還有一點無用的遊戲與享樂，生活才覺得有意思。我們看夕陽，看秋河，看花，聽雨，聞香，喝不求解渴的酒，吃不求飽的點心，都是生活上必要的。雖然是無用的裝點，而且是愈精煉愈好。」誰能想到，曾幾何時，知堂會轉而追求「喝求解渴的酒，吃求飽的點心」呢？在這種狀態下產生的那些乾巴巴的全無美感的與吃相關的文字有無必要收進《知堂談吃》？我以為還是有必要的，權當知堂美文的另類吧。

真實與幻影
——近世文人縱橫談

# 三 郭沫若與周作人

　　今年《讀書》雜誌第八期上有一篇短文〈董作賓的胸懷〉，題目說董作賓，其實是鉤稽了董作賓與郭沫若這兩位甲骨學鉅子交往的舊事，其中郭沫若對董氏先稱其在甲骨文斷代研究上的「輝煌功績」後又斥其「假充內行」「無知」，今人讀來頗有興味。也許有人會覺得郭、董之事還係孤證，說明不了什麼，那麼我想再舉一個例，是在郭沫若和周作人之間發生的，權充「事補」。

　　施蟄存先生有一本回憶錄《沙上的腳跡》（遼寧教育出版社1995年3月第1版），其中有一篇很醒目的文章〈郭沫若的「爭座位貼」〉，說的是什麼呢？原來20世紀30年代施先生在主編《現代》雜誌時，曾向遠在日本的郭沫若約了一篇長文〈離滬之前〉，施蟄存準備分三期連載，沒想到，在發第一期時，因目錄上把郭文排在了周作人的一篇散文之後，郭突然變卦，通知《現代》不要續載了，這一下使編輯大窘，只好在已排印的文末附加一行小字，申明郭文因即出單行本，下期不再續載，同時委託創造社的葉靈鳳向郭解釋，說目錄上雖是先周後郭但正文卻是先郭後周，郭沫若這才同意《現代》繼續刊載。然而有了前車之鑒，施蟄存、杜衡深怕再有變故，不敢大意，由兩人聯名給郭沫若去

了一封據施先生回憶「非常宛轉、非常恭敬」的信，一月後收到郭的覆信，此信未收入郭的文集，也因編者的顧慮未編入由孔另境主編的著名的《中國現代作家書信》一書，施先生稱為〈郭沫若的「爭座位貼」〉，全文是：

> 杜衡
>
> 施蟄存　二先生
>
> 大札奉悉，前致靈風函，所爭非紙面上之地位，僕雖庸魯，尚不致陋劣至此。我志在破壞偶像，無端得與偶像並列，亦非所安耳。大致如此，請笑笑可也。專覆，即頌
>
> 撰安
>
> > 郭沫若
> >
> > 一月十日

　　查張菊香編撰的《周作人年譜》和相關資料，可以看出郭沫若、周作人之間的交往甚少，以浪漫主義大詩人目無餘子的風格論，郭氏對周作人這類五四時代的老作家瞧不上眼，也是非常自然的事。其實何止周作人，對魯迅，郭沫若同樣頗不以為然的，很施放了幾隻冷箭，比如那篇署名「杜荃」、後來作者幾乎不認帳的〈文藝戰線上的封建餘孽〉。文人相輕自古而然，我以為文人之間這種互相較勁互不服氣的作風並無大害，而且像郭沫若看不起周作人，在20世紀30年代初的語境裡也沒有多少是非可言，說穿了，就是一點文人積習。

然而時間到了1937年，抗戰爆發，周作人留在淪陷了的北平，全國文藝界和廣大讀者十分關心他的安危出處，正在歐洲為中國抗戰作巡迴演說的胡適寫了一首詩，勸苦茶庵的庵主「放下茶盅出門去，飄然一杖天南行」，茅盾、郁達夫、老舍等18位文藝界人士聯名發表〈給周作人的一封公開信〉，「希能幡然悔悟，急速離平，間道南來，參加抗敵建國工作」，而在文藝界同仁挽救周作人的行動中最引人注目的卻是郭沫若發表在《逸經》雜誌上的一篇千字文〈國難聲中懷知堂〉，其中這樣評價周作人：「近來能夠在文化界樹一風格，撐得起來，對於國際友人可以分庭抗禮，替我們民族爭得幾分人格的人，並沒有好幾個，而我們知堂是這沒有好幾個中的特出一頭地者」，文末更用郭氏特有的高亢激昂筆調抒其懷抱曰：「『如可贖兮，人百其身』，知堂如真的可以飛到南邊來，比如就像我這樣的人，為了掉換他，就死上幾千百個都是不算一回事的。」兩相對照，郭沫若對周作人態度的轉變足以讓人瞠目結舌，尤其是鉤稽史實，根本找不到這種態度轉變的合理的邏輯。寧願死千百個郭沫若換回一個周作人，這是郭氏的真實想法嗎？老實說，提出這一問題本身就夠滑稽的了！也許有人會辯解說好說過頭話，這只是文章的一種風格而已，不足深責，那我不禁要問一句：一個人如果寫文章時說過頭話和言不由衷之言，已成風格和習慣，那我們還能相信其人其文多少？

近年有許多人在「反思郭沫若」，時有卓見，我沒有妄加軒輊的資格，不過私下以為解讀郭沫若，從性格入手應該是很重要的一條途徑。我讀過關於郭沫若的一些資料，深感因性格因素致

使郭氏的思維和我們這些普通人不太一樣，一些按常情常理不便公諸於眾的話，到了郭沫若那兒很可能就脫口而出了，就像「為了掉換他（周作人），就死上幾千百個（我）都是不算一回事的」，這種話在常人看來是頗有點肉麻的，可是郭沫若說出來卻沒有一點不自然的表示，又比如郭沫若先盛讚董作賓後來卻又斥其「假充內行」、「無知」，一般人要這麼轉變，無論如何，都要扯幾條遮掩的理由，但郭沫若卻似乎根本未考慮此一問題。這些都好像還是文章、學問範圍內的事，然而一旦事情超出了這個範圍，我們又能指望郭氏做出怎樣的舉動？

郭沫若其人的性格弱點或者說性格特點，大概是為人所周知的，像周作人，雖然曾得到郭氏「如可贖兮，人百其身」的極高評價，但據香港太平洋圖書公司1972年出版的《周作人晚年手札一百封》，他在1964年寫給香港友人鮑耀明的一封信中，卻用知堂特具的淡淡的笑調來了段閒話：「聽中學教員談起，現在大中學生中間有一句話，說北京有四大不要臉……道聽塗說，聊博一笑耳」，而第一個就是郭沫若。不知苦茶庵主人在寫這段話的時候，是否憶起了當年那篇專為自己而發、筆酣墨飽高亢激昂的〈國難聲中懷知堂〉？

# 四 唱樣板戲的俞平伯

早知道天津人民出版社於2001年出版了孫玉蓉女士編纂的
《俞平伯年譜》，偏居一隅總是無緣得見，近日才借助網路的便
利，從網上買到了一冊。放在手邊，斷斷續續很快就看完了。以
我的庸陋，當然看不出此書的得失的，但感覺好像漏寫了一筆，
雖然編年譜不可能將譜主的所有事情都提到，然而竊以為漏寫的
這一筆實在重要，這就是俞平伯先生當年在五七幹校唱樣板戲的
一幕。

這一舊事是俞先生當年在文學研究所的同事劉士杰撰文回
憶披露的，劉先生的文章發表在2000年的《中華讀書報》上，文
中寫道：「後來，幹校從息縣遷到明港軍營，不搞生產，只搞運
動。那時候，會前會後要唱革命樣板戲，這教唱樣板戲的任務就
落在了我身上。……想當年，我向俞先生學唱崑曲，沒學成；想
不到在明港軍營中，俞先生坐在人群裡向我學唱樣板戲。看到擅
長唱崑曲的俞老先生如此認真地、有板有眼地學唱革命樣板戲，
我覺得這真是富有戲劇性的一幕！」我想，熟悉俞先生的人讀此
文後都會發出和劉士傑一樣的感慨，俞平伯唱樣板戲這一幕的確
太富有戲劇性、太讓人震動了。為什麼會讓人震動？從俞平伯的
家世背景到他的詩詞文章書法，乃至他在一般人際交往中的表現

看，俞平伯先生給人的印象簡直就是「溫文爾雅」的代名詞，講清真詞，說紅樓夢，寫「槳聲燈影裡的秦淮河」，唱崑曲，……打個不恰當的比方，俞平伯先生整個兒就是中國傳統文化這個陳年老窯裡精心燒製出的一件精緻瓷器，他不以黃鐘大呂著稱，美學風格不是崇高一派，而是秀美一路，雖無振衰起懦之功，卻總是讓人低徊不已。可樣板戲是什麼呢？儘管有人替它招魂，但說它以「粗鄙化」為特徵大概是無疑義的，內容、程式到戲裡表達的情感，無不以粗疏、粗放、粗獷直到粗鄙為指歸。俞平伯先生唱儒雅到了極點的崑曲自是本色當行，是合諧的，他這樣的人天生就應該唱崑曲。然而時乎命乎，俞先生卻唱上了樣板戲，其中的反差太大，讓人彆扭、讓人百感交集。

「唱板板戲的俞平伯」，這個意象也許將在中國文化史上留下濃重的一筆，它象徵著中國傳統文化、傳統文人不可避免地被粗鄙化的過程。毫不誇張地說，這個過程無論是文人主動去順應，還是外力強加的，都是中國文化的悲哀。回望二十世紀的中國文人，被粗鄙化，彷彿成為自己都不認識、都驚訝的異己，這一幕是一再上演了。昔日用近乎雕琢的美麗文字「畫夢」的何其芳，到了1976年賦詩，詩中便多見這樣的句子了：「這一幫叛徒、內奸、工賊！這一窩害人蟲，變色龍，毒蛇！……」。詩的主題什麼的且不必論了，作為後來人，不能不感到困惑：何其芳是具有高度古典文學素養的詩人，他在詩經和唐詩宋詞中浸淫了那麼久，用一句調侃的話，呼吸都差不多要帶唐人氣了，卻怎麼會用這樣粗鄙的詞句，去經營一首詩？而且還拿出去發表？饒孟侃是新月派的大將，寫過一些堪稱漂亮的小詩，《饒孟侃詩文

集》（四川大學1997年1月1版）是他文學生涯的總結，我對其中他作於晚年的幾首詩頗感興趣，一首題為〈個人主義〉，用的是舊體，詩曰「孤燈每伴窮途悔，一木難支大廈傾；此理固明如不悟，定因鼠目誤蒼生。」讀後感歎不已：新月派的人都是唯美主義者，誰會想到有一天饒先生會用這樣質木無文的幾個字去硬湊詩？更有意思的是，新月中人一般被歸為個人民主主義者，「一木難支大廈傾」，饒先生到最後對「個人主義」卻原來是這麼一種評價呢。還需提請讀者注意的是，詩後有注，此詩是據手稿編入集中的，意思是此前並未發表，看來新月詩人饒孟侃是主動去湊這樣一首奇詩的，也許寫作之時，絲毫沒有覺得有什麼不合諧的地方吧？粗鄙化的過程看來已經有幾分像「潤雨細無聲」。

《南方週末》曾經刊載了一篇關於宋慶齡女士晚年的文章，宋慶齡痛罵某女為「婊子」一事很是轟傳了一陣，許多人感到驚奇：宋慶齡女士向來以風度雍容優雅著稱，她怎麼會如此破口？按筆者的看法，其實很簡單，曾幾何時，我們這個社會已經嚴重變異、脫軌，超出了像宋慶齡等人所熟悉的經驗範圍，在一個以粗鄙為榮、為指歸的語境下，你不憤怒不抗爭則已，要想抗爭，大概只有以粗鄙對抗粗鄙了。

如果在一個社會裡，只有粗鄙才能得到環境和人群的認同，只有粗鄙才能避免被另眼看待，才能算回到了兄弟怡怡的大家庭，只有自覺或不自覺的粗鄙化才能卑微地生存，那麼即使是渾身都有六朝煙水氣的風流才子，他不去主動地順應，或被動地適應，還能有什麼更好的選擇呢？經過革命熔爐錘煉的保爾和昔日的貴族小姐冬妮婭重逢了，保爾故意用粗魯的言行羞辱初戀情人

及其丈夫，「粗鄙」在這裡又成為一種符號，成為一種身份的象徵了，被粗鄙嚇壞、羞死的冬妮婭註定要被平地而起的颶風所拋棄。「魯迅活著會怎樣」的問題曾經讓人揪心，那麼吟唱「不帶走一片雲彩」的徐志摩和自言自語「踏過櫻花第幾橋」的曼殊和尚活著又會怎樣？不能如往昔放浪形骸，這不用說是一定的，只怕連對月傷幾回心、流幾回淚，也要被痛斥和唾棄了。儒雅不再，風流不再，書卷氣不再，貴族氣不再，甚至連一點神經質也斷乎不可再得了。細究得失肯定是一筆糊塗帳，但不說別的，這至少是少了一點趣味吧？

「唱樣板戲的俞平伯」，這一意象透出了幾分酸楚、幾分悲涼，也有幾分唐突、幾分荒謬，後世之有心者，當能從中咀摸出一些意味深長的東西來。

# 五 殘缺的〈最後一次講演〉

> 我們有犧牲的精神，我們不怕死，我們隨時像李先生一
> 樣，前腳跨出大門，後腳就不準備再跨進大門！

　　這些擲地有聲的句子，是受過初等教育的人都耳熟能詳的。
它們出自「民主鬥士」聞一多先生之口，是聞先生在李公樸殉難
經過報告會上所作的即席演講。就在這次演講結束之後，聞一多
和李公樸一樣，遭到了國民黨特務卑劣的暗殺。多年以來，〈最
後一次講演〉被收入中學語文教材，「民主鬥士」聞一多先生
為爭民主不怕犧牲的大無畏精神，激勵著無數後來者，毛澤東在
〈別了，司徒雷登〉一文中論及「我們中國人是有骨氣的」時，
也特別舉出了聞一多的例子，「聞一多拍案而起，橫眉怒對國民
黨的手槍，寧可倒下去，不願屈服。」

　　我是被聞先生精神感動的後來者之一。為追尋先烈思想演
進的軌跡，我開始閱讀厚厚一冊的《聞一多年譜長編》（湖北人
民出版社1994年7月第1版），在讀到譜中收錄的那篇著名的演講
時，我本準備一瞥而過的，但就是在這一瞥中，我的眼睛倏然被
一段突兀的句子撞擊了一下，就在聞先生宣告「我們的光明，就
是反動派的末日！」和「李先生的血，不會白流的」中間，聞一

多說：「現在司徒雷登出任美駐華大使，司徒雷登是中國人民的朋友，是教育家，他生長在中國，受的美國教育。他住在中國的時間比住在美國的時間長，他就如一個中國的留學生一樣，從前在北平時，也常見面。他是一位和藹可親的學者，是真正知道中國人民的要求的，這不是說司徒雷登有三頭六臂，能替中國人民解決一切，而是說美國人民的輿論抬頭，美國才有這轉變。」我把這段話讀了數遍，又回頭看註釋，《聞一多年譜》的編者，即聞一多之孫聞黎明在注中說得很清楚：「這裡選錄的是8月2日出版的《民主週刊》第3卷第19期的記錄，它比較最完整。」顯然，年譜中所收錄的，才是聞一多當年完整的演講辭，而我們多年讀到的包括中學語文課本裡的〈最後一次講演〉實際上是殘缺的。殘缺在哪裡呢？就是刪掉了聞一多演講中關於司徒雷登的一段話。

聞一多先生的這段話有著怎樣的意義？在1949年前的知識份子陣營中，聞一多、李公樸、朱自清等人是被歸入左翼的，而聞一多尤其被視為從「右」向「左」轉換的典型。在人們通常的印象中，當年激進的左翼知識份子有兩個特徵：反蔣和反美，上面提到的〈別了，司徒雷登〉一文中，毛澤東巨筆如椽蓋棺定論，「朱自清一身重病，寧可餓死，不領美國『救濟糧』」，雄文風行全國，更是加深了這種印象。聞一多等反蔣是事實，因為國民黨政府大搞獨裁專制，但這些著名知識份子都是深受西方文明洗禮，對西方政治制度體察很深的，他們怎麼可能會反美呢？聞一多等人反對當時美國政府的一些具體政策——朱自清拒領美援麵粉究其實也是對美國一些具體政策的不滿，這同樣是事實，但要

說他們會在反對的同時將自由民主的理念一併反掉，則未免厚誣前人了；與其說他們反美，毋寧說他們在美國政府和人民身上寄寓了把中國帶往自由民主之途的希望。聞一多在最後一次演講中通篇金剛怒目，但在提到當時美國駐華大使司徒雷登時卻飽含深情和熱望，足以證明了這一點。附帶說一句，關於司徒雷登其人的全面評價，在當前中美關係日益向好的方向發展的形勢下，也許我們可以寬容一些了，至少應該承認司徒雷登對舊中國的教育是有貢獻的。另外還需說明一件幾乎被許多人有意無意忽略的事，這就是當「李聞慘案」發生後，梁漱溟先生等人受中國民主同盟委託遠赴昆明調查，他們正是在美國駐華大使館和駐昆明領事館的大力幫助下，才最終查清了血案的真相。

　　發掘出完整的〈最後一次講演〉，讓我們對聞一多等這些激進知識份子有了更深刻的理解。有些學界中人僅因後來歷史的進程，便對這些激進知識份子大發譏誚之詞，然而他們不是為了呼喚一個自由民主富強的中國才那麼激烈地反對蔣介石政權，甚至不惜以身相殉的嗎？我們若對這種精神加以輕薄，豈非太過殘忍？至於歷史後來的演變，卻不能由這些充滿救世激情的知識份子來負責了。

　　〈最後一次講演〉中的聞一多明顯有親美之嫌，一個要和國民黨獨裁統治以死相爭的人，怎麼會把司徒雷登當「中國人民的朋友」呢？這樣的矛盾似乎會讓人無所適從，也顯不出聞先生的英雄氣概，於是乎聞一多的講演中就只能剩下對國民黨特務的怒斥，那個倒楣的司徒雷登就只能永遠地消失了。可惜這不是歷史的真實。

真實與幻影
——近世文人縱橫談

# 六 一代知識份子的心靈史

## ——讀《沈祖棻詩詞集》

　　15年前，盛夏。一個13歲的鄉下男孩拽著向父親討來的兩元錢，光著腳走了十幾里路進了縣城。新華書店是他唯一停留的地方，久經烈日曝曬的少年在眩暈狀態中，鬼使神差般抽出了那本上海古籍版的《唐人七絕詩淺釋》。

　　這便是我第一次真正意義上的買書。我至今不能理解以當時幼稚的頭腦怎麼會相中這本古籍讀物，因為其時我與唐詩的關係，不過是剛在語文課本裡學了賀知章的〈回鄉偶書〉。

　　在後來相當長的一段日子裡，《唐人七絕詩淺釋》是我唯一的藏書。直到現在，我已藏書數千冊，架上圖書幾經更換，這本連版權頁和那個叫程千帆的人寫的〈後記〉都沒了蹤影的舊書，仍然默默地立在書架上。回首前塵，我並不想使用「精神啟蒙」等一類字眼，來誇大一本普及讀物對一個懵懂少年的影響力，我只是堅定地認為，《唐人七絕詩淺釋》是我所知的最好的古典文學入門書，它既講典章故實和古典文學（而不僅僅是詩歌）常用的技巧，也揭示創作心理，還對不同作品較其高下，在提高讀者審美能力上真正做到了度金針予人，而這一切都是通過作者那極為平易流暢的語言完成的。書後另有作者用淺近文言作的〈舊釋23首〉，當日它讓一個頑劣少年深深沉浸在了母語的魅力中，試

看作者釋李益〈隋宮燕〉曰：「此弔古之辭而託燕以寄慨也。宮花將落，旋已成塵；舊國芳春，如今安在？而從『燕語如傷』見之。燕猶如此，況於人乎？是更深一層寫法。劉夢得〈楊柳枝〉云：『煬帝行宮汴水濱，數株殘柳不勝春。晚來風起花如雪，飛入宮牆不見人。』劉詩之柳，即李詩之燕，可參證也。」……剛從水田裡拔出腳來，鶯鶯燕燕的「小資」情調又驀然湧上心頭，反差未免太大，然而這是真實的。它讓一個不識愁滋味的農村男孩第一次體驗到了一種微妙的情愫，心裡彷彿被蟲蛀著，卻又欲辨忘言。

那個叫程千帆的人寫的〈後記〉雖然被我看丟了，但我記得他主要說了三點，一是作者沈祖棻是他的妻子，二是作者已經因車禍去世了，三是說此書是根據作者生前為學生授課的講義整理的。此書20世紀九十年代曾出過新版本，但我不用翻新版本也相信我的記憶無誤，因為稍具讀書經驗的人都知道，當你讀到一本好書時，「作者已經不在人世了」的資訊，總會給你較強的刺激。

現在大家都知道了，程千帆、沈祖棻是以研究古典文學而享譽海內外的一對賢伉儷。「昔時趙李今程沈」，詩人沈尹默1954年題在沈祖棻《涉江詞稿》上的一句詩，如今已成定論，而當初這種評價卻只能在很小的圈子裡流傳，尤其是沈祖棻，給外界的印象幾乎是一純粹家庭主婦。長期以來，我們這個社會是拒斥、侮蔑「儒雅」的，所以沈祖棻除了在建國前印行過新詩和小說，建國後直至去世，她的著述就沒有正式刊印過。現在好了，不僅是單行本，四卷的《沈祖棻文集》也已正式出版。因為偶然的機緣，我得到了一本江蘇古籍1996年版的由程千帆箋注的《沈

祖棻詩詞集》。得書的當晚我便早早砌上一杯清茶，急不可待地捧讀起來。原以為這個夜晚會重複當年讀《唐人七絕詩淺釋》的體驗，又是一次愉悅的讀書之旅，沒料到我的心情很快便沉重起來。這實在是一本沉重的書，它有「七言八句」等傳統的外在形式，而其內核卻分明是一代知識份子的心靈史。

李易安柔弱的筆下也曾吐出泣血的文字，但那是在南渡之後、在身逢國破家亡之後，而當代李易安挑簾出場便只聞鼙鼓聲聲，《詩詞集》開卷第1首是作於1932年的一闋〈浣溪沙〉：「芳草年年記勝遊，江山依舊豁吟眸。鼓鼙聲裡思悠悠。三月鶯花誰作賦？一天風絮獨登樓。有斜陽處有春愁。」

當作者搦管之際，日寇進迫國難日深，一句「有斜陽處有春愁」以其意味深厚為時年23歲的作者贏得了「沈斜陽」的美譽，然而當年盛讚「沈斜陽」的詞林名宿們可會想到，對一個妙齡女子來說，這樣的佳句實非吉祥嗎？沈祖棻啼聲初試，「有斜陽處有春愁」美則美矣，卻奠定了她創作和人生的基調，即使是「呢喃兒女語」，也全非舊詩詞閨情密意的面目，飽含了普通百姓在尋常生活中的酸辛，她也寫愛侶的「離緒」，下筆卻是「便明朝真有書來，還應只是閒言語」，款款深情全以淡語出之，一看就非閒說愁的閨中淑女，而彷彿是操持一日三餐的讀者鄰家姐妹。趙甌北詩曰：「國家不幸詩家幸，賦到滄桑句便工」，但「幸」與「不幸」如何界定？人們應該為那些苦難生活浸泡出的佳作而擊節稱讚，但如果稍稍偏離一步，就像大多數論者所樂道的，認為國破家亡成全了一個大詞人李易安，那實在是一種旁觀者的殘忍！《沈祖棻詩詞集》擺在面前，若以一種賞玩的態度，「國家

不幸詩家幸」是很容易到嘴邊的一句感歎，而窮根究底，我們卻不能不說寫出這些詩詞正是詩家沈祖棻之大不幸，正是那代知識份子之大不幸。

關於沈祖棻詩詞的藝術成就，喬大壯、沈尹默、朱光潛、臺靜農等前賢已有定評，非小子敢下雌黃。我更感興趣的是沈程夫妻通過詩詞、箋注透露出的那代知識份子的心境和遭際。我注意到了蔣介石及其政權在作者前後所作詩詞中的不同形象，抗戰前期，沈祖棻填〈臨江仙〉有「天涯芳草遍，第一憶王孫」，〈浣溪沙〉有「龍鸞交扇擁天人」，箋注者直言不諱地指出，「王孫」、「天人」都是指當日宣誓抗戰到底的蔣介石，而到了1947年，「王孫」、「天人」又成了「乾坤一擲獨夫狂」，這就是史實，可以見出知識份子思想的轉換。讀至此處我不禁想起了《陳獨秀年譜》（重慶出版社1987年版）中所記：1936年「西安事變」發生，獄中陳獨秀先是欣喜若狂，「年底，蔣介石被放回南京時，放了一夜爆竹，陳獨秀從夢中驚醒。他說，從爆竹聲中，可以看出蔣還有群眾基礎，又說：『看起來蔣介石的統治是相當穩固的，不像我們分析的那樣脆弱。』」這樣的細節讀多了，歷史的真相當能灼然可見矣。

沈祖棻寫時事時愛用「香草美人」的比興體，程千帆作箋注，很大一部分便是注其「本事」，舒蕪先生譽為「前無古人的箋注」。不過，我個人並不贊成以「香草美人」來喻時事的寫法，好像專門留待後人去猜笨謎似的，竊以為，要記錄時事，還不如寫幾行三言兩語的日記。我個人最喜歡的還是詩詞

和箋注中，實寫當時後方生活的內容，例如〈虞美人〉五首其一曰：

> 東廂西序諸年少，飛轂穿馳道。
> 廣場比賽約同來，試看此回姿勢誰最佳？
> 酒樓歌榭消長夜，休日還多暇。
> 文書針線盡休攻，只恨鮮卑學語未能工。

程氏箋曰：「當時成都有西人主辦之教會大學五所，其四所在華西壩。學生習於西俗，雖在國難深重之際，諸女生猶每年進行姿勢比賽，最優者為姿勢皇后。至於荒嬉學業，崇拜歐美，以能操外語為榮者，滔滔皆是，故詞云爾。」

又如〈減字木蘭花〉四首其一曰：

> 腸枯眼澀，斗米千言難換得。久病長貧，差幸憐才有美人。
> 休誇妙手，憎命文章供覆瓿。細步纖纖，一夕翩翩值萬錢。

程氏箋云：「抗日戰爭後期，大後方國事日非，民生貧困，以寫稿為生，無固定收入之作家，處境尤艱，甚至以貧病致死。則或有貴婦名媛為之舉行舞會，以所得之款從事救濟。時人遂謔云：先生們的手不如小姐的腳。……某君詠公務員云：『何事不可作，偏為公務員。家貧兒作僕，柴貴餅當餐。兩腳奔寒暑，六親斷往還。只緣棺木貴，不敢上西天。』彼時成都皆以柴炊，須取之百里外，故售價頗高，而麥餅有名鍋魁者，其價差低，街頭

巷尾皆有之，平民或購之以供日食，故第四句云然也。」像這樣的詩詞和箋注，堪稱達到了詩與史的完美統一。

當代李易安也有至剛至烈的一面。程沈夫妻抗戰中棲身的金陵大學負責人將政府發給教職員的平價米高價售出中飽私囊，事洩後，對主其事者窮追不捨並不惜以去就相爭的，竟然是平日溫文爾雅的程氏夫婦，這也為後來程千帆在「鳴放」中那段三反、思想改造的成績「偉大個屁」的「狂吠」作了注腳（見朱正《1957年的夏季》）。1947年6月1日，國民黨軍警包圍程沈執教的武漢大學，釀成「六一慘案」，沈祖棻以一首〈鷓鴣天〉記其事，「驚見戈矛逼講筵，青山碧血夜如年。何須文字方成獄，始信頭顱不值錢。愁偶語，泣殘編。難從故紙覓桃源。無端留命供刀俎，真悔憎騰盼凱旋。」「真悔憎騰盼凱旋」！憤激之語，女詞人真的是怒不可遏了。這已經離「溫柔敦厚」的詩教越來越遠，《漱玉詞》中當然找不到的。

沈祖棻《涉江詩》的絕大部分作於建國之後。作者由詞入詩，風格竟也一變而為沉鬱，也許這並非作者自主選擇的結果？程千帆在「反右」中被流放到湖北沙洋農場，「全家生活遂由祖棻一人負擔。時先君先繼母健在，余夫婦及三妹一女，共八口」，於是我們讀到了這樣一首千古絕唱，題曰〈千帆沙洋來書，有四十年文章知己患難夫妻，未能共度晚年之歎，感賦〉，詩云：「合巹蒼黃值亂離，經筵轉徙際明時。廿年分受流人謗，八口曾為巧婦炊。歷盡新婚垂老別，未成白首碧山期。文章知己雖堪喜，患難夫妻自可悲。」五十六字道盡一代知識份子之遭際，如杜甫〈秋興〉般沉鬱蒼涼，讓後人感喟不已！以外孫女姓

名為題的〈早早〉是一首博得朱光潛、舒蕪等名家激賞的長篇敘事詩。它用家常語寫一個天真活潑、不知世事艱的小女孩，寫打入另冊的外祖父、外祖母與外孫女之間的天倫之樂，詩的最後說「兒生逢盛世，豈復學章句。書足記姓名，理必辨是非。毛澤東思想，指路路不迷。但走金光道，勿攀青雲梯。願兒長平安，無災亦無危。家家（湖北方言稱外祖母為『家家』）老且病，難見兒長時。賦詩留兒篋，他年一誦之」。字字平淡卻又字字沉痛，深夜吟詠，不覺潸然涕下！舒蕪先生說詩的最後幾句並非反諷而是真的「虔誠」，我以為是否反諷只有起作者於地下了，但若真出於作者的「虔誠」，此詩作為一代知識份子的心靈史，將給後人留下更多的思索空間。

程千帆在他的口述自傳《勞生志略》中評價妻子時說作家是她的本份，而學者是其餘事，其實作為作家的沈祖棻也遠未能留下與她才華相稱的作品，如果不是「八口曾為巧婦炊」和另外一些更重要的眾所周知的原因，不論是作品的質量還是數量，不論是當作家還是做學者，這位當代李易安的成就都會豐茂得多。我們再想想曾被胡適認為最有希望的歷史學家周一良，立意寫出獨具風格的《中國文學史》而未成的聶紺弩，改行當博物館解說員的沈從文，有世界戲劇大師之相而後半輩子寫出的戲卻被黃永玉指為「一個也不喜歡」的曹禺……讓我們說什麼好呢？鍾敬文挽聶紺弩曰：千古文章未盡才。有此一句，千言萬語都是贅疣了。

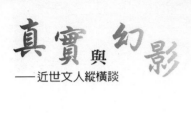

# 七 「政治裝飾品」的心曲

## ——《蔣廷黻回憶錄》、《何廉回憶錄》讀後

　　上個世紀90年代後期，岳麓書社開始出版一套名為「海外名家名作」的叢書，周策縱的《五四運動史》、李歐梵的《鐵屋中的吶喊》等是這套書最先推出的，而《蔣廷黻回憶錄》雖早經列入出版計畫（先期推出的書目中都有這套叢書的廣告，廣告中便有這本書），卻一直延宕，直至2003年9月才由岳麓書社出了第一版。其中曲折從《蔣廷黻回憶錄》書前所附的「出版說明」中可見端倪，不知出自何許人之手的「出版說明」中，充滿了這樣一些欲說還休的詞句：誣稱，錯誤與偏差，不符合歷史事實，從保存文獻原貌提供第一手資料的角度出發，云云。開卷就要給讀者某種提示或暗示，這種閱讀註定無法輕鬆了。可是在我將此書拜讀一過之後，湧上心頭的首先卻是「不過爾爾」的感覺。

　　20世紀三十年代的中國政壇上，湧動了一股「學者從政」的小小浪潮，胡適，和曾任清華大學歷史系主任的史學家蔣廷黻都是個中代表。蔣廷黻在國民政府中除前期擔任了一段為時甚短的政務院處長職務以外，一直從事外交工作，直到1965年在臺灣「駐美大使」的位置上退休。在當年和他一起應蔣介石之邀從政的學者中，他算是唯一「有始有終」的一位。《蔣廷黻回憶錄》係作者退休後在美國哥倫比亞大學進行口述自傳的中文譯本，儘

管因作者的突然逝世，「口述自傳」僅完成了大約一半，但就這完成的一半（從清末寫到1940年）而言，正是近代中國劇烈變革的時代，以作者學界、政壇有影響者的身份，他的視角應該是獨特而具穿透性的，比如我最想知道，一個由號稱最革命的政黨建立起來的政權，為什麼總是擺脫不了前現代的陰影？它的官僚機構運作效率之低，舉世公認，問題到底出在哪裡？像蔣廷黻這樣一些具備現代政治素養和行政能力的文化名流，參與到國民政府的行政事務中，究竟發揮了多大作用？……但坦率地說，《蔣廷黻回憶錄》在這些方面所能提供的意味深長的消息太少了點。當作者在進行口述自傳時，以其閱歷和理論素養，加上在野之身，是非得失本來應該了然於胸的，可是我輩在閱讀過程中，總感到他還在有意無意維護某種法統，敘事只有梗概，幾乎沒有平實生動的細節，也少見作者個人與世沉浮中的切身之感。也許這是作者多年外交官身份的自覺？畢竟，外交官是講求字斟句酌謹言慎行的。

正因為對《蔣廷黻回憶錄》不滿，我眼光又落到了另一位「學者從政」的代表人物——曾任南開大學經濟學院主任的著名經濟學家何廉身上。何廉先後在蔣介石政府中擔任過行政院政務處長、經濟部次長等職，《何廉回憶錄》（中國文史出版社1988年版）和《蔣廷黻回憶錄》一樣，是哥倫比亞大學中國口述傳記科研計畫的一部分。說來何廉從政，與蔣廷黻還頗有關係。何、蔣二人曾是留美的同學，1926年至1929年又成為南開大學的同事，據何廉的自述，「我和蔣廷黻十分友好，對他的意見我總是感覺尊重的」，正是因為這層關係，當蔣廷黻1936年在國難日深

的情況下，勸何廉接受國民政府的邀請，出任他自己曾經擔任過的行政院政務處長一職時，何廉再一次尊重了蔣廷黻的意見。而在此之前的1934年，何、蔣二人同上廬山拜見蔣介石的一幕也很有意思，二人事後在各自的回憶錄中追憶自己與這位當年中國最有權勢的人物初次見面的情景，都「印象頗佳」，《何廉回憶錄》中寫道：「他注意聽我講，看來十分耐心，又非常禮貌，印象中他迫切想聽獨到的見解」，蔣廷黻在他的《回憶錄》則說：「他的態度極為得體，使我既不感到拘束也不致完全放縱。……看得出他有堅強的意志，對於重要工作，能夠全力以赴。」《蔣廷黻回憶錄》中難得地記下了一個有趣的細節：因蔣廷黻和何廉是湖南人，蔣介石在談話的開始便恭維說「湖南是出大人物的地方」，而蔣廷黻顯露了他的外交家潛能，立應曰：雖然湖南過去出了一些偉人，但是現在的中國偉人卻多出自浙江。在與蔣介石的關係上，《何廉回憶錄》和《蔣廷黻回憶錄》在驚人相似的開端之後，很快漸行漸遠，此後我們在《蔣廷黻回憶錄》中幾乎再也讀不到他對蔣介石的評價，而何廉則在自述中對蔣所下的判斷越來越多，而且越到最後，負面評價越多。如果蔣廷黻不是出於有意淡化口述過程中主體意識的目的，那我們得說，何廉在這場學者從政運動中似乎更加投入，他深深地被裹挾進一部巨大的官僚機器中，感同身受分外真切，看問題也深入、切實得多。《何廉回憶錄》中專列一章講作者本人看到的「中國權力內幕」，《劍橋中華民國史》在論述「南京政府的結構和運作」時特地引用了何廉的回憶：「總司令走到哪兒，政府的真正權力就到了哪兒。就權力而言，他主宰一切。」何廉所在的行政院本來

是最高行政機構，而何廉發現，幾乎每份重要的報告，都首先到了蔣介石的駐地辦公室，決定是在這些辦公室作出的，行政院等著的只是去「採取正式和公開的措施」。何廉在此處用了「發現」一詞，透出的書生氣讓人感慨。《劍橋中華民國史》的作者於是提醒我們，在考察南京國民政府的運作時，把目光投在這個政府的架構上，諸如立法院與行政院關係如何等等問題上並無多大意義。這種種制度形式終究只是形式，這樣的政府終究只是一個前現代的政府。作為最高權力化身，蔣介石在其中發揮的作用自然是最重要的，據何廉觀察，蔣的作風是「辦什麼事，作什麼變動，只要他認為怎麼方便就怎麼辦。……他隨身總帶著一支紅鉛筆和一疊紙，如果他認為該作出決定或給哪位來訪者一筆錢，他會立即簽發一項有關的手諭。」何廉和蔣接觸不久便給蔣下了這樣的斷語：從根本上說，他不是個現代的人，辦事首先是靠人和個人接觸以及關係等等，而不是靠制度。

像蔣廷黻、何廉這樣的學者名流進入政府究竟能發揮多大作用？海外有人許蔣廷黻為「民國學者從政中最有成就的一位」（見岳麓書社版《蔣廷黻回憶錄》「譯者序」），不過我估計這種立論是以1949年後蔣氏的「事功」為基礎的，至於1949年之前，蔣的主要角色是駐蘇聯大使，而在這個位置上，似乎看不出他有何了不起的創獲。相形之下，何廉在任經濟部次長、農本局總經理、農產調整委員會主任期間的工作倒頗值一敘，比如成立農業合作社、建立農業合作金庫，為農民恢復生產提供貸款等等，而他為穩定戰時後方糧價所作出的努力及其失敗更充滿了悲劇意味。何廉是個經濟學家，他當然看到了米價上漲甚至出現

米荒的重要原因不是缺米，而是執行了錯誤的金融政策，這仍然還是個經濟問題，隨著戰爭的持續，大米供應、分配和價格問題會繼續存在，不僅一個小小的農本局無法全部解決，中央政府也難有善策。但以蔣介石為代表的官員則習慣於用威權解決一切問題，「認為砍掉幾個人的頭就能夠威懾大多數人」，從而穩定糧食市場。政府後來果然為此殺了不少人，包括成都市長，而危險的境況卻並未獲得改觀。政府轉而要求何廉動用農本局倉庫的米投放市場平抑物價，受到了何的抵制，因為這些米屬於農民，要徵用須得照市價付款，政府卻不想這樣做，政客們唱起了國難時期「有錢出錢有力出力」的高調。何廉面臨著空前的壓力，最高領袖也表示不滿，直至農本局被裁撤。戰後重建中，本來對政治心灰意冷的何廉不好意思拂老友翁文灝（著名地質學家，時任國民政府經濟部長，後曾任行政院長）的面子，出任經濟部副部長，這位著名經濟學家關於經濟建設的觀點根本未得到尊重，他認為政府應立即將接收的輕工業交給私營企業經營，努力限制官僚資本及政府干預，他彷彿懶得理會經濟政策制定後面的利益集團的龐大陰影，當然又是無功而返，後來國統區經濟崩潰的結局已經埋下了……這是一場現代和前現代的衝突，竊以為那一代學者名流從政的悲劇底蘊也就在這裡。滿懷救世熱忱的何廉不得不承認：「翁文灝和我雖都在政府中位居高職，但比起『圈內集團』來，畢竟還是外人。我們並非政府的裡層人物，也非黨的成員，我們不過是政府的『裝飾品』！我們從未能夠搞清楚幕後究竟在搞些什麼。」「裝飾品」云云堪稱一語中的。在任何一個政府裡，都需要各種各樣的人物，即使是被世人目為「僵化」、

「腐朽」的蔣介石政府，對那些特別有清望和特別有才幹的人也不會完全拒斥，從某種程度上講這是龐大的官僚機器在進行一種自調劑。但正如何廉所覺察到的，蔣介石「看重」翁文灝、蔣廷黻和他自己也許是真的，但可能從未真正信任過。像何廉這樣沒有黨內派系背景的技術官僚在政府中發揮不了多大作用幾乎是註定的，制度，上司，同僚，還有官場上種種無聲無臭卻又無處不在的東西，都形成了強有力的掣肘，「有勁無處使」、「有理說不出」便成為何廉們一種普遍的狀態。何廉後來回憶這段從政經歷時用不容置疑的口氣說：「我在政府中的那幾年完全是白白浪費」，他的失望是很深的。

在對自己從政生活的回顧中，蔣廷黻和何廉二人風格迥異，一大處著眼字斟句酌，一不避細節平實坦率，相似點很少。不過我注意到他們二人都提及了與個人操守有關的故事，且內容大同小異：二人進入仕途後，面臨著親戚朋友的各種請託，蔣的弟弟的小舅子、何的母舅都要求「做了大官」的親戚給他們謀一官半職，二人的態度相同，私人能夠辦到的事儘量辦到，但不能把國家名器作為私人酬應的禮物。二人回憶這些經歷時並沒有特別渲染，在他們這種教育背景下的人看來，這也不值得渲染，但我讀來卻不禁有些感慨，蔣、何都是具備現代政治素養和行政能力的人，如果在一個政府裡最終只能以個人操守彰顯，彷彿又回到了舊時清官的角色，這叫人說什麼好呢？

# 八 新聞史上的「范長江現象」

　　還是在2004年歲末，傅國湧先生送我一本大著《追尋失去的傳統》，我在和傅先生交流的時候特別提到了書中那篇〈范長江離開《大公報》〉。泛泛看去，這篇文章好像不過是找點資料，鈎稽一下史實，其實不然，傅國湧通過層層推進分析范長江當年離開《大公報》的深層原因，一個問題便在一個看似簡單的陳述句中隱現了：「從『國新社』到《華商報》，范長江再也沒有寫出足以與《中國的西北角》、《塞上行》相媲美的新聞作品」，不知別人讀到這裡有何觀感，至少我突然想到了一個話題，即「新聞史上的范長江現象」。

　　對現代新聞史稍有瞭解的人便都知道，當年范長江是以《大公報》記者身份撰寫系列旅行通訊《中國的西北角》而一舉成名的。1936年，西安事變發生，他隻身進入西安後轉赴延安，曾與毛澤東作一夜談，思想發生轉變，隨後與《大公報》脫離，創辦中國青年新聞記者協會和國際新聞社，成為無產階級新聞戰線上的傑出戰士。研究新聞史的人都承認，1936年范長江的延安之行是其人生的轉捩點，用他的夫人沈譜女士的話說：「長江隻身去西安、延安採訪，最終導致了他的政治立場的決定性轉變——從一個正直愛國的新聞記者成為一名自覺為民族和階級利益而鬥爭

的共產黨員。」可是政治立場轉變思想進步後的范長江卻沒有奉獻出與這種轉變相稱的新聞作品，時至今日，人們提到范長江，新聞史上講到其作品，仍然只能舉他的成名作為代表作。過去曾經有人討論過文學界的「何其芳現象」，它是因何先生本人的感慨而起的，何說很奇怪，為什麼我思想進步了，而藝術卻出現了退步？現在可以看出，這種現象並非僅僅在文學界裡存在著，新聞界裡的「范長江現象」同樣值得我們深入探究，像夏衍先生就在〈長江的道路〉一文中發問過：「許多熟悉的人都知道，范長江的筆頭是很快的，但是解放以後，范長江這個名記者不寫文章了，文章很少。這是為什麼？……」

有什麼樣的新聞觀，就有什麼樣的新聞作品。范長江的新聞觀前後是有顯著變化的。1941年10月他在〈怎樣學做新聞記者〉一文中已經把這種變化坦誠無隱，「1934年我正式做了職業新聞記者，……不知道怎樣做才對得起我的職務。……於是特別為此事去請教那時在北方的鼎鼎大名的某前輩。他當時給我一個法則說：『作新聞記者最重要的是誠』。他說話的態度，很嚴肅而深沉。我那時渾身發熱，高興得了不得，好像到名山訪道，如今已得了『一字真傳』，今後一生當受用不盡。……現在回想起來，真是萬分危險！沒有正確的政治認識，等於航海的船沒有了指南針，新聞工作變動最大，等於交通工具中的飛機，如果沒有了定向，亂飛一陣，非闖禍不可！」這段話中的「某前輩」就是當時主持《大公報》的胡政之，范長江和《大公報》之間的恩怨是非且不去管他，但《大公報》畢竟是范長江一舉成名的助推器，范長江憶及舊事本不宜像這段話中所表現的這樣語帶譏誚，可能思

想的轉變已經使他有些急不擇言了。從這段話中可以看出，范長江不僅對胡政之明顯不恭，更對胡政之當初的以「誠」相教表示輕蔑。大踏步地從信奉「誠」字前進到將「正確的政治認識」視為新聞工作的指南針，這種變化不可謂不大，而在范長江關於新聞思想的論述中，我們更可以看到這樣一些斬釘截鐵般不容置疑的觀點：「事實證明了，報紙不但是政治宣傳工具，而且是政治組織工具。」

從理論上說，先培養「正確的政治認識」，然後秉持這種政治認識去觀察社會寫作新聞作品，是完全說得通，也應該能夠寫出高質量的新聞作品的，反之，如果沒有「正確的政治認識」，也應該只能生產出劣質的新聞作品。可惜實踐卻常常不往理論所牽引的道上走。以范長江的成名作《中國的西北角》為例，雖然至今仍被公認為現代新聞史上的傑作，但一些研究者包括范長江本人實際上猶不滿意，一位研究者就撰文認為，范長江的《中國的西北角》等關於紅軍長征的系列報導「相當嚴重地暴露了他在思想上存在著的重大弱點，他對我們黨和紅軍、對中國革命完全缺乏瞭解，甚至根本不理解」，並進行了一番剖析，說這是因為當時的范長江「還未完成世界觀轉變，還不是一名共產主義者，只是一個激進的資產階級民主主義者；他是進步的，而不是革命的；他有成熟的民族覺悟，但缺乏基本的階級覺悟」；范長江1949年後多次拒絕重版舊著，也表明他對自己的成名作是有很多不滿的。說實話，今天筆者重讀《中國的西北角》，對當年的范長江沒有像上面這位研究所說的那樣，成為「共產主義者」，具備「成熟的民族覺悟」和「基本的階級覺悟」，內心深以為憾，

我想，如果范長江當年能夠進步到這種程度，那他奉獻出的豈不將是一部完美無缺的作品嗎？然而這樣的念頭剛剛冒出，一個根本的帶顛覆性的問題又破空而來：如果一切都這樣安排，究竟還會不會有《中國的西北角》這部傑作呢？大概不會有了，原因也簡單得很，新聞工作者的職志是記錄，如果在記錄之前事事都先要問自己一句「正確還是錯誤」，那支筆肯定會非常生澀，甚至擱筆三歎也說不定的。設想一下，如果范長江是一個具備「成熟的民族覺悟」、「階級覺悟」的「共產主義者」，當他在旅行採訪途中，看到國民黨的大將胡宗南在追剿紅軍時，「住的正殿，門窗不全，正當著西北風，屋子裡沒有火爐，他又不睡熱炕，身上還穿的單衣單褲，非到晚上不穿大衣，……手臉額耳，都已凍成無數的瘡傷，而談話卻津津有味。他會他的部下，就在寺前山下的松林裡，把地上的雪掃開，另外放上幾塊磚頭，就是座位」，當此之際，他勢必要在腦中迴旋一下：這種情節記錄下來會於本階級利益有益否？這樣思來想去，一部旅行通訊還有沒有這樣平實生動的細節是大有疑問的。

以記錄事實為職志的新聞記者在考究真偽的同時，究竟還有無必要追問自己的記錄是否符合某種先驗正確的律令，這牽涉到兩種不同的新聞觀。我對新聞學沒有專門研究，這裡偷懶，引述新聞科班出身的鄭連根先生發表在2003年第5期《隨筆》上的一篇文章〈新聞事業的蝴蝶效應〉，鄭先生在文章中有一段甚為精到的分析，「我覺得，新聞事業傳入中國後所發生的最大的偏差就在於，包括梁啟超在內的中國最初的新聞人，從一開始就過分強調了報刊的工具性，即報刊作為政治鬥爭的『利器』這一特

質。……按照現代的新聞理念，新聞學更多的應屬於傳播學的範疇，它的最重要的功能是客觀地傳播資訊，而不是情緒激昂地『宣傳、鼓動』。正是基於這種理念，新聞寫作要恪守『真實客觀』的原則，儘量避免作者感情的直接介入。」應該說，忠實地把正在發生的事記錄下來，一個新聞從業人員的本份已經盡到了，可是基於對新聞作品價值和功能的不同認識，這種本份常常會被認為過於消極無為，所以當一件事實擺在面前，在新聞人決定棄取或採取何種方式何種角度報導時，那些認為新聞負有宣傳、鼓動乃至引導之責的人，總是把一個問題擺在最高位置，即怎樣做才是最有利於宣傳、鼓動和引導，是最正確的。思想轉變後的范長江無疑自覺而忠實地實踐了這種新聞觀，在《中國的西北角》和《塞上行》之後，范長江面對紛繁的社會與現實並非沒有記錄的激情和衝動，也不完全是因為擔任新聞工作的組織者和領導者事務繁雜，更絕非江郎才盡，和他在國際新聞社共事過的石西民後來回憶，范長江曾經給他講述解放戰爭初期范在陝北跟隨毛、周與國民黨軍周旋的種種情況，非常生動，石西民當時就想：長江依然還是抗戰前寫《塞上行》等文章的長江，他觀察敏銳，見解深刻又豪氣橫溢，如果能夠用他那枝傳神之筆將它寫出來，豈不是又一部膾炙人口的作品嗎？但事實是，范長江未寫出這批作品，石西民說他甚至從未想過要將它寫出來（見湖南人民出版社1987年版《國際新聞社回憶》）。石西民在回憶文章還寫道：「在發稿工作中，我感到他也顯得有些拘謹。是老成持重？似乎又與他的性格不合。」是的，這種拘謹的確不像當年那個豪氣干雲、目無餘子的聞名全國的大記者范長江了，但這是沒辦法

的事，一篇通訊報導也許關乎本階級事業之興衰，把自己看作「一個小兵」的范長江不能不如此老成持重。

　　1949年後的范長江歷任《解放日報》社長、新聞總署副署長、《人民日報》社長等職，1952轉任政務院文化教育委員會副秘書長，1956年，這個「願意終身為新聞事業努力的人」被安排到與新聞風馬牛不及的國家科委，任副主任。文革一爆發，他從1967年起即被長期關押，1970年在河南碻山跳井自殺。1978年獲平反。

　　還是在《國際新聞社回憶》這本書中，曾與范長江共事後來成為著名歷史學家的黎澍寫了篇回憶文章，文章的結末，黎澍先生寫道：「范長江，據我看來，他甚至沒有認識到他的才能究竟何在，以及如何利用大有可為的時機在適當崗位上充分加以發揮。後又遭逢文化大革命，玉石俱焚，非常人所能理解。長江早年工作順利，閱世未深，更難理解。幾經摧楚，竟至死非其所。回思往事，百感交集。」黎先生文約而義豐，今人無法準確體味，一縷思緒唯在「百感交集」四字上縈繞而已。

# 九 歷史的誤會

## ——作為「戰國策派」文人的陳銓

　　還是在寫那篇〈秧歌與大變動中的知識份子〉（刊《社會科學論壇》2006年第4期）的時候，在披尋史料的過程中，我注意到了在延安文藝運動中「意外」登場的陳銓。

　　《延安文藝運動紀盛》一書在1942年的「5月13日」條下有下列紀事：

> 報載重慶訊：教育部學術委員會決定獎勵學術著作多種，其中有西南聯大教授陳銓所著劇本《野玫瑰》。戲劇界同人對此頗有異議，二百餘人聯名致函全國戲劇界抗敵協會，要求轉函教育部撤銷原案。信中說：《野玫瑰》曲解人生哲學，有為漢奸叛逆製造理論根據之嫌。如此包含毒素之作品，則不僅對於當前學術思想無功勳，且於抗戰建國宣傳政策相違，危害非淺。同人等就戲劇工作者之立場，本諸良心，深以此劇之得獎為恥。抗戰劇運正待開展，豈容有此欠妥之措施。
>
> 6月28日報載重慶訊：獲得教育部學術審議會獎勵的為漢奸製造理論根據的《野玫瑰》一劇，渝劇界同人曾聯名向教育部提出抗議，撤銷原案。雜誌審查委員會主任委員潘

公展則說，《野玫瑰》不應禁演，反應提倡，倒是《屈
原》劇本「成問題」，這時候不應「鼓吹爆炸」云云。
《野玫瑰》仍在到處上演。註1

　　作為「戰國策」文人的陳銓我原本當然是知道的，也知道在
「戰國策派」諸鉅子中，他的理論建樹遠遜於雷海宗和林同濟，
唯以「戰國策派」中的創作家而著稱，但委實沒有料到他的幾部
話劇，居然還鬧出過那麼大「動靜」。

　　陳銓，名大銓，號選卿，光緒二十九年（西元1903年）生
於四川富順。早年就讀於清華，受其師吳宓重視和提攜，後赴美
留學攻讀英文和德文，取得碩士學位，旋轉赴德國主修德國文學
輔修英文和哲學，獲得博士學位。1934年回國，歷任武漢大學、
清華大學教授。學術著作有《中德文學研究》、《從叔本華到尼
采》等，而引發政、文兩界震盪的則是他的話劇創作，以《野玫
瑰》、《金指環》、《藍蝴蝶》為代表。

　　從這份簡歷看，陳銓和當時大多數知識份子一樣，走著大
致相似的路徑。不過，陳銓之所以後來成為陳銓「這一個」，除
了個人的因素，也有師長朋輩的浸染，更有時局的影響。師長朋
輩，當然要數到吳宓、賀麟、林同濟、雷海宗等人。吳宓對於陳
銓的影響主要體現在學術趣向上。吳宓精通比較文學，思考問題
往往採取比較文化的立場，陳銓的學術道路也亦步亦趨，他後來
寫作那本至今仍被視為比較文學研究經典的《中德文學研究》，
實肇因於此；賀麟迷戀德國哲學，他出國後先在美國學習黑格爾
哲學，感覺終隔一層，乾脆轉學於德國，這種選擇直接影響了

陳銓，他不僅也轉學德國，從此更迷醉於德國哲學與文化，他後來喜用尼采之思想觀照中國之問題，其德國求學經歷是重要的外因；林同濟、雷海宗同為「戰國策派」之鉅子，抗戰中，林、雷和陳銓同聚於昆明，面對民族生存危機，因為大致相似的學術、思想背景，特別是基於共同的對「民族精神」的理解，因緣際會，三人漸漸走到了一起，利用昆明、重慶這兩個戰時文化中心的幾個重要媒體，如《大公報》、《今日評論》、《民族文學》、《戰國策》等，宣傳自己匡時救世的思想，一個非常活躍的文化學派「戰國策派」就這樣誕生了。

「戰國策派」雖然一度輝煌，但經過被徹底批判和否定的過程之後，早已聲名不彰，並曾經是一個犯忌諱的話題。他們為什麼會被批判和否定呢？簡而言之，「戰國策派」學人由於深受德國思想家尼采、斯賓格勒等人之影響，推崇近代「尚力」主義思潮，認為他們所處的時代只是「戰國時代之重演」，要想使中國在列國之激烈競爭中獲得獨立和生存，就必須強調國家、民族利益，強調民族精神的「力」，因而被認為有「法西斯主義」傾向。又因為「戰國策派」在抗戰中曾經提出「國家至上」、「民族至上」，因而被認為是與國民黨的集權體制相呼應，「反對民主」。翻閱重慶師範學院1979年編印的國統區文藝資料彙編之《戰國派》，當年批判「戰國策派」的文章幾乎都來自延安《解放日報》、重慶《新華日報》和《新華日報》的一個週刊《群眾》，而且這種批判延續到了1949年之後，一篇寫於1958年的批判文章出於一位歷史學者之手，從文中用詞可以看出相關話題的嚴峻，「『戰國策派』人的主子——法西斯德、意、日三國

……」，「雷海宗之流並不是真正在研究什麼歷史，而是在學術研究的幌子下，披著『學者』『教授』的外衣，掇拾資產階級歷史理論，歪曲捏造歷史，倡導『戰國重演』論，反蘇反共，為法西斯暴力征服世界在政治思想戰線上開闢道路。……」[註2] 即使到了上個世紀九十年代，這種對「戰國策派」的批判模式幾乎仍然被全盤沿襲了下來，這是從國內幾種現代政治思想史的著述中都可以看到的。

關於「戰國策派」的這種種批判有沒有道理呢？實非筆者這樣的淺學者所敢妄議。只好借用南開大學歷史系博士江沛《戰國策派思潮研究》中的結論，「戰時體制的集權是一個國際慣例，也是戰時國家的必然選擇。戰國策派學人呼籲建立元首制度的主張，是在近代中國受辱於帝國主義的前提下，在加強戰時體制的基礎上，希望國民黨根治政治腐敗、團結抗戰而提出的。這種政治全能主義的無奈倡導，是戰國策學人救亡第一、不滿現實的選擇，但不應由此把他們看作是反民主的『小丑』。……從戰國策派學人對傳統政治的檢討及對民主政治的認識上，從此後雷海宗主編《周論》雜誌的基調中都可以看出，文化與政治自由義義是戰國策學人的一貫主張。」[註3]

在戰國策派的理論建構中，陳銓發揮了怎樣的作用？和雷海宗、林同濟專向歷史和政治入手不同，在20世紀40年代的中國，陳銓依照戰國策派的思想開始大力倡導「民族文學」。他創辦並主編了《民族文學》雜誌，以「民族運動」、「民族精神」、「民族文學」這一類為關鍵字，發表了多篇文章和演講。陳銓的所謂「民族文學」的理論內核就是把文學運動和民族運動聯繫在

一起，希望文學以全體民族為中心，通過發展民族文學來培育一種強烈的民族意識，用他自己的話，「民族精神是維繫民族民生的骨幹，民族文學應該以發揚民族精神為原則」。註4

當年陳銓意氣風發地倡導「民族文學」，雖然其理論也無一例外地受到了左派文人的批評，但相形之下，還是陳銓的創作更為轟動，由此引發的國民政府文化部門和左翼文人的激烈對壘，也殊出人意表，更非陳銓本人始料所及。

陳銓的話劇創作中，以《野玫瑰》、《藍蝴蝶》、《金指環》最為出名，而《野玫瑰》昔日尤其轟動了大後方，儘管這是後來的現代文學史吝言或者諱言的。

《野玫瑰》的劇情並不複雜，不過是一個具有堅定民族主義意識的國民黨女特工在淪陷區鋤奸的故事。現在看來，這個劇本的藝術性並不高，有相當濃厚的「圖解概念」的味道。什麼概念呢？就是包括陳銓在內的「戰國策派」學人多次宣揚的，國難當頭一切應以「國家至上、民族至上」。劇中的女特工為了國家和民族可以犧牲愛情和家庭乃至生命，她所有的行動都是為了民族解放，而被安排為女特工丈夫的大漢奸則完全以自我為中心，他對民族的背叛不同於一般的漢奸，並不是因為貪生怕死，而是源自他堅定的個人主義思想，他認為，「國家是抽象的，個人才是具體的，假如國家壓迫個人的自由，個人為什麼不可以背叛國家？」陳銓試圖通過這樣一個有獨特理論的漢奸之死，宣告在民族解放的戰爭中個人主義道路的末途。

也許是以「女特工」為主角增加了劇情的傳奇性，也許是《野玫瑰》中的大漢奸超越了一般的概念，總之先在昆明後到重

慶演出的《野玫瑰》獲得了巨大成功，據統計，它在重慶總共演出了十六場，觀眾達到了萬人以上，《野玫瑰》的主演秦怡回憶說，有一次國民黨的一些空軍官兵也來看戲，但戲票已經一搶而空，軍人買不到票，竟然在劇場門口架起了機關槍，堅持要入場看戲。註5 陳銓因此劇獲得了前所未有的聲譽，也引起了官方的重視，1942年4月，國民政府教育部頒發年度學術獎，包括自然科學和人文社科的傑出成就都受到獎勵，陳銓的《野玫瑰》名列三等獎。關於這個獎項，後來的研究者評析說：「這次評獎並沒有以政治傾向作為依據，體現了評獎委員會非常獨立的立場。後來此類獎項，也有不少左翼人士包括共產黨作家的作品獲獎。」註6 可是當年得獎的《野玫瑰》卻遭到了來自左翼的猛烈的抨擊，「糖衣毒藥」、「炮製漢奸理論」等帽子都不期而至，據白楊的回憶，以「革命作家」出名，實為中共在大後方的文化領導人之一的陽翰笙更乾脆地斷定：「陳銓是文化特務」。註7（同5第88頁）。而國民政府方面，針對左翼的批評聲浪也作出了回應，幾位重要的文化官員如教育部長陳立夫、中央圖書雜誌委員會潘公展、中央文化運動委員會主席張道藩等都在公開場合表示支持《野玫瑰》，針對左翼人士要求取消對《野玫瑰》的學術獎勵的要求，陳立夫等辯稱這完全是「投票的結果」，並沒有人為因素。

　　《野玫瑰》風波看似偶然，其實正透出國共兩黨對意識形態控制權的爭奪。國民黨一方希望通過對文藝的管理和統制，拒絕價值分歧，提升文藝界人士和公眾對「國家」的認同，而在當時的語境中，「國家」的具象就是作為執政黨的國民黨。作為

在野黨的中共,當然對這種企圖充滿了警惕,任何有助於國民黨文化統制意圖實現的人物和現象,都是他們堅決反對的。幸乎不幸乎,本來一直與現實權力和現實政治沒有什麼瓜葛的陳銓,不論其創作《野玫瑰》的初衷如何,終於難逃被「誤讀」或者「利用」,就這樣身不由己地捲入了名為文藝實為政治的糾葛中。

因為一貫的對現實政治的態度,處在風口浪尖中的陳銓的反應十分平緩,幾乎沒有作出什麼回應。1969年,陳銓去世前在應外調人員要求所寫的材料中談及「《野玫瑰》風波」時說:「在《野玫瑰》發表和上演的前後,正是我本人非常忙碌之時。重慶的許多事情發生,我本人不在那裡,那還是半年或一年以後,我有機會到重慶,才有人遇機會補告了我一些情況。這些情況不一定完全,也不一定真實,我不過聽聽而已」[註8](同註5第93頁)「不過聽聽而已」,是不以為然還是不屑一顧?

「戰國策派」學人被指為「法西斯」、「專制政權的幫兇」,創作了抗戰劇《野玫瑰》的陳銓被指為「炮製漢奸理論」,實在是歷史的誤會,但在當年的語境之下,他們的受批判簡直是「勢有必至理有固然」,不被誤解和抨擊倒是不正常的了。

身處於國民黨政權壓迫之下的陣營不愜於他們,是不用說的了。「戰國策派」學人張揚的「國家」、「民族」的符號,客觀上說是很容易被實行一黨專政的國民黨政權利用,藉以打壓「異己者」維護自己的統治的,後來,「最高領袖」蔣介石在抗戰中的1943年發表《中國之命運》,不是也在借高唱「國家至上民

族至上」的調子，否定五四啟蒙的路徑，為舊倫理和宗法制度招魂嗎？

「戰國策派」學人同樣會被堅定的自由主義者所不喜，這也是毫無疑問的。試讀胡適的一段話，「現在有人對你們說：『犧牲你們個人的自由，去求國家的自由！』我對你們說：『爭你們個人的自由，便是為國家爭自由！爭你們自己的人格，便是為國家爭人格！自由平等的國家不是一群奴才建造得起來的！』」在胡適這裡，「個人的自由」是先驗的，相當於一種「絕對律令」，是不能以任何藉口加以剝奪的，和「戰國策派」學人相比，其中之距離顯而易見。自由主義者和「戰國策派」學人的這種疏離感可以舉一個有趣的例子，陳銓暴得大名的時候，同在西南聯大教書的「五四之子」聞一多還沒有發生「轉向」，是一個純粹的民主個人主義者，他就不喜陳銓，據趙儷生回憶，「我常請先生參加一個什麼座談會，他總問『還有誰？』某次我答：『還有陳銓先生。』他立即厲聲說：『我不去！』」註9

「戰國策派」學人的這種兩面不討好，不能不讓今人生無限感慨。這些學人深受西方文明洗禮，他們（尤其是林同濟和雷海宗）對中國的傳統官僚政治有很深的認識和檢討，他們怎麼可能會要求自己的祖國開車後退？也許他們在發表政論的時候是意識到了自己將「兩面不討好」的窘境的，但結果還是義無反顧地堅持了下來，原因只有一個，這就是國難的強烈刺激！他們批判中國傳統官僚政治，當然希望執政的國民黨能引入西方的民主政體，但同時在空前嚴重的民族生存危機面前，又希望全國的人心和各種力量不致分散，按陳銓的理解，如果「全國民眾意見分

歧，沒有中心的思想，中心的人物，中民的政治力量，來推動一切，團結一切，這就是文學的末路，也是民族的末路。」註10（99頁）雖然後來有研究者說：「以外族入侵為理由，要求所有的組織和個人，服從國家政權，全力禦侮，在民族主義時代無可厚非」，註11 不幸的是，因為當時的「國家政權」後來日漸腐敗並最終垮臺，在後來的「歷史書寫」中，不論「戰國策派」學人和現實政治有無聯繫，他們之成為陪綁者的命運是無可逃避了。

　　如果硬要追問「戰國策派」學人錯在何處，只好說他們的「救世之心」過切了！不僅是他們關於政治的看法，其學術研究中也往往貫注著強烈的救世欲望，雷海宗提出的中國文化獨佔兩周並且有可能經由抗戰開闢第三周的觀點當年頗為轟動，但以筆者愚見，其中多是套用施賓格勒的文化形態史觀模式推演而來，沒有多少實證的基礎，在抗戰的特殊背景下固能激勵士氣和人心，而學術的獨立性卻未免要打些折扣。「以天下為己任」，即使將自己適度扭曲也在所不惜，這其實要算中國近現代知識份子的「通病」了。但這真的是知識份子的錯嗎？如果國家不是被弄得如此之糟……，誰實為之，孰令致之？

　　1949年後的陳銓從絢爛歸於平淡，先在同濟大學，後到南京大學外文系，1957年被下放到外文系的資料室。南大的學生已經很少知道這位「圖書管理員」的來歷了，翻譯家楊武能當年就讀於南大，他是這樣回憶陳銓給他留下的印象的，「這寶山（指資料室）也有一位充當看守的小矮人吶！別看此人個子矮小，可卻神通廣大，不僅對自己掌管的寶藏瞭若指掌，而且盡職盡責，開放和借閱的時間總是堅守在自己的位置上，還能對師生的提問

——給予解答。從二年級下學期起，我跟這小老頭兒幾乎每週都要打交道，都要接受他的服務和幫助。我敢斷言，像他似的既學識淵博又有求必應的圖書管理員，恐怕很難找到第二個了。起初我對此只是既感歎又慶幸：自己進入的這所大學真是個藏龍臥虎之地！日後我才得知，這位其貌不揚、言行謹慎的老先生，名字叫陳銓。他雖然精通德語和德國文學、文化，卻上不了講堂，原因是據說不但歷史有問題，解放前寫過一部『甚至得到蔣介石讚賞』的劇本《野玫瑰》，而且還是個『大右派』！可儘管如此，我發現我的老師葉逢植、張威廉卻異常尊敬他，不像某些人似的對他直呼其名，而總是稱他『陳先生，陳先生』」。註12

　　　世界是一個舞臺

　　　人生是一本戲劇

　　　誰也免不了要粉墨登場

　　　誰也不能在後臺休息

　　這是陳銓劇本中引用過的一句臺詞。曾經「粉墨登場」過的陳銓終於不能不到「後臺休息」。1969年1月31日，在時代的風暴中，陳銓孤寂地離開人世，永遠地休息了。

===== 註釋 =====

1. 艾克恩編：《延安文藝運動紀盛》第352頁，文化藝術出版社1987年版。

2. 重慶師範學院編：《國統區文藝資料彙編：戰國派》第124、297頁。

3. 重慶師範學院編：《國統區文藝資料彙編：戰國派》第124、297頁。

4. 重慶師範學院編：《國統區文藝資料彙編：戰國派》第124、297頁。

5. 季進、曾一果：《陳銓：異邦的借鑒》第88-89、91、93、99頁，文津出版社2005年第一版。

6. 季進、曾一果：《陳銓：異邦的借鑒》第88-89、91、93、99頁，文津出版社2005年第一版。

7. 季進、曾一果：《陳銓：異邦的借鑒》第88-89、91、93、99頁，文津出版社2005年第一版。

8. 季進、曾一果：《陳銓：異邦的借鑒》第89、91、88、93、99頁，文津出版社2005年第一版。

9. 聞黎明、侯菊坤編：《聞一多年譜長編》第461頁，湖北人民出版社1994年版。

10. 重慶師範學院編：《國統區文藝資料彙編：戰國派》第124、297頁。

11. 重慶師範學院編：《國統區文藝資料彙編：戰國派》第124、297頁。

12. 楊武能：〈「圖書管理員」陳銓〉，刊於2006年1月6日《文匯讀書週報》。

真實與幻影
——近世文人縱橫談

# ✚ 聞朱關係考

「聞朱」，對中國現代知識份子群體稍有瞭解的人便都知道，這是指聞一多和朱自清。為什麼要把他們緊密聯繫為一體呢？很容易想到的理由是：聞朱二人相知甚深，政治傾向相近，一般都被認為是由右向左轉變的知識份子之典型，當然更由於一篇現代史上的著名文章，稱讚聞朱反蔣反美的「骨氣」，「聞朱」不可分的印象就這樣奠定下來了。於是，在後來的許多文章和專著中，常要把聞朱二位並在一起，有人著有《聞一多朱自清論》，有人為他們二人合編了一本《聞朱年譜》。曾經有一個時期，因為文學、學術以外的原因，聞朱被塑造成為並肩戰鬥的同志和戰友，像以下這樣一段文字是很有代表性的：

> 因為聞一多這位熱情如火的「狂者」，朱自清這位溫和整飭的「狷者」，他們踏平千萬坎坷，終於殊途同歸一起走向了「鬥士」之路。他們的並肩前行，正表現了民主個人主義者走向革命者的艱辛的行程。聞朱交往，並不似李杜那樣金樽對酒賦詩論交，而是在沉默的政治生涯中滋長了誠篤的友誼。尤其可貴的是，他們倒是讓戰爭的烽火從象

牙塔裡吸引出來，而後在與黑暗現實的抗衡之中逐漸靠攏從而達到契密無間的。[註1]

關於現代知識份子的交往，在閱讀豐富的原始資料過程中，筆者一直有一個越來越清晰的感覺，這就是，後來人的不少印象實際上是先入為主的產物，對那一時代氛圍和人物缺乏真切的體味，往往「以今例古」，從而大失本真。一個典型的例子是捲入「問題與主義」之爭中的李大釗和胡適，今人似乎過於看重了那場爭論對二人關係的影響。聞一多和朱自清，則可以被認為是另一個典型，揆諸實際，二人之關係遠不像今人想像的那樣。契密無間云云，自是學界佳話，可惜離事實太遠，不論出於何種動機，把他們綁在一起並沒有多少道理。

釐清聞朱之關係並非全無意義，也許從這一個案，可以更好地窺見那一代知識份子的人格特徵，也可以衝破一些人有意無意設下的文字迷障。

## 聞朱有別

聞朱有別，首先不言而喻，聞朱是有不同的個性的。

聞一多的性格，很容易把握，天生為一浪漫主義之詩人，易衝動，好走極端，這樣的人，不掩喜怒、不假辭色，喜歡這種性格的人稱其「率真」、「無城府」，不喜歡的人則難免病其「鋒芒過露」了。至於其與政治之關係，謝泳曾分析說：「他只對理想的政治生活感興趣，但對現實政治，他是既沒有興趣，實

際上也沒有能力參與」<sup>註2</sup>，其實聞一多對現實政治一度投入了不少的時間和精力，這一點連清華校長梅貽琦也不禁嘖有煩言，所以與其說聞一多對現實政治不感興趣，毋寧說他喜歡用自己意念中的「理想政治」投射到現實政治中，不免陳義過高，對現實政治中的入局之人殊少體諒和同情之心。比如他曾這樣正顏厲色地斥責羅隆基，「歷來干祿之階不外二途，一曰正取，一曰逆取。脅肩諂笑，阿世取容，賣身投靠，扶搖直上者謂之正取；危言聳聽，譁眾取寵，比周讒侮，希圖幸進者謂之逆取。足下蓋逆取者也。」<sup>註3</sup>趙儷生也回憶，「我常請先生參加一個什麼座談會，他總問『還有誰？』某次我答：『還有陳銓先生。』他立即厲聲說：『我不去！』」<sup>註4</sup>羅隆基為清華舊友，陳銓為聯大同事，對這種關係，聞一多既能當面讓人難堪，其他人等自可想見了。

　　而說到朱自清，其個性卻較聞一多為難把握。一般人說到朱自清，最容易想到的詞語是「溫厚」，的確，朱自清在人際交往中幾乎從來不為已甚，當然還遠遠談不上像官場中人一樣面面俱到八面玲瓏，但在學者文人中，他的確很少凌厲之氣和名士派頭，容易接近，這也是後來追憶者津津樂道的。不過朱自清絕不是一個沒有稜角的人，只不過他不像聞一多那樣屢屢面斥人非，而是深深隱藏了起來，毋寧說朱自清是一個外圓內方的人。閱讀朱自清日記等私人化的文本，我有一個很強烈的感覺，真實的朱自清遠遠不像表面那樣世故，其實他非常自尊和要強，有時甚至有些過度敏感了，比如一次朱氏對陳岱孫等人談及自己「近來每日嘔水，日漸消瘦之原因，岱孫認為此乃正常現象」，朱自清在日記中發了這樣讓人意外的感歎，「彼等安慰我是一番好意，但

我總覺得將自己病情與苦痛去告訴別人乃不智之舉。如別人給以誠心誠意之問詢而使自己感到安慰，尚且值得；若別人漠不關心，冷冷然安慰數語，則只能傷害自己的感情。故最好不談自己的病痛，並儘量表現得堅強些。」[註5]一般人看來沒有必要計較的細節，朱自清卻並未輕輕放過。只有翻讀他留下的日記，對朱自清的性格才會有完整準確的認識，其中殊堪玩味的記載頗多：一個他很不喜歡的人向他借錢，他借後，在日記中大罵那人是「下流壞」。按照一般分析，你不喜歡他，不借就是了，可朱自清不願如此，借了又不甘心，於是轉而向日記發牢騷。這種似乎有悖常理的做法非常典型地代表了朱自清的性格。他後來成為知名學者後也是如此，經常有學生請他講演，並且題目都給擬好了，比如關於魯迅的演講，講什麼，邀請者已經限定了，這自然不會讓被邀請者感到舒服，朱自清也不例外，但幾乎每次還是去了。至於朱自清和政治之關係，他似乎和政治的距離更遠，不論原因是其主動隱藏還是內心不感興趣，我們所看到的朱自清，是很少對現實政治表態的。這倒符合他對自己的界定，朱自清的確就是這樣一個「愛平靜愛自由的個人主義者」。

以聞朱這樣判然有別的性格，決定了他們二人根本不可能成為知交。

聞朱有別，還有很重要的一點，就是二人在當時的學術聲望和地位並不相　。聞朱都是新文學家出身，後來又都在中國最著名的大學裡任教。要想樹立學術聲望，當穩大學教授，僅憑幾篇散文、幾首詩歌是不行的。當年在西南聯大「跑警報」，劉文典對跟著跑的沈從文說：「你跑什麼！我跑，因為我炸死了，就不

再有人講《莊子》。」學問家對文學家的輕蔑現在看來難免讓人發噱，但從中倒可看出當時真切的語境。正是在這種語境中，聞一多和朱自清掌大學教席後，都分明有一種時不我待的焦灼感，急欲用學術上的成績證明自己，聞一多之有「何妨一下樓主人」之雅稱，原因蓋在於此。在1949年以前的中國文科領域裡，考證中國舊籍仍然被視為學術之正宗，不要忘記胡適當日歸國，儘管早已因〈文學改良芻議〉而暴得大名，但他之能贏得老輩稱讚卻端賴那本《中國哲學史大綱》，否則他肯定會不安於北大教授之位。職是之故，聞朱的學術方向也不能不循此路徑，也分別在各自的領域裡取得了成績。然而客觀地說，聞一多的學術成績和聲望是超過了朱自清的。聞一多似乎更具有國學研究之天份，他研究《詩經》和《楚辭》，既嚴守規範，又新見迭出，一時讓學界刮目相看。而朱自清，雖然長期出長清華中文系，但這個系主任更多地因了其辦事和協調能力，終其一生，他似乎都處在一種莫名的學術壓力中。這也有其日記為證：1933年6月12日，「下午考蕭滌非，余問漢武立樂府事，為所駁，甚慚」；[註6] 1934年1月5日，「葉衍鑫一文諷余甚苦，感情頗激動，一面自恨學力太差，不知在此站得穩否？」；[註7] 1942年9月30日，「下午三時講課，踽踽獨室，但唯一的學生王瑤未來。這門課的情況使我很失望，開始懷疑自己的講課能力。」[註8] ……

因為聞朱二人不同的個性，復由於其略有差異的學術地位，這樣一種現象便很容易理解了：在人際交往中，聞一多似乎更「強勢」一些，即使對劉文典這樣的碩學老儒，他也常有傲慢之態，遑論其他？而朱自清則明顯低調，但這種低調並不表示他內

心裡沒有自己的看法和定見。弄懂這一點，對考察聞朱之關係無疑是大有益處的。

## 聞朱交往細節考索

聞朱之關係，一言以蔽之，不僅遠遠算不上知交，即使在同事中，也不是最為接近的的。這一結論明顯突破了世俗之皮相認識，因此大有必要運用細節和有力的資料申論之。

和許多文人一樣，聞朱交往之始是文字上的。1926年6月，因為聞一多一篇關於英文《李白詩集》的書評，針對文中的李白史實，朱自清讀後寫了〈關於李太白〉，兩文先後載於《晨報》的副刊上，據《聞一多年譜長編》的編者、聞一多之孫聞黎明考訂，「這大約是朱自清與先生最早的文字之交」。[註9] 至於二人見面，則要後推到1932年的9月8日，《聞一多年譜長編》記：「在城裡見到剛自歐洲休假觀光回國的朱自清。這是先生與朱自清同事論學的開始」，[註10] 朱自清當天日記也有記載：「入城訪客，遇聞一多君。」這個時候，聞一多剛自清島來北平，任清華大學中文系教授，而同月3日，朱自清被聘為清華大學中文系主任。

訂交之後的聞朱，關係如何呢？

應該說，同為中國古典文學領域裡的研究者，更緣於系主任的身份，朱自清對聞一多是尊重和推崇的，他的日記裡有很多這樣的記載：1932年9月，歸國後接任清華大學中文系主任的朱自清，為了中文系的發展，也大概為了搞好人際關係，曾遍訪清華同仁，專門在日記裡列了個「應訪名單」，其中就有聞

一多；他經常在日記中用專題的篇幅，記載聞一多關於各種學術問題的見解，屢屢稱讚其「所論均極有見」。有一次訪問聞一多，值聞不在，「得聞太太許可，閱一多手稿，當日在日記中讚歎「資料豐富，很受啟發」；[註11]「推選國家教授，我選一多與了一」，[註12]所謂「國家教授」即「部聘教授」，是當時學人非常看重的一種榮譽。因為聞一多的性格和明顯外露的政治傾向，他在學校的人際關係算不上好，作為系主任，朱自清對聞一多，無論是在學術還是生活，都是盡力維護和關照的。1937年10月，清華等校遷至長沙組織臨時大學，聞一多自武漢赴長沙，行前拍電報，「要求今晚有人去火車站接他」，而最後負起這一責任的是系主任朱自清；西南聯大時期，聞朱二人同住在昆明北郊的司家營清華大學文科研究所，生活頗多不便，一次聞一多患病，寫信託朱自清向梅貽琦、蔣夢麟兩位校長借車進城，但均被託詞拒絕，朱自清在日記中特地記下了一筆；[註13]1946年，西南聯大結束使命，4月14日，昆明校友會為歡送母校師長舉行話別會，聞一多在會上演講，激烈批評包括清華在內的三校的教育作風，說這種「美國式教育」「教我們只顧自己，脫離人民，不顧國家民族」，遭來許多人不滿，梅貽琦在當天日記中憤怒地寫道：「晚，勉仲來告開會情形，更為失望。會中由聞一多開謾罵之端，起而繼之者亦即把持該會者。對於學校大肆批評，對於教授橫加侮辱，果何居心必欲如此乎？民主自由之意義被此輩玷污矣。然學校之將來更可慮也。」[註14]，梅貽琦甚至一度有解聘聞一多的想法，於是在朱自清次日日記中留下了這樣的記載，「昨日一多在聯大校友會演說詞中提及憎恨母校，梅校長為此震怒，欲

將一多解聘，余對此表示了反對意見」，[註15] 聞一多最終還是清華大學教授的身份，無疑朱自清起了很大的作用。

前面說過，由於聞一多的學術聲望和恃才傲物的天性，他在待人接物中是頗為「強勢」的，這一點也不能不影響到聞朱之關係。對聞一多的這種強勢，朱自清多數時候都表現出了一種隱忍的態度，但內心裡還是頗感憾然的。他的日記裡在這方面也留下了很多富有趣味的記錄：1942年8月13日，因為研究生入學考試問題，朱氏在日記中寫道：「楊（振聲）稱我為中間路線者，而聞認為我只是遵守規則的人，與楊爭論數句即保持沉默。儘量保持沈默，對我來說是聰明的，特別是在這個學校裡。」[註16] 同年9月10日，「一多痛罵劉叔雅，口氣傲慢。劉是自作自受，儘管聞的責罵對於一個同事來說太過份了。他還說他不願再為他人服務，意思是在暗譏我的妥協脾氣。」[註17] 10月20日又記一事，「餐後我們談及中國書信的敬語，一多概稱之為『虛偽』。如往常一樣，我受不了他的一概抹殺，用很謙虛的語調與之爭論，謂此種虛偽或有必要。他立即帶著傲慢的微笑回答說：他並沒有說絕對無此種必要。」[註18] 1943年6月9日，「一多作主席，發表了獨斷的意見：陶淵明脫離現實，在有些事情上他是錯的，陶淵明的愛好者也有錯誤。這些話皆令我不快，然皆以沉默對之。」[註19] 而對聞一多的熱中於政治，朱自清也並不以為然，在日記中曾直言其「在政治方面花的時間和精力太多」，[註20] 1945年3月，聞一多等熱心促成昆明文化界人士300餘人聯名發表〈昆明文化界關於挽救當前危局的主張〉，而在這個聲勢浩大的行動中，朱自清明確對聞一多表示不支持。

在聞朱交往中，除去學術、政治觀點之歧見，生活上的瑣事是最能見出二人關係之實質的，也只有這樣的細節最真實。聞朱形跡上的交往並不密，這是稱讚聞朱二人友誼契密無間者也不能不承認的，而這一點就很令人奇怪了，因為他們有很長一段時間是比鄰而居的。而就在並不密切的形跡交往中，還有一些不愉快的瑣事，在朱氏日記中顯露無隱：1942年4月9日，「晚飯時，聞的孩子和他父親坐在上座，這已經是第二次。聞的孩子曾說聞是我的老師，這當然很可笑，但可以看出他對我的評價。孩子的評價儘管不必認真，但過於尖刻了。應該加緊用功，從此言行宜更加謹慎，時刻牢記『憂讒畏譏』之語可也。」[註21] 同年8月29日，「昨日聞太太問一多：余任教授是否已十年以上？她想不到回答竟是肯定的。由此可瞭解聞家對我有什麼印象！我將振作起來！」[註22] 1943年8月15日，「繼續寫文章。晚睡。自聞之孩子處得知聞對我選的初中教科書裡的新詩很輕視（原話是『瞧不起』），莫此為甚！」[註23] 同年9月6日，「上午洗熱水澡。聞的孩子從我桌上拿走四本書而不留一言，忍之又忍，看來並無全部歸還之意。」[註24] 同年9月18日，「聞的孩子還書三本，但卻並沒有傑克倫敦的那本。他趁我不在把書送回，隻字未提丟書的事。想來那本書是丟了。」[註25] 1944年3月9日，「參加浦與徐的宴會，席間羅與聞交談，旁若無人，指桑罵槐式的批評，使人憤然。」[註26] 1945年9月17日，「期望能與一多談心，然彼冷冰冰。我大概是個引不起別人興趣的人。」[註27]……對這些表面瑣碎的細節，也許可以說朱自清可能過於敏感而自尊了，但聯繫到聞一多的性格，這種敏感並非全無道理。

考定聞朱之關係，二人顯然談不上知交，遑論同志和戰友。以聞一多的個性，筆者委實不敢判定他有無真正的知交，而朱自清的知交則自屬校外的俞平伯和葉聖陶，這從他很少把披露自己心境的舊體詩給校內同仁看，卻一定會寄贈給俞、葉即可見出。若論一般過從，在清華校內，與朱自清和陳夢家、王了一等交往相比，儘管聞朱曾比鄰而居，其形跡也相對疏遠。翻檢聞朱交往中這麼多瑣碎的細節，完全是為了還原一個事實和真相。學者也是普通人，這樣的細節並無損於一個學者的人格。值得注意和警惕的倒是在聞朱研究中，對這類細節視而不見卻偏偏要大唱高調的學風。

## 學者良知之閃耀

因為聞一多的意外被刺身亡，在晚年朱自清的生命軌跡中，烙上了濃重的聞一多的影子。這一點恐怕是朱自清本人也無法預料的。

1946年7月15日，聞一多在昆明被國民黨特務暗殺。遠在北京的朱自清直到7月17日才得知了這一消息，當天他在日記中詳細記載了報上的新聞，「報載，一多於十五日上午五時許遇刺，身中七彈。他的三子與他在一起，亦中五彈。一多當即身亡，其子尚未脫離險期。」並在日記中寫下了自己的感受，「聞此，異常震驚。自李公樸街頭被刺後，余即時時為一多的安全擔心。但未料到對他下手如此之突然，真是什麼世道！」(28)19日，有人登門請朱自清寫一篇紀念聞一多的文章，次日他便寫成了〈聞一

多和中國文學〉一文；21日，他又參加了西南聯大校友的聞一多
追悼會，並作了〈聞一多和中國文學〉的講演；8月4日，在北大
校友會上，朱自清又作了悼念聞一多的簡短演說，當場還發起了
為聞一多家屬捐款的倡議，並當場得款十七萬元；16日，因聞一
多之逝，久不作新詩的朱自清寫下了「你是一團火」的詩句；18
日，朱自清出席聞一多和李公樸的追悼會，發表講話，談聞一多
生平；直到1948年7月15日，這時朱氏的病情已相當嚴重，身體
也十分虛弱，卻仍然參加了聞一多遇害兩周年紀念會；而朱自清
擔任「整理聞一多先生遺著委員會」的召集人，親手為《聞一多
全集》擬目修改《年譜》，為全集負起總纂之責，則是眾所周知
之事實。

　　於是問題出來了，這樣一些事實豈非表明筆者關於聞朱的
結論大有修正之必要麼？竊以為不然。朱自清在聞一多身後的言
行，只是一個學者之良知的體現，與私人關係並無必然聯繫，胡
適雖然與魯迅不諧，但不是仍然稱讚魯迅的中國小說史研究嗎？
朱自清無疑是一個正直、有公心的學者，對他而言，不僅是聞
一多，如果是清華同仁中另一個卓有成就的學者不幸殞命，這種
「後死者之責」，朱自清也會義不容辭，這是中國知識份子可貴
的品格。

　　聞一多之死對朱自清的影響是不言而喻的。不僅表現在為盡
後死者之責，晚年纏綿病榻的朱氏耗去了不少時間和精力，更嚴重
影響到了這一個書齋型學者的政治傾向和對時局的觀感。晚年朱自
清的確是變得激進了，這是一種必然的結果：連手無寸鐵的文人都
不肯放過，這樣的政權誰還能期待它會得到知識份子的擁護？

━━━━━━━━━━━ 註釋 ━━━━━━━━━━━

1. 時萌：《聞一多朱自清論》，上海文藝1982年版。

2. 謝泳：《血色聞一多》第123頁，同心出版社2005年版。

3. 梁實秋：《談聞一多》，《梁實秋散文》第一集第430頁，中國廣播電視出版社1989年版。

4. 《聞一多年譜長編》第334、428、461頁，湖北人民出版社1994年版。

5. 《朱自清全集》第十卷（日記編）第164、183、189、192、194、197、201、205、245、256、258、260、283、353、367、388、413頁。

6. 《朱自清全集》第九卷（日記編）第233、274

7. 《朱自清全集》第九卷（日記編）第233、274

8. 《朱自清全集》第十卷（日記編）第164、183、189、192、194、197、201、205、245、256、258、260、283、353、367、388、413頁。

9. 《聞一多年譜長編》第334、428、461頁，湖北人民出版社1994年版。

10. 《聞一多年譜長編》第334、428、461頁，湖北人民出版社1994年版。

11. 《朱自清全集》第十卷（日記編）第164、183、189、192、194、197、201、205、245、256、258、260、283、353、367、388、413頁。

12. 《朱自清全集》第十卷（日記編）第164、183、189、192、194、197、201、205、245、256、258、260、283、353、367、388、413頁。

13. 《朱自清全集》第十卷（日記編）第164、183、189、192、194、197、201、205、245、256、258、260、283、353、367、388、413頁。

14. 《梅貽琦日記》第213頁，清華大學出版社2001年版。

15. 《朱自清全集》第十卷（日記編）第164、183、189、192、194、197、201、205、245、256、258、260、283、353、367、388、413頁。

16. 《朱自清全集》第十卷（日記編）第164、183、189、192、194、197、201、205、245、256、258、260、283、353、367、388、413頁。

17. 《朱自清全集》第十卷（日記編）第164、183、189、192、194、197、201、205、245、256、258、260、283、353、367、388、413頁。

18. 《朱自清全集》第十卷（日記編）第164、183、189、192、194、197、
    201、205、245、256、258、260、283、353、367、388、413頁。

19. 《朱自清全集》第十卷（日記編）第164、183、189、192、194、197、
    201、205、245、256、258、260、283、353、367、388、413頁。

20. 《朱自清全集》第十卷（日記編）第164、183、189、192、194、197、
    201、205、245、256、258、260、283、353、367、388、413頁。

21. 《朱自清全集》第十卷（日記編）第164、183、189、192、194、197、
    201、205、245、256、258、260、283、353、367、388、413頁。

22. 《朱自清全集》第十卷（日記編）第164、183、189、192、194、197、
    201、205、245、256、258、260、283、353、367、388、413頁。

23. 《朱自清全集》第十卷（日記編）第164、183、189、192、194、197、
    201、205、245、256、258、260、283、353、367、388、413頁。

24. 《朱自清全集》第十卷（日記編）第164、183、189、192、194、197、
    201、205、245、256、258、260、283、353、367、388、413頁。

25. 《朱自清全集》第十卷（日記編）第164、183、189、192、194、197、
    201、205、245、256、258、260、283、353、367、388、413頁。

26. 《朱自清全集》第十卷（日記編）第164、183、189、192、194、197、
    201、205、245、256、258、260、283、353、367、388、413頁。

27. 《朱自清全集》第十卷（日記編）第164、183、189、192、194、197、
    201、205、245、256、258、260、283、353、367、388、413頁。

28. 《朱自清全集》第十卷（日記編）第164、183、189、192、194、197、
    201、205、245、256、258、260、283、353、367、388、413頁。

真實與幻影
——近世文人縱橫談

# 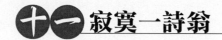寂寞一詩翁

## ——重說柳亞子

柳亞子，一個當代人耳熟能詳的名字。

坦率地說，這有點與常理脫節，因為柳亞子正好置身於所謂「舊文學」的最後一代人之間，而即使是在舊文學中，平心而論，柳亞子也不能說最有實績，遠不是第一流的人物。因緣際會，柳亞子儼然是當代人心目中舊文學的代表。筆者束髮讀書，就一度以為，1949年後能寫舊體詩的，除了毛主席，就是與他唱和的柳亞子、郭沫若等兩三人了。

交遊如雲，領袖為友，海內知名，尤其是自己為之鼓吹的新的社會已經到來，按照一種世俗的判斷，柳亞子的人生鮮有遺憾。雖然遭逢一個巨變的時代，許多同儕、同好都在時代風雲中沉淪和隱沒，而柳亞子卻始終立於潮頭，沒有被時代所拋棄，而他實際上並不是一個會鑽營迎合的人，這多少有些令人意外。不論柳亞子的文學觀如何趨新破舊，其安身立命、賴以成名的終究還是早已被人宣判為死文學的舊體詩詞，而此道本來是和一個新的時代扞格難入的，1949年後，也幾乎沒有一個舊文學中人享受到了柳亞子的那種尊榮——這種地位之尊和聲譽之隆，從其身後事中可見一斑：林伯渠、周恩來、宋慶齡等列名於柳亞子治喪

委員會；首都各界舉行公祭，劉少奇、周恩來、李濟深等10人主祭。

　　柳亞子的人生有示範意義。據我所知，1949年後，便很有一些舊詩人熱衷於上呈舊詩，不知道這是不是受柳亞子的啟示？的確，局外人觀柳亞子，是要被花團錦簇所眩目的。然而正如本文文題所示：「寂寞」，也許只有讀懂「寂寞」，才能進入這個詩翁的心靈深處。

## 「欲憑文字播風潮」──文場中的柳亞子

　　如果按照傳統的觀念，柳亞子無疑屬於文學中的「載道派」。1902年，16歲的柳亞子一句「欲憑文字播風潮」已經規劃了他一生的文學之路。後來他更明確地宣告：「至於舊體詩，我認為是我的政治宣傳品，也是我的武器。」在孫、黃發起的推翻清王朝的革命中，柳亞子身不與其役，卻極盡文字鼓吹之能事。後來國內政治局勢幾經動盪，柳亞子雖然不能說是其中的弄潮兒，但他也絕非一個冷眼旁觀者──至少在他本人是這樣界定的，而他參與的方式仍然是驅動筆墨，因此他的詩足可當「詩史」之名。

　　談到文學中的柳亞子，就不能不提及南社。儘管柳亞子對南社的評價並不是很高，但主持南社可以說是他最大和最成功的事業。南社因為柳亞子而在國內文學界風生水起，而柳亞子本人也因主持南社而獲得了深厚的人脈。他自己的評價是，沒有他就不會有南社，這一看似自負的界定，即使是在後來攻擊他的南社社

友中也獲得了認可，但後面還有一句：沒有南社，也就沒有柳亞子。後人觀史，也許會感到奇怪，在南社眾多社友中，論文藝才能和在社會中的影響及地位，柳亞子並不是最為突出的，為什麼會一再被推為盟主？這就要論到柳亞子做事的風格。當一個新興文藝社團的領袖，不僅需要一定的文學實績，還要有埋頭做事不計得失的熱忱，而在這一方面，柳亞子堪稱上選。為社友刊刻作品集，那是既費錢又耗時的工作，柳亞子卻一做就是好幾年而且甘之如飴。另外，在當時各種文藝思潮勃發、新舊文藝派別林立的語境中，南社作為新興社團，要想「揚名立萬」，其領袖人物就必須具備敢於推倒一切的魄力，而柳亞子恰恰不缺這種魄力。在和同光體崇拜者的論戰中，柳亞子一句「詩學壞於西江派，……欲中華民國之詩學有價值，非掃盡西江派不可。反對吾言者，皆所謂鄉愿也。」[註1]，真是睥睨當世、捨我其誰！但這種風格也是一把雙刃劍，南社後來的分裂不能不說與盟主這種風格有絕大的關係。

　　說到文場中的柳亞子，自然只能從兩方面考察：一是其人的文學實績；二是其人的文學觀、文學活動對當時及後世的影響。當年關於柳亞子的舊體詩，毛澤東一句「慨當以慷，卑視陸游陳亮」，一度成為定評，其實這還只能說是泛泛之語。柳亞子的詩當然不缺氣魄，可是卻素少雄渾之作，往往流為叫囂，當時及後世的詩評家對此有很多精到的評價，柳氏之友、南社詩人林庚白當年編輯《今詩選》，在序中說「南社諸子，倡導革命，而什九詩才苦薄，詩功甚淺」，[註2] 今人徐晉如在《綴石軒詩話》中更徑言：「柳亞子詩非不豪壯，一發無餘，

只少無窮蘊藉」。<sup>註3</sup> 評論作品之高下也許見仁見智，不好遽
下定論，個人覺得，柳氏之詩容易誤導後世的一個最大缺點，
就是詩歌功能的畸變。詩歌本為抒寫心靈之載體，而在柳氏這
兒，因為他腹笥太富，太熟於詩，做個七言八句毫不為難，於
是詩歌幾乎成為日常交際應酬之工具，這一點只要翻翻厚厚兩
巨冊的《磨劍室詩詞集》，當有深刻印象。可惜後來一些耳食
之徒不但不以此為柳詩之病，反極力稱讚其「捷才」。如一篇
文章這樣回憶柳亞子在一次飯局上應同席之人邀請即席賦詩的
場景：「毫不遲疑提起筆來颺颺就寫，看他那神氣真好像裝滿
了一肚子的詩，激流湧出，勢不可擋的樣子，……一霎時每人
一張立軸寫好了。我看他給我寫的，和給邊上幾位寫的都是他
自己新成的詩句，當時真把我看呆了。」<sup>註4</sup> 其實，老於舊詩一
道的人有這種捷才無足稱奇，但能稱為詩的大概很少，絕大多
數都只好說是「用韻語說話」。也許以今人眼光視之，柳亞子
的詩更具「思想史」之價值。

　　與文藝實績相比，柳氏之文學觀、文學活動對後世的影響
更值得探索。在一生的文學活動中，柳亞子和人有過多次文藝
論戰，在這些論戰中，柳氏推倒一切不容異見的氣魄一以貫之，
有人歸之為他唯我獨尊的狂人天性，這自然是原因之一，但更重
要的，我以為應推論到他的文學觀。柳亞子的文學觀，一言以蔽
之，就是努力趨新求變，認為新的總要勝過舊的，變總比不變
好。筆者稱其為「進步主義」的文學觀。柳亞子是真誠信仰進步
主義的。胡適倡議文學革命時，附帶批評「南社諸人，誇而不
實，濫而不精，浮誇淫瑣，幾無足稱者」，柳亞子反唇相譏，譏

諒胡適白話詩「直是笑話」。[註5] 在這個時候，柳亞子還是信奉
「形式宜盡，理想宜新」的，但不久他就盡翻前說，對反對新詩
的舊友誠懇地說：「我有一句忠告的話，二十年前，我們是罵人
家老頑固的，二十年後，我們不要做新頑固才好」[註6] 柳亞子先是
鄙薄同光體，而後「蔑視舊體詩」，聲稱「新詩的文學價值比舊
詩高，我是想學做新詩而沒有做好的」，稱讚郭沫若、蔣光慈的
新詩，後來更斷言「舊體詩的命運，不出50年了」，都是進步主
義文學觀的合乎情理的演變。

　　自新文化運動以來，不獨柳亞子，這種進步主義文學觀早已
成君臨天下之勢。所以，我們常常許柳亞子為「革命的詩人」。
在文藝上，是不是新的就一定勝過舊的，是不是立新就必須破
舊，是不是新與舊、激進與保守就絕對無法並立？現在看來還有
繼續討論的必要，那些不加證實、先驗的結論是難以服人的。而
具體到柳亞子，尤其值得注意的是，這種進步主義文學觀還深刻
影響了他的政治觀。

　　柳亞子視文藝為宣傳品，一意破舊除新，這在其個人是自視
為與時代潮流合拍的進步行動。這種個人的抉擇不好說什麼，但
有幾分吊詭意味的是，一個在文學上追求進步的詩人，其作品現
在越來越被人淡忘，而他當年詆之為「反動」、「淫瑣」的詩家
如陳三立等的作品，現在還不斷有人願意閱讀和研究。

## 「囊底奇謀嗟不用」——政治場中的柳亞子

> 亞子頗天真，十足名士氣。
>
> 肆口發議論，信手寫詩句。
>
> 牢騷實滿腹，鮮與時事會。
>
> 公子宜明季，代移異其趣。
>
> 惜哉狂熱情，忽隨江流逝。

這是沈尹默關於柳亞子的一首詩，一個「頗天真」、「十足名士氣」的人，只適合做一個詩人，這也是瞭解柳亞子的人們的共識。可是柳亞子自己卻並不作如是觀。

1940年，柳亞子在給女兒的信中談及蘇曼殊，說「此人是天才，但只是文學家的天才，不能攪實際工作，和我是同病相憐。」[註7] 就我閱讀所及，這是他對個人事務之才（聯繫上文可知，這裡主要是指政治才能）最低調的一種認識，而更多時候則是另一種近於狂妄的判斷，1947年底柳亞子寫過〈從中國國民黨民主派談起〉一文（未公開發表）：「老實講，我是中國第一流政治家，毛先生也不見得比我高明多少，何況其他」。「不論本黨和中共，聽我的話一定成功，不聽我的話一定失敗」。[註8]

究竟是什麼原因致使他如此自負呢？原來，他自認一生中有兩次偉大的預見。一是武昌起義後，南北議和，革命黨擬以推舉袁世凱為大總統而換得和平與共和國體，柳亞子在報端撰文激烈反對，認為袁氏「斷斷不能適宜於共和之世界」。[註9]「他日易總統為皇帝，倒共和而為專制，一反手間耳」，「號召進行第二次

革命」。<sup>註10</sup>而宋教仁案發生後，果然引爆了「二次革命」，果然袁世凱復辟稱帝了。另一件事是北伐期間，他認定蔣介石已為軍閥之續，曾向惲代英建議暗殺蔣介石，惲代英以「北伐大業未成，我們還要留著他打仗呢！」為由拒絕，而後來果然蔣介石發動政變，惲代英更命喪蔣手。從此「我謀嗟不用」、「囊底奇謀嗟不用」云云，便經常成為柳亞子的喟歎。

辛亥革命中，南北妥協究竟利大還是弊大，當年即使暗殺蔣介石成功，中國社會有無可能向柳亞子所預期的發展，這些問題可以討論，但肯定難有一個明確的結論，因為歷史是無法假設的。不過，探究柳亞子對政治的認識，我們只能說他終究是一詩人，是一才子。首先，柳亞子對現代政治並不熟悉。他少年仰慕盧梭，但盧梭的民權論只是他反對清王朝民族壓迫的一種工具，柳亞子並未能由此入手探得現代政治之堂奧。所以他對20世紀中國乃至世界風雲的變幻經常會有一些讓今人大感詫異的議論，便不奇怪了。武昌起義後他反對南北妥協，理由是「寧使十八省盡成蒿裡，毋令世界上成此非驢非馬之共和國」，<sup>註11</sup>不知道他為什麼不肯深入想一下，建立共和國的最終目的又是什麼？柳亞子崇敬孫中山，針對時人擬孫中山於華盛頓的觀點，他認為「華盛頓的好處只是『不要做皇帝』，⋯⋯而孫先生一下手就是三民主義，要把種族革命、政治革命、經濟革命一下子解決，華盛頓如何能比孫先生呢？⋯⋯現世界人物能和孫先生相提並論的，只有列寧」。<sup>註12</sup>從「華盛頓的好處只是『不要做皇帝』」一語中可以看出，柳亞子對現代民主政治是相當隔膜的。柳亞子把莫斯科喻為「世界光明兩燈塔」之一，這本來是那一時期世界性左翼思潮

湧動的自然反應，而柳亞子的「激進」之處在於，他居然對二戰中蘇聯借機吞併波蘭的行動也要大加讚美，說「波蘭的滅亡，是不足惜的，誰叫它拒絕蘇聯的援助呢？不獨波蘭，那芬蘭的反蘇政府，又何嘗足惜。我是希望蘇聯能早日把芬蘭反蘇政府解決，變成人民政府的芬蘭，那才是芬蘭民族的幸福呢。」[註13]

柳亞子文學上信仰進步主義，政治上也一脈相承。他早年仇滿，後來認為孫中山的「三民主義」勝過單純仇滿的「一民主義」，俄國十月革命爆發，他又被更為激進的思潮所吸引，「醉心於馬克思之學說、布爾薩維克之主義」，雖然坦承係「道聽塗說，終在若明若昧之間，研究尚不足」，卻並不妨礙他「獨拜彌天馬克思」，並自稱是「列寧私淑弟子」。和他文學上的進步主義價值觀一樣，他在政治上也堅持一元，任何妥協、共存都是他堅決反對的。這種進步主義的價值觀，可以說是柳亞子終其一生，真誠的信仰。他不願做時代的落伍者，從其一生中的多次重大選擇和行動中，似乎可以窺出，他是唯恐落後於時代，始終要追趕時代的潮流的。也只有讀懂這一點，我們才能懂得在那樣一個波譎雲詭的時代，他為什麼會有那樣一些旁人以為奇怪的言行。

誰都能夠看出柳亞子終究是詩人，可是因為南社盟主和國民黨中央監察委員、黨內左派的身份，許多力量似乎並不在意這一點，而願意把柳亞子當作一個政治家，希望借助柳亞子的影響力。抗戰爆發後的1941年，國民黨方面請其參加中央二屆五中全會，未必不是著眼於這位老詩翁的人脈，而對「皖南事變」深感憤怒的柳亞子以一句「不願向小朝廷求活」拒絕，結果惹得蔣

介石大怒，將其開除黨籍，中共方面則很快以吳玉章等人的一封聯名電報對柳亞子進行慰問，高度稱讚柳氏「民國前途，實深利賴」。

因為柳亞子對自己的期許，他是不願意別人僅視其為詩人、文士的，特別是在他為之鼓吹、奮鬥的新時代到來的時候，然而正如一本傳記作者所分析的，「他認為自己理應擔負起更多一些重要的、實際的工作，但現實和他的願望有較大的距離」。<sup>註14</sup>

魯迅曾經說過，呼喚革命的才子一旦真的等到革命，往往會因早先的期望過高而失望甚至沉淪，並舉蘇俄的葉賽寧為例。尊敬魯迅的柳亞子不知是否讀過魯迅這篇文章，但他對成為葉賽寧之續卻是早有警惕的，1949年，他在給宋雲彬的一首詩中宣佈：「懺除結習吾知免，不作蘇俄葉賽寧」。他的確是全力準備要跟上這個偉大的時代的，決心為這個偉大的時代唱出最強的音符。「自由呼吸新天地，要為民萌祝健康」，「六十三齡萬里程，前途真喜向光明，奠灑碧雲應告慰，人民已見太平年」，……至今我們都彷彿能夠感受到一個敏感詩人心靈的躍動。但不久，在他的日記和書信中透露了另外的消息：

1949年3月24日，「出席文協籌委會，未列名常委，從此可以卸肩了」。<sup>註15</sup>

1949年7月15日，致信學生，「現在在研究南明史料，頗有興趣，其他則暫時不管，也許永遠不管了。……民聯由平山主持，我亦懶得過問」。<sup>註16</sup>

1949年7月19日致信友人，「（失眠」已恢復正常，不過精神沒有以前的興奮，也沒有以前奮勇直前的氣概（什麼都懶於顧問了）」。註17

詩翁落寞的心境躍然紙上。不過柳亞子的性格畢竟不慣隱忍，終於在給邵力子的一封信中爆發了。1950年11月，民革開會紀念孫中山，邵力子在講話中稱柳亞子「知文學而不知政治」，柳亞子大怒，書一長函致邵。此文一氣呵成，極盡嬉笑怒罵之能事，其「矜才使氣、不可一世」的「狂奴狂態」畢現，可惜沒有收入文集中，當時經人勸阻也並未發出。這一舉動耐人尋味，在柳亞子的心目中，所謂「知文學不知政治」云云，無疑是昔日朋輩對自己的排擠，焉能不怒？

## 「故人五十尚童心」——交際圈中的柳亞子

1945年11月，柳亞子在給舊友胡樸安的信中說：「弟為性情中人，尤重情感，有時超過理智，易怒而亦易解，亡友林庚白所謂『故人五十尚童心，善怒能狂直到今』者，蓋謂此也。今雖五十有九，然童心未解，苟以真情感待我，一切容易說話；若以弱者欺我，則惟有挺劍而起耳。」註18 這一段話不啻夫子自道，關於柳亞子的性格，也沒有比這一番話分析得更為到位的了。

柳亞子的性格特徵中，有三個關鍵字：一個是狂，這是眾所周知的，老詩翁的使酒罵座往往使一座皆驚；一個是倔，唯其倔，所以好走極端，非頭撞南山而不能回頭，這在其政治和文藝生涯中都有突出的表現；一個是真，率性而為，全無機心。

　　長歌當哭，白眼看天，披尋文獻，筆者常常會恍惚以為亞
子先生是六朝中人。如果與阮籍、嵇康同時，亞子先生一定會有
很多傾心相許不假辭色的至交。可惜他生錯了時代，近世以還，
中國士人，或曰知識份子，在各種因素的誘和迫下，越來越鄉
愿化、市儈氣。加之柳亞子個人性格上的某些缺陷（如好走極
端），所以終柳氏一生，能真正稱為柳氏之友並不多。

　　說柳亞子沒有什麼朋友，這似乎太偏離常規了，交遊遍天下
的柳亞子居然會很少朋友麼？這就要看對「朋友」下什麼樣的定
義了。古人是把「朋友」看得極重的，置於「五倫」之中，如果
尊重這種原初意義，僅具泛泛之酬酢，有相互利用之關係，不能
以肺腑相見，脫略形跡和利害，哪能算是朋友呢？柳亞子交遊遍
天下是事實，而正因為這一表像過於突出，適襯出其中的悲涼意
味。我想柳亞子對此未必完全沒有覺察，他的失眠、神經衰弱症
非常嚴重，往往一發作就有數月之久，期間常常意興索然，懶與
人接，即使老友之函也置而不答，按照現代醫學，也許可視作心
情抑鬱之反映。這有些像魯迅，誰不會說迅翁是在某些交際圈的
中心位置呢？可是魯迅的悲觀和孤獨又是如此濃重。熱鬧之中的
寂寞，局外人羨其熱鬧，而寂寞況味，卻只有自己獨自品咂了。

　　不妨檢點一下柳亞子的交際圈。南社舊人中，高天梅、高
吹萬等人因人事和文學紛爭，和柳氏凶終隙末；政治人物中，
宋慶齡、何香齡，柳亞子終身崇敬，但這是禮數，不能算朋友，
至於「反正」陣營中的邵力子、李濟深，毋寧說柳氏和他們有著
很深的隔膜；新文學中人，如郭沫若、茅盾諸公，固然可以看到
他們對柳亞子的大力推許，彼此也多有詩文唱和，但都是在一些

公開的場合。自然，柳氏一生中，也先後接受過各色人等的各種桂冠，如「革命的詩人」、「今屈原」等等，但其中真誠者究有多少？今天似乎宜置於特殊的歷史背景下考察，像「民國前途，實深利賴」之類，雖然亞子先生孩子氣十足，恐怕也不會太當真吧？

　　柳亞子真正的朋友不多，而在這不多的朋友中，不能不提到宋雲彬。柳、宋是忘年交，而且從訂交之日起，友情即終身未渝。性格即命運，而宋雲彬此人的性格正和柳亞子相似，1949年後，知識份子以談「學習」、「改造」為時髦，宋雲彬卻直陳最惡滿口學習腔者，更發為歌詠曰「避席畏聞談學習，出門怕見扭秧歌」，而柳亞子也素不喜風派人物，某位婦女運動中的積極分子請他題詩，他因其人好謳歌，直言「規君莫作模棱語，領袖憂勞重整風」。相似的性格是二人相交的基礎。

　　曾經有一個時期，在知識份子中，「朋友」一倫幾乎完全崩解。在那個特殊時段，有人身陷迷局，而平素被視為此君朋友的人，卻作冷眼旁觀式，等著看笑話，有的甚至還會記錄下入局者不合時宜的片言隻語，作為自己晉身之階。柳、宋友誼可貴處恰在於，二人還謹守著古之風義。這是一封值得大書特書的私信，是1949年6月27日宋雲彬寫給柳亞子的。按說由資歷、年齡要晚柳亞子一輩的宋雲彬來寫這樣的信是不合適的，因為其中主要是對柳亞子進行規諫，可是作為朋友，眼見自從香港來京的柳亞子「精神亢奮，言動屢越常規」，有被人視為「有神經病」、「又在發神經了」之虞，宋雲彬乃不避嫌隙，「致書規勸」，堪為亞子先生不可多得之諍友和益友。而縱觀柳亞子一生，像這樣的朋

友，委實甚少。更多的，正如宋雲彬上述私信中所描述，他們環繞在柳亞子身邊，「利用亞老這一個弱點（熱情洋溢原不能說是弱點，可是過分興奮，任憑感情做事，就成為弱點了），慫恿亞老，戟刺亞老，說得不客氣一點，利用亞老來抬高自己身份，或作進身的階梯」。[註19]

說到柳亞子的交際圈，也不能不說到他和毛主席的交往，和那樁著名的「牢騷」公案。國人對這樁公案的興趣十分濃厚，直到2004年，當年負責進京民主人士保衛工作的一位先生還在《炎黃春秋》上撰文，披露了一些前所未聞的內幕，如文中說柳亞子在頤和園對保衛人員不滿，「他說我們穿的土布衣服難看，穿著解放區老百姓支援前線的土布硬底山地鞋走路腳步重，說話聲音大，……」，直至發展到與門衛吵架，因工作人員沒有買到時新蔬菜而發怒甚至打人耳光等等，而作者更判定，柳亞子發牢騷是因為「柳亞子抵京一個多星期，毛主席還沒有接見他」，又要遷居頤和園，而「六國飯店條件優越，頤和園生活條件相對較差……[註20] 因作者自稱係「親眼目睹」，權威性應有保障，可惜此文在一個基本事實上就有誤，即弄錯了柳亞子移居頤和園的時間，如此一來，文中的許多論斷都失去了落腳點。

柳亞子先生的「牢騷」因何而發？也許很難有讓所有人心服的看法。私下認為在分析這樁公案時我們不能忽略亞子先生的性格特點。作為一個極富浪漫主義氣質的詩人，名士氣和孩子氣在亞子先生身上是兼而有之的，在很大程度上他是把領袖當老朋友看的，普通人如果感覺受了老朋友的冷遇，不是也會抱怨幾句嗎？許多人指責柳亞子的牢騷是「私心自用」，那句表示要歸

隱的「分湖便是子陵灘」的詩近於要脅，如果真是這樣，很難相信，就因為領袖一句「風物長宜放眼量」的勸導，老詩人馬上就能從思想上轉過彎來，在接到領袖贈詩的當日下午即作詩表示要以頤和園為家了（「倘遣名園長屬我，躬耕原不戀吳江」）。不知別人觀感如何，筆者庸陋，亞子先生的「說項依劉我大難」、「無車彈鋏怨馮諼」云云，怎麼看怎麼像要孩子脾氣。別人看老詩人一幅伸手要這要那的架式惹人厭煩，我卻只見一片天真浪漫，因為這就是詩人本色，他年歲再長閱世再多，看什麼都還是透明的。當然，隨著史料更多的披露，亞子先生的「牢騷」也許還會有更豐富的內涵。但基本的一條可以肯定，柳亞子的「牢騷」絕對不會因移居而起，否則我們未免太小瞧了這位早在1926年便被選為國民黨中央監察委員、一向眼高於頂少所許可的老詩翁了。

晚年柳亞子走過了一條從亢奮到消沉的路。在他逝世前的幾年中，他幾乎沒有社會活動，那枝凌雲健筆也擱置了下來。其中固然有身體方面的因素，但文人的大腦哪裡會因病而廢呢？偶然留下的幾封私函等一鱗半爪，其中的衰颯之氣倒是透出了很多豐富的消息。

各色人等在柳亞子身後，給了他足夠眩目的桂冠，不知地下柳亞子會許其中幾人為知己？

「懺除結習吾知免，不作蘇俄葉賽寧」。現在我們重新說起柳亞子，難免會想起詩翁此詩。一個傾心革命嚮往進步的才子、名士、詩人，這種真誠願望的灼烈程度，即使隔代也若有所觸。只是，詩人終究是「苦惱的夜鶯」，除非你僅剩詩人的軀殼。也許，這就是大變革時代一個詩人的宿命？

================ 註釋 ================

1. 柳亞子文集:《磨劍室文錄》,上海人民出版社1993年版,第457頁。

2. 楊天石等編:《南社史長編》,中國人民大學出版社1995年版,第251、254、256、446、647頁。

3. 徐晉如:《人蘇世》,風雲時代出版股份有限公司2005年版,第155頁。

4. 《柳亞子紀念文集》,中國文史出版社1987年版,第108頁。

5. 楊天石等編:《南社史長編》,中國人民大學出版社1995年版,第251、254、256、446、647頁。

6. 柳亞子文集:《書信輯錄》,上海人民出版社1985年版,第52、54、184、330頁。

7. 柳亞子文集:《書信輯錄》,上海人民出版社1985年版,第52、54、184、330頁。

8. 《柳亞子選集》,人民出版社1989年版,第584頁。

9. 楊天石等編:《南社史長編》,中國人民大學出版社1995年版,第251、254、256、446、647頁。

10. 楊天石等編:《南社史長編》,中國人民大學出版社1995年版,第251、254、256、446、647頁。

11. 楊天石等編:《南社史長編》,中國人民大學出版社1995年版,第251、254、256、446、647頁。

12. 柳亞子文集:《書信輯錄》,上海人民出版社1985年版,第52、54、184、330頁。

13. 柳亞子文集:《書信輯錄》,上海人民出版社1985年版,第52、54、184、330頁。

14. 周廣秀:《簫劍詩魂》,中國社會科學出版社2002年版,第363頁。

15. 柳亞子文集:《自傳・年譜・日記》,上海人民出版社1986年版,第343、363-364頁。

16. 柳亞子文集:《自傳・年譜・日記》,上海人民出版社1986年版,第343、363-364頁。

17. 柳亞子文集:《自傳‧年譜‧日記》,上海人民出版社1986年版,第343、363-364頁。

18. 柳亞子文集:《書信輯錄》,上海人民出版社1985年版,第52、54、184、330頁。

19. 宋雲彬:《紅塵冷眼》,山西人民出版社2002年版,第136頁。

20. 孫有光:〈周恩來批評柳亞子牢騷太盛〉,《炎黃春秋》2004年第6期。

# 十二 關於晚年周作人的兩三件事

　　關於周作人，近十幾年來，經過張鐵榮、舒蕪、鍾叔河、止庵、劉緒源等諸位先生的努力，史料羅掘幾窮，建立在史料基礎上的一個基本判斷也漸漸得到了越來越多人的認可，這就是其大節有虧，「落水」一事已為鐵案，但其人的文章和學問的確讓人佩服，他的著譯和魯迅一樣，都是我們應該珍視的文化遺產。因了這樣一種判斷的成立，關於周作人功過是非的爭議近年與聞得很少了，稍稍能夠激起一點兒水花的倒是集中在其晚年上。

　　北京大學孔慶東教授以講論武俠小說而知名，據說在這一方面有很多獨到的研究，發表過一些語驚四座的觀點，已取得相當不錯的成績。可孔先生並不以此自限，最近他的觸角又伸向了早被無數賢哲們開墾殆盡的「魯研」領域，出了一本叫做《正說魯迅》的大著，而談魯迅是避不開周作人的，孔先生在此書中也就自然發表了一點對於周作人的看法。孔先生學而不知足的精神是很值得敬重的，不過，也許是他平素的主要精力集中在武俠這一塊，這一回轉移陣地難免就留下了一些疏漏。先說史料儲備問題。本來正如本文開頭所說，關於知堂的史料近年來發掘得夠多了，孔先生只需稍作流覽，就會少出硬傷，但不知何故，孔先生一出手，就讓像舒蕪先生這樣的知堂研究專家輕易抓住了疏漏：

《正說魯迅》一書中寫道，「抗戰勝利之後，(周作人)被國民政府處以漢奸罪，後來還是我們共產黨寬大，把他放了出來。」而史料清清楚楚，釋放周作人是李宗仁代總統時期國民黨政府的一個決定。雖然史料是硬通貨，任是學界泰斗，在紮實的史料面前也會臣服，不過這到底只是周作人研究中的一個小小枝節，充其量只是孔先生的智者一失罷了。而我最驚異的，是孔教授針對舒蕪先生糾錯而發表的另一種觀點。孔慶東最近在《文匯讀書週報》上發表文章，回應舒蕪先生的糾錯時說：周作人晚年為人民文學出版社工作「是名義上的」，「實質是國家用這種方式補助他的生活。許多『主流作家』都不能享受這種待遇，周作人又是依靠『魯迅胞弟』的特殊身份『無功受祿』了。」顯然，這裡再次暴露了孔教授對晚年周作人相關史料的隔膜：1949年後，周作人為人民文學出版社等出版機構工作絕非不做事白拿錢，他不僅翻譯出版了《日本狂言選》等書，而且幫助出版社校閱了很多譯稿，尤其是在古希臘文學和日本文學方面，因其功底深厚，這種「校閱」並不是輕而易舉誰都能做的工作，怎麼能說只是「名義上的」呢？既然晚年周作人為當時的出版社服務並不是名義上的，那麼他得到一些稿費就是正常社會狀態下再正常不過的事情了，如果是在當下，實行嚴格的按質量和市場歡迎度計酬，以周作人的名氣及其工作質量，他只會獲得更高的報酬。也許在孔慶東看來，當時人民文學出版社開給周作人的報酬太高了點，但仍然無法改變這是對其勞動的酬謝的本質。「無功受祿」云云，從何說起？稍知周作人的人就都知道，其晚年從事的翻譯《希臘對話集》等工作是他最看重的，遺言中嘗稱「余一生文字無足稱

道，唯暮年所譯希臘對話集是五十年的心願。識者當自知之。」
議論周作人的人很多，似乎還極少有否定其學識的，對這樣一個
人最看重的工作，居然還會有人認為其毫無價值，認為周作人
以此得一口飯吃是「無功受祿」，真不知道周二先生地下會有
何想？

　　史料俱在，且不必糾纏了。我只想在這裡講一點市民社會的
常識：一個人在一個國家裡生活，做事吃飯是其天然權利，而並
不是出自哪一個人的恩賜。認定晚年周作人以譯書和校閱他人稿
件得到一份報酬不是他應得的權利，而是「國家以這種方式貼補
他的生活」，這是一種荒謬的邏輯。如果按這種邏輯，現在學界
名人孔慶東教授到處講學、著書，想必收入甚豐，那麼這是否也
是「國家以這種方式補助他的生活」？……我以為卑之無甚高論
的一點常識，孔慶東教授是否認可呢？如果不認可，我真應該閉
口，因為顯然我和孔先生是沒有什麼對話基礎的，如果孔先生認
可這種常識，上述議論只是無心之失，是無意識的一種流露，那
麼就值得我們深入思考：既然一個大學教授都會於無意中荒唐界
定國家和個人的關係，漠視國家中一分子的天然權利，我們在這
個問題的認知上，是不是足夠清醒？

　　旁觀孔慶東教授的這次自擺烏龍，我又聯想起了前兩年關
於晚年周作人的另一篇傳誦很廣的文章，作者是著名雜文家何滿
子先生，題為〈周作人暮年乞憐章士釗〉。此文先述歷史背景，
「1966年起，人文社停付了（給周作人的）這筆『贍養』金，接
著『文革』降臨，更無他的活動餘地。陷於困境的周作人這時
又患了前列腺癌，貧病交迫，曾上書周恩來總理求援，未得答

覆」，這裡除了打上引號的贍養一詞並不符合事實，上文已經說過，人文社的這筆錢絕非純贈予性質，並非不摻帶任何條件，它只是請周作人幫忙的酬勞，有些還是稿費和預支稿費。不過，除此以外，這裡的背景介紹倒是毫釐不差的，步入文革後的周作人的確是陷入了經濟上的窘境。何文接著描述周、章「兩隻老狐狸的這場小小的周旋」，「周作人籌思再三，竟選中了章士釗作為救命稻草，1966年7月10日，寫信向章士釗求援。這個北洋政府時期的老虎總長章士釗，居然也派了秘書王益知到八道灣周宅去慰問，傳話允許資助他解決生活問題。但畢竟口惠而實不至；求援心切的周作人又大獻殷勤，於8月11日把舊作詩《往昔三十首》手抄成冊，託王益知轉呈章士釗，用意當然是催求援助，可是苦等了十個月，直到1967年貧病去世，願望仍然落空。」何文所鉤稽的史實無誤，因為有周作人自己的日記、書信和相關當事人的回憶為證。不過，當日認真拜讀何先生的大作，就有奇怪的感覺，覺得文章裡有一種讓人不太舒服的東西，現在因為孔慶東教授的文章，回頭又再讀何文，終於弄清楚了這種「讓人不太舒服的東西」是什麼了。何先生是深以周作人乞憐章士釗為不然的，「竟選中了章士釗」云云，一個「竟」字所顯露的情感是清清楚楚的。陷入經濟困境中的晚年周作人，為什麼就不能向章士釗這個舊識求援呢？何先生的理由是，「章士釗與魯迅公仇私怨，周作人不是不知道，魯迅遺言『一個也不寬恕』他也知道，臨死前還腆顏向這樣一個章士釗搖尾乞憐，貽辱於兄長。言念及此，只能慨然作歷史的長歎。」看來何先生的意思是，周氏兄弟和章士釗過去是有舊嫌的，所以周作人現在即使餓死，也不應該

向章士釗乞憐，否則不僅自喪其廉恥，還連帶讓地下的兄長蒙受了恥辱。何滿子先生為周作人乞憐章士釗作了歷史的長歎，筆者回首這段往事，自然也有一些慨歎的。不過我的慨歎與何先生不同，我並不覺得周作人向章士釗求援是件多麼丟臉的事，終究還是故交，畢竟「餓死」非小，何況現在二人又共同「效力於新中國」，並非不能兩立的敵人。既然這件事於周作人本人都不能算丟臉，「貽辱兄長」云云，應該就更談不上了吧？

　　暮年周作人之陷入貧病交迫的窘狀，也許我們可以用過去的舊案責其有自取之道，不過除此之外，我們似乎不應忘記斯時國家的特殊狀況。像周作人這樣一個文章學問俱佳的人，居然連飯都吃不飽了，這能是一個正常的社會嗎？覆巢無完卵，國家處在動盪之中，我們可以說個人的悲劇是難免的，但如果還要更進一步，說個人的悲劇簡直就是活該，幸其災樂其禍，則何其忍乎！周作人暮年向人哀哀求告的還不止於一個章士釗，在厚厚一冊《周作人與鮑耀明通信集》（河南大學出版社2004年版）中，我們可以看到，周作人和這位香港後輩通信的中心議題就是一個「吃」字，周旋來周旋去無非企望能從鮑氏那兒得到一些食物而已。說實話，我雖然敬佩知堂的學問文章，但深覺其天性涼薄，情感上總難以和他親近，然而每讀老人暮年乞食之類的文字，仍然禁不住悲從中來，更會由知堂個人的境遇思及那個風雨如晦的時代！螻蟻尚且貪生，一個人希望有一口飯吃，希望吃得好一點，不論其人是知堂還是別的什麼人，也不論我等旁觀者平素對他是喜歡還是憎厭，這一點可憐的要求，作為同類的我們還是應該尊重一下吧。

晚年周作人的兩三件事說完了，事情都極普通，議論也不出
常識以外，無非「推己及人」、「哀矜勿喜」的一點古訓罷了，
卻絮絮叨叨了這麼多，乞盼得到文章涉及的幾位大賢的賜正。

第三輯

# 現象解讀

# 味橄

## ——新文學史上的失蹤者

　　手裡有本河北教育出版社1994年印行的「中國現代小品經典」之一種《北平夜話》，作者署名「味橄」，是個讓絕大多數文學愛好者乃至專業研究人員都會覺得突兀的名字，可從這個「陌生人」筆下流出的卻是現代文學史上第一流的文字。請看他描寫北京的風沙，先說「北平若沒有了飛沙，我們一定要覺得有點不夠味，缺乏一種構成這個故都的要素，而感著缺陷了。」緊接著風趣地下議論道：「一個代表的中國人，一定能夠賞鑒北平的古香古色，一定能在灰塵中喝『酸梅湯』，在街口嚼『硬面餑餑』，讚美『當壚女』，反對『女招待』，說到古物的保存，尤其要擁護古代傳下來的風沙。」你也許不以這種近乎骸骨的迷戀為然，但這種將生活藝術化的態度和從容、涉筆成趣的文筆卻使我輩心折；他這樣描寫優遊終日的北京人，「這種清閒自適的人，就偶然降入凡俗，到東安市場或西安市場一帶地方去買一點日常用品，他也決不用忙，對付一般狡獪商人的攢粕和謊托種種手段，他當然是給他一個對折攔腰斬。『沒有那麼大謊！』那近乎誠實的店員至多也不過是這樣回答他，絕不像上海一帶的商人，聽見客人還價太多便馬上反唇相譏」。場面是那樣俗，讀來卻讓人會心一笑；描寫北京戲迷的一段更令人叫絕，「他們在

戲院子裡的時候，固不待言，就是平素待人接物，亦無不以演戲的態度出之。走起路來踱著方步。喝一口茶都得用袖子遮著。開口就是戲腔或甚至引用（或者說唱更對些罷）戲中的成語。如果他們有什麼失意的事未能解決的時候，他們絕不長籲短歎，而只是令旁人看去很滑稽地唱道：『過了一天又一天，心中好似滾油煎』」繪影繪聲窮形盡相，最後的這句唱詞更是神來之筆。

寫老北京的文章很多，味橄這本僅四萬多字的小書應該在其中佔據一個突出的位置，尤其值得注意的是，這本書是用白話散文的體裁從衣食住行玩的角度寫北京城與人的，在新文學史上似是開山的一部。讀完餘香滿口的《北平夜話》，自己簡直有點迫不及待了：這個味橄是誰啊？河北教育社的這套「現代小品經典」印得不錯，但有一個不應有的疏漏，那就是它對作者其人其書都缺乏交待，這樣，主持編選的人雖然極有見地把這本出於陌生的「味橄」之手的《北平夜話》收入群星璀璨的「現代小品經典」叢書裡，卻給讀者留下了苦惱的懸念。

「味橄」，這顯係一個筆名，可它會是誰的筆名呢。魯、郭、茅、巴、老、曹，按這個流行的順序一路數下去，翻檢了一大堆資料，也無法確認。天不負有心人，一個偶然的機緣，我得知味橄乃錢歌川的筆名。可是知道《北平夜話》的作者是錢歌川對我來說並無多大意義，因為錢歌川是何許人於我仍是個問題。這個問題讓我羞愧，自認還是個對現代作家作品較為熟悉的文學愛好者，可是我居然不知道那個寫了出色的散文集《北平夜話》的錢歌川是何許人！

我開始尋找錢歌川。文學史，沒用，無論「一條線線」的舊史還是所謂新觀點的新史，都沒有錢歌川這個名字。查散文專史吧，林非先生的《中國現代散文史稿》是其中較著名的一種，但也沒有片言隻語提到錢歌川，林非《現代散文六十家札記》也未曾留一家的位置給錢歌川，儘管其中的某些先生沒一部作品比得上《北平夜話》。我又翻開了灕江版《中國現代散文120家札記》，這部近百萬字的專著收錄現代散文家之完備，大概是目前僅見的，這從它連偶有可觀的作者如王世穎、徐蔚南都闢有專章即可見出，可就是這樣一部收羅巨集富、資料翔實的散文研究著作，仍然找不到「錢歌川」。

我只有求助於朋友了。博雅某君漫不經心地說：錢歌川？我知道，他早年留學東洋與西洋，中年以後避居海外，是個英語專家。朋友又借我一冊錢歌川的《翻譯的基本知識》以為佐證。我不禁愕然，這位一流散文家最終竟以「英語專家」擅名？味橄——錢歌川是怎樣從新文學史上失蹤的？

從《北平夜話》看，錢歌川的散文文筆從容舒緩處近於周作人，但不似周那樣好掉書袋；機智幽默又有幾分像林語堂，但不似林那樣油滑氣和不知節制。內容呢，則遠離「漩渦」，娓娓道來無非人生甘苦生活百般，註定是當時文壇的異類，不僅難附左翼文學之驥尾，難入當代主流文學史家的法眼，而且根本沒有「資格」成為左翼之對立面，當下也很難得到如林語堂、梁實秋那樣否極泰來般的待遇，加之中年避居海外，既不像胡適樹大招風，也不像蘇雪林因罵魯迅而引火焚身，偶有所作想來也不過絮

絮家常，與人無涉與世無爭，所以其淡出研究者的視野，從新文學史上失蹤也就是情理之中的事了。

可是沒有錢歌川的新文學史是完整的麼？我不禁想到前幾年的關於重寫文學史的論爭來。這好像至今還是個犯忌的話題，但在我看來，需不需要重寫文學史是個不值得討論的問題，試想，連沈從文、錢鍾書這樣的巨大存在都漠然置之的文學史配稱文學史麼？重寫也好，不重寫也罷，讀者心中自有一部活的文學史，它不僅有魯、郭、茅、巴、老、曹，還有周作人、沈從文、林語堂、梁實秋錢鍾書等值得記住的名字，現在它還包括著有小品文經典《北平夜話》的味橄——錢歌川。

如果有人告訴我錢歌川先生除了《北平夜話》還有哪些文學著述，如果他還告訴我哪裡能買到這些著述，那是何等欣幸的事啊！

# 二 獨立人格是怎樣失去的？

從舊書攤上淘到一本人民出版社1991年版的《毛澤東交往錄》，本準備隨便翻翻，不料一翻便捨不得放下了。此書「共收入回憶和記述毛澤東同各界人士交往的文章61篇。在這些人士中，有著名的民主人士、科學家、藝術家、文學家、史學家、理論工作者、國民黨進步人士及國際友人等，也包括早年的同學和師長」。多數文章出自著名人士的親筆，應該說其史料價值是不容置疑的。

讀完全書，我的第一印象是這些著名人士雖然經歷、身份各不相同，但他們回憶往事時的感情色彩、心理活動卻驚人的一致。先讓我們撿取幾個使用頻率最高的詞看看吧：「如坐春風」，這是當人們有幸與偉人作一席談時的首選詞語，時令無論春夏秋冬均可一用到底；「激動」，「心潮澎湃」，偉人如果對當事者有了「特別」的表示，當事者不「激動」不「心潮澎湃」是不可能的，但所謂「特別的表示」是什麼呢？不過是在稠人廣座之中叫出了當事者的名字或者握了握手而已，一位著名遺傳學家就因偉人一句「你就是遺傳學家某先生」而「激動不已」；「親切」，「爽朗」，只要偉人一笑，在回憶者的筆下沒有不「親切」不「爽朗」的，學者程映虹曾寫過一篇很有意思的小品

文〈討嫌的笑〉，其中說到，若從生理或解剖的角度，笑不過是面部肌肉、器官和神經在某種刺激下的反應，本與任何身份、地位無關，曾幾何時，「親切」、「爽朗」、「慈祥」的笑在文人筆下卻成了大人物的專利；「身材魁梧」，「紅光滿面」、「平易近人」、「和藹可親」，這幾個詞用來描寫偉人本來是很恰當的，但如果大家都這樣寫，是否有點程式化呢？

一般說來，偉大人物都具有非同尋常的向心力，尤其對那些有緣一親謦欬的幸運兒更是如此，所以，當現代中國許多著名人士說偉人的一聲稱呼、一個微笑讓他們激動得一夜失眠，甚至永生難忘時，讀者不必懷疑他們的真誠。然而，若以一個正常人的眼光考量，這種真誠越掏心掏肺越能透出濃厚的悲涼意味，因為在真誠的背後，分明是一群萬物之靈精神的自我矮化。沉浸在無限神往的回憶之中，彷彿已不是那些在各個領域縱橫馳騁的優秀人物，而是一群童蒙未開的少年，即便是老師一句輕飄飄的表揚也會讓他們神醉心迷不能自已。究竟是什麼使這些著名人士將自己矮化到幼童的智識水平而不自覺？梁漱溟曾指責馮友蘭在文革中「諂媚江青」，馮的女兒宗璞針對這一指責說了段至為沉痛的話：「我們習慣於責備某個人，為什麼不研究一下中國知識份子所處的地位，尤其是解放以後的地位！……最根本的是，知識份子是改造對象，知識份子既無獨立的地位，更無獨立的人格，這是最深刻的悲哀！」（湖南人民出版社《梁漱溟訪談錄》）沒有獨立的人格，這的確是中國知識份子最深刻的悲哀。那麼這種獨立人格是怎樣失去的？宗璞所謂「無獨立的地位」如果是指經濟地位而言，那應該是一個極重要的原因，毛澤東也看到了這一

點，他引用「皮之不存，毛將焉附」的名言來描述中國知識份子足證他看透了其虛弱的本質。另外，認為中國知識份子普遍缺乏「民主」「平等」「自由」理念的洗禮，也容易為人們所想到，就拿筆者而論吧，現在就斷然不會把任何一個大人物的一次召見視為天高地厚之恩，而其原因不過是筆者讀了約翰·密爾《論自由》以下幾本為個人的獨立和尊嚴張目的西方名著罷了。但除此以外，還能從另外的角度考察嗎？

關於毛澤東的交往，坊間充斥著大量文字，有一幕場景是許多人提到卻為《毛澤東交往錄》失收的：當人們（當然是重量級人物）奉命進見時，偉人常常穿著睡衣、手持一本書、斜靠在床上聽陳述或發指示……。這幕場景是作為佳話被人津津樂道的，因為它體現出一代偉人不為繁文縟節束縛不衫不履揮灑自如的大家風度，讓進見者充分感受親切、隨意的氛圍。這樣的解讀自有道理，不過我每次讀到類似場景時卻總會想起《史記·酈生陸賈列傳》中的一幕：

劉邦「使人召酈生。酈生至，入謁，沛公方倨床使兩女子洗足，而見酈生。酈生入，則長揖不拜，……酈生曰：『必聚徒合義兵誅無道秦，不宜倨見長者。』於是沛公輟洗，延酈生上坐，謝之。」在舊時讀書人酈食其眼裡，劉邦雖有雄才大略值得自己效命，但「倨見長者」總是不對的，所以當劉邦一邊召見一邊「倨床使兩女子洗足」時，他沒有作撒嬌狀地說：「謝謝您沒把我當外人！」而是直斥其簡慢。相似的場景，酈食其和現代某些知識份子為什麼會有迥異的解讀？很簡單，酈食其是以一種常識看問題，在常識的燭照之下，一個人（無論他是誰）接見客人時

「倨床使兩女子洗足」之類的舉動無論在東方還是在西方價值系統裡都是一種失禮和不尊重人的表現，硬要給失禮和不尊重人的行為貼上「親切」、「隨意」的標籤，其置常識於不顧的勇氣讓人佩服，同時卻不能不使人懷疑這種勇氣裡有相當成份的精神撒嬌。酈食其不過是策士一流人物，他沒有獨立的經濟地位，也不懂「自由」、「平等」為何物，但他卻不會精神撒嬌，他所依賴的武器就是舊式讀書人一點狂狷之氣。「雖千萬人，吾往矣」，「為天地立心，為生民立命，為往聖繼絕學，為萬世開太平」，此之謂「狂」；「士可殺而不可辱」，「有所不為」，此之謂「狷」。僅此當然還談不上「人格獨立」，但在狂狷之氣沛然的舊式讀書人的腦子裡，一種觀念根深蒂固，這就是後來顧炎武概括的：「士大夫之無恥，是為國恥！」你可以在他們身上找到諸如「迂執」「愚忠愚孝」「不明大勢」等等毛病，但你別指望他們會說出無恥的話做出無恥的事來。

狂狷之氣，這是傳統讀書人留給我們的精神遺產，在短時期內知識份子無法成為獨立階層、向外部精神世界橫向移植屢屢受挫的無奈現實下，這條縱向的精神臍帶絕不能生生剪斷。在中國的現實情況下，一個知識份子有狂狷之氣，未必就一定會有獨立人格，但如果沒有了狂狷之氣，他一定會失去獨立人格，即狂狷之氣雖非保持獨立人格的充分條件卻是其必要條件。我以為這個判斷在過去乃至可預見的將來是可以成立的。

好像是有意為我的這一判斷做注腳似的，《毛澤東交往錄》中摘了梁漱溟自述中的一段，是梁先生1938年以「參議員」的身份赴延安訪問時的經歷，編者改題為〈延安窯洞裡的坦誠交

談〉。如果按嚴苛的標準，梁先生大概也不能算有獨立人格的，因為他不僅在從事鄉村建設運動時接受過軍閥韓復榘的資助，而且終身以發揚儒學為己任，西方價值觀是他所不取的，然而梁先生的一生行事卻證明了他不愧為知識份子特立獨行的楷模。梁漱溟後半生的「面折廷爭」舉世皆知不必說了，且看當年他如何寫毛澤東：「他不落俗套。沒有矯飾。從容，自然，而親切。彼此雖有爭辯，而心裡沒有不舒服之感。」別人給他這種印象，他便這樣寫了，自己看到什麼想到什麼就寫什麼，於是又有了這一段：「在他們的社會中，似對他特別優待。飲食（夜間同飯所見）卻看來亦儉素。唯所住屋內，不火自暖。是從屋外掘地。轉於地下燃煤，所費不貲。在全延安更無此設備。」聯想到毛澤東個人在夜間通宵工作的習慣，冬天這種獨一無二的特殊待遇完全可以理解，然而在我閱讀所及，和毛澤東有深層次交往並筆之於書的各色人等多矣，卻只有梁漱溟一人寫出了這一細節，其餘的著名人士在避諱什麼？一個連自己的眼睛和大腦都不相信了的人遑論獨立人格？難道他們真的吸食了「知識份子的鴉片」（借用雷蒙・阿隆語）？梁漱溟之所以為梁漱溟，那些著名人士之所以有後來的表現，其實在很早的時候就已註定了。

真實與幻影
——近世文人縱橫談

# 三 模糊的「思想受難者」形象

　　中國是個盛產「思想受難者」的國度，從某種意義上說，一部中國思想史幾乎就是一部思想者的受難史。在雲開霧散之後，十字架上的思想受難者群體的光芒是如此巨大，常常逼得人不敢仰視。思想受難者是一個民族的痛，痛定之後更是一個民族的驕傲，他們享受人們的尊敬是完全應該的。但是透過這層光芒，我們卻會看到另外一種現象，即思想受難者往往又是思想的施難者。這是一個殘酷得讓人們幾乎無法接受的悖論，然而我們卻不能不面對它。

　　讓我們先看一段文字，是某著名作家在1954年11月在全國文聯和作協主席團召開的一次批評《文藝報》會上的發言，作為《文藝報》向資產階級投降、提供陣地的例子，他特別點到了著名學者朱光潛，「他用資產階級唯心論深入到美學這個領域，『開闢』了廣大的戰場，在單純的青年們和文學教授中間起到了極其危害的作用。他是胡適派的旗幟之一，在胡適派裡面是一個大台柱。他是在這樣的基礎上一成不變地為蔣介石法西斯思想服務，單純地當作資產階級思想都是掩蓋了問題的」（《文藝報》1954年第22期）

用現在的眼光去看，這段話不僅僅是亂貼標籤全不講理，而且包含著濃厚的殺機，因為1954年的氣候還遠遠談不上冷酷，揭批知識份子多數還限於深挖思想根源，可是這位作家卻一語驚人：朱光潛先生的問題不是觀點、思想層面的問題。那麼這位擅長鍛煉人罪的著名作家是誰呢？是胡風先生。

讓我們再看1957年反右中一位著名歷史學家的「揭露」：「羅隆基對人說過，周恩來是南開出身，毛澤東是北大出身，我是清華出身，為會麼他們就能代表無產階級而我代表資產階級和小資產階級呢？」作為民主黨派負責人的羅隆基對領袖的一點微辭只是以私底下的友朋談話的形式而發，即使以傳統道德觀衡之，把這種私底下的談話播於稠人廣眾之中都是可恥的，更不用說指望拿它當批判的靶子了。那麼這位歷史學家又是誰呢？是吳晗先生。

胡、吳二先生的例子很耐人思索，因為他們後來的遭遇舉世皆知。這真是一幕讓歷史老人攢眉的圖景：當胡、吳走上思想受難者祭壇時，別人給他們羅織罪名時所使用的手法恰恰是他們自己也曾使用過的！一部《海瑞罷官》，本是遵御命而作，卻生生被人從中尋出抗御命的主題，這和屈大夫的「信而見疑，忠而被謗」一樣夠冤的了，可是羅隆基何在？重提舊事，也許有論者會提醒我們注意斯時的語境，是的，1954、1957年已經是山雨欲來風滿樓了，知識份子已置身於風刀霜劍之中，但和後來的那場大劫難相比，知識份子至少還有沉默的自由，你表好態站好隊當然會蒙嘉許，但似乎也並無國家機器在強迫你如此表態如此站隊，你的那些喪失做人底線的揭發、檢舉、深文周納實際上是你自主

選擇的結果。據李輝《文壇悲歌——胡風集團冤案始末》，當時胡風在全國文聯和作協主席團召開的這次批評《文藝報》的會上的狀態是：「慷慨陳詞，沒有遲疑，沒有含蓄。胡風坐在擴音器前，發言稿都沒有，就口若懸河，滔滔不絕地講下去。」看來，他說朱光潛「一成不變為蔣介石法西斯思想服務」並非他違心之詞或一時興到之語，這完全代表他個人真實的想法，是他內在理路的合理演進。

遠不僅僅是胡風、吳晗先生，文革落幕後，我們讀到了許多記述慘遭迫害的知識份子的文章，有的是其個人自述，有的是親友追憶，幾乎都有一共同特徵，那就是文章的用力處均在於塑造一個思想受難者的形象，這些文章讓我輩後生唏噓不已潸然淚下，但如果你有幸再接觸另外一些資料，比如「思想受難者」的某個同事、某位下屬的回憶，思想受難者的形象卻常常會模糊起來。因為篇幅關係，只能舉兩個例子。一個是建國後曾一度主持武漢大學的雜文家徐懋庸。1983年4月號的《讀書》雜誌曾刊過一篇關於他的文章，其中說徐「在任何情況下都保持獨立思考」，「關也好，鬥也好，打也好，他對黨和人民的堅定信念不變，共產主義的理想之光不滅」，「他一生堅持真理，襟懷坦白，敢作敢為」，儼然完人。可是如果我們能讀到別的當事人寫的關於徐先生主持武漢大學時作為的文章，如著名古典文學研究專家時為武漢大學教授的程千帆的自述，還有朱正先生《一九五七年的夏季》中所記，就知道所謂「堅持真理襟懷坦白」云云實在有待求證，徐之被劃右派也並非他主持武大時有什麼「敢作敢為」不合上意的舉動，相反，是他在「執行已經夠左

的知識份子政策中還要別出心裁，給一些老教授以打擊和羞辱。只是弄得太過份了，徐因此也就被撤了職」，他的某些舉措留下的陰影即使在當事人程千帆暮年都未能消散。還有一個曾任人民文學出版社副社長副總編輯的王任叔（即巴人），在文革中被迫害致死，遭遇之慘幾同吳晗，這是後來的悼念文章把他定位於「思想受難者」的有力依據，然而當年他實際主持人文社時對社內同事聶紺弩等人也差不多近於迫害了。據舒蕪在〈《回歸五四》後序〉中回憶：肅反運動中，「在王任叔直接領導的機關內的運動中，他對於鬥聶紺弩格外起勁，大會上動輒聲色俱厲地說『反革命分子聶紺弩』如何如何，這是大家都看到的。」聶紺弩文革後和朋友談及往事，說：「王任叔抓到一些材料，整了我，不料後來他的遭遇，比我還慘。」（《聶紺弩舊體詩全編》）言下不勝感慨。

在接觸更多的資料瞭解更多的事實後，為數不少的思想受難者的形象為什麼會漸趨模糊？舊事重提再揭傷疤絕不是為了苛責前人，也絕不是宣揚餘傑所謂「在整體性的罪惡中，知識份子罪不可赦」的誅心之論。我們必須找出思想受難者往往又是思想施難者的癥結所在。這些思想的施難者在外力的誘惑或壓迫之下喪失了做人的底線，即要麼是人品問題要麼是客觀語境所致，這是最現成的答案。也許這個答案的確適合部分人群，但它至少無法用來解讀胡風先生。胡風先生的人格和骨頭無可指責，只要我們想想胡風在接受審查中不對周揚落井下石——？這是個快要被人用濫了的例子，就可見出胡風不是一個輕易能受外力誘惑、壓迫的人。

為什麼在中國的歷史上常出現思想者的自殘，出現思想者無論是施難一方還是受難一方最終都難逃深陷網羅的悲劇？很大一部分是緣於人性之惡，知識份子並非天生就是骨頭最硬的群體，或因恐怖的威嚇或因世俗的誘惑或因性格的懦弱，他們也常常會從一條底線上羞恥地後退，這種人性之惡永遠是我們必須詛咒並且警惕的。但應該還有一部分原因，也許是更深層的原因，一言以蔽之，中國知識份子的心態、觀念和思維方式原本就有著嚴重的缺陷。

我們現在不能不重新回顧胡風和周揚之爭。儘管當時和後來的解讀者給這場爭論附麗了許多讓人眼花繚亂的色彩，但從本質上說，雙方只是為一個正統的名分而爭，為以自己所代表的文藝理論取得話語霸權而爭。在這場爭論中，胡風失敗了，成了一個思想的受難者，但設問一下，他若勝利，又會如何？在周揚落難時，胡風以戴罪之身斷然拒絕給這位昔日的論敵加上不實之詞，這是中國知識份子在人格史上寫下的濃墨重彩的一筆！所以若胡風成為勝利者，他不會加害他的論敵，這是毫無疑問的。不過我們卻有必要區別周揚其人和以周揚為中心符號的那套理論，胡風不對周揚落井下石，這是他崇高的私人品格所致，可是和胡風針鋒相對的文藝理論的命運還會這樣樂觀嗎？我們只要重讀胡風以報告──林賢治說其實是「奏議」──的形式上呈最高領導人的「三十萬言書」，看到裡面不僅有諸如「五把刀子論」之類的文藝思想的閃光點，而且還有對另外一些作家如王魯彥、沈從文、張恨水等人的粗暴的不講理的討伐，再想想胡風對朱光潛的批判手法，就能同意林賢治所下的判斷：「照此發展下去，很難確保

不會拐到為他所不滿的對立面去。」應該說,這是其內在理路的合理演進,是受其一元價值觀制約的必然結果。「不破不立」就是這種一元價值觀最典型的表現形式。

中國知識份子是一個極具使命感和道德激情的群體,他們不僅總是在說「追求真理」,而且還常常堅信真理就在自己一邊,胡風「口若懸河」地批判朱光潛時的那份自信就讓後人感慨萬端。那麼怎樣追求真理呢?在一個堅信自己理想的合理性與完美性的知識份子眼裡,別的不同意他們觀念的人就不是平等的討論者而是異端是「真理的敵人」,必須毫不顧惜地排斥之,他們以為只有這樣才能通向真理。從方法論上講這種追求真理的方法與真理真是南轅北轍,因為人類認識的有限性,今天的異端很可能就是明天的真理,今天的真理很可能就是明天的異端,真理和異端實為一而二二而一。嚴格地說,在人類求真求智的路途上,根本就沒有所謂「異端」一說!判斷一個人是否真的熱愛真理,我們只要看看他對所謂「異端」的態度就夠了。一個人只要還沒狂妄到自以為天縱聖明的地步,他就會在宣告「誰掌握真理」的問題上慎言。中國知識份子要扭轉那種固有的觀念和思維方式,除了擯棄那種智珠在手真理在握的道德優越感,擯棄那種「反對我就是反對真理就是反對人民」的特殊心態,還必須對寬容原則重新認識。作為對理性的信念和對人的本質的尊重的寬容原則,並不僅僅是——從根本上說甚至不是——如我們慣常理解的一種氣度和胸懷的表現,如前所述,只有容納異端才能通向真理,同時也只有容忍「敵人」才能保護你自己,一個思想者對自己思想之敵的容忍、不為已甚,表面上是對對方的輕縱,實際上卻是為

自己的理論預留了退身之階。寬容原則並不是針對一時一地一人的，它具有普適的價值。

在寬容原則的觀照之下，一個思想者的受難就絕非這個具體思想者的悲劇了，那些漠然以對甚至推波助瀾的另外的思想者就顯得格外短視並註定會付出慘重的代價，彌爾頓在《論出版自由》中寫道：「我們知道在各個時代都有那麼一些人，為了晉升或虛榮，就隨便幫助人壓迫，不，來摧毀他們的國家。這使我想起了不朽的布魯特斯說的話，當他看著凱撒的那些人……時，他說：『你們羅馬人，如果我還能這麼稱呼你們的話，那麼你們想一想你們在幹什麼。記住，你們正在幫助凱撒打造鎖鏈，正是這些鎖鏈，他有一天會強迫你們戴上的。』」痛哉斯言！

馬克思在他那篇偉大的〈共產黨宣言〉中說：「每個人的自由發展是一切人的自由發展的條件。」這是一個精闢、睿智的論斷。我們能否將這句名言中的「人」換成「思想」呢？

真實與幻影
——近世文人縱橫談

# 四 寬容的底線及其他

## ——再談「思想受難者」的施難等問題

　　頃讀《同舟共進》2003年7月號，意外看到有兩文與我有關，這就是王得后、馮異兩位先生針對拙作〈模糊的「思想受難者」形象〉（刊《同舟共進》2003年4月號）分別而發的〈禍根在「實際解決」〉和〈再談「寬容」〉。兩位先生都是前輩，大作展讀，受益良多，拜讀過程中也有了些想法，現拉雜書之，希望得到包括王、馮在內更多師長的指教。

　　讀了兩篇大作，一方面感到兩位前輩尤其是王得后先生給了我很大支援，另一方面覺得他們與我還有一些意見分歧，概括起來，大致有三點：反思文革，究竟應不應該指出知識份子自身的問題？如果能，「極具使命感和道德激情」、「堅信自己理想的合理性與完美性」算不算中國知識份子的缺陷？提倡寬容原則，是否就不講原則不論是非不要爭鳴了？

　　關於第一個問題，王得后先生說：「知識者的受難，根子不在知識者本身。向知識者要『寬容』是找錯了對象。」馮異先生則認為：「寬容應該是對當政者提出的要求」。這一觀點我完全贊成，我也同時認為王先生所謂「禍根在『實際解決』」是沉痛的悟道之言，但是指出知識者的受難，根子不在知識者本身，這並不等於我們現在就不必談知識者在心態、觀念、思維方式上存

在的缺陷了，也不等於我們現在談後者就一定是不承認前者了。愚見以為，這是兩個不同層面的問題，放在一起談當然好，分而論之似乎也無不可的。

至於「極具使命感和道德激情」、「堅信自己理想的合理性與完美性」算不算知識份子的缺陷，這大概是個見仁見智的難題，像王得后先生就認為，「雖然不好說是優點，但也不見得一定就是缺陷」，並特別舉出了魯迅的例子。不過我堅持認為，從法國大革命到蘇聯的大清洗，再到中國的文革到波爾布特的民柬，耳聞目睹過太多以主義、理想的名義心安理得殺人的，我們實在應該對道德激情的泛化抱有足夠的警惕。具體到中國知識份子，在這點上又有特異的一面，正如我在另一篇文章中所說：「不論幹什麼，只要先從主觀上認定是為了國家和民族，心理障礙便會迎刃而解，這是中國知識份子普遍的心態」。我為什麼會在〈模糊的「思想受難者」形象〉中以胡風為個案展開分析？其實我個人是非常敬重胡風先生的，胡風在文革中不輕而易舉地對昔日論敵周揚落井下石，對這件事作怎麼高的評價都不為過，然而為什麼具有崇高私德的胡風先生會對朱光潛等人鍛煉入罪？馮異先生認為胡風斥責朱光潛「一成不變地為蔣介石法西斯思想服務」不能算施難，此論實難苟同，因為在當時的語境下，朱光潛的這一罪名如果坐實，幾乎無異於宣判了朱光潛學術、政治生命的死刑。既然無法用人性之惡這一現成的答案，來解讀胡風的深文周納，我們就只有換一個角度，即我原文所說的從心態、觀念、思維方式入手找尋脈絡了。作為熱烈擁護新生政權的一員，胡風是真誠的，國家、民族和黨無疑在他心目中佔有至高無上的

地位，他總是認為他所做的一切都是於國家民族和黨有利的；作為理論家的一員，胡風是自信和固執的，他堅信真理始終在他手裡，這種自信和固執已經發展到了排斥別人說話的地步。痛定思痛，這種以一元價值觀為基礎的心態和觀念的危害，豈非顯而易見？從方法論上講，自認為始終在追求真理的知識份子，在實踐上卻以不讓別人說話為手段，究竟是離真理更近還是更遠？從效果上看，自認為為了國家和民族的大義凜然之舉，卻造成了對國家民族的實質性損害，連不同意我的觀點的馮異先生也注意到：徐懋庸、王任叔當年排斥異己的行為也許是自覺的，他們可能認為只有通過這樣的「鬥爭」，國家才能實現社會主義。這種動機與效果的嚴重悖離還不足以催人警醒？西哲有云：「一切暴政中最惡劣的暴政，乃是冷酷無情的觀念的暴政」，中國的顧准則在生前提出了「從理想主義到經驗主義」的睿智命題，竊以為這些都值得我們深長思之。

我提倡寬容原則，馮異先生認為：寬容有兩面，對此寬容者，對彼必然不寬容；寬容原則掩蓋是非；如果大家都講寬容，講禮讓，那就不可能有百家爭鳴的局面了，並指責我「對胡風又何嘗寬容呢？」王得后先生也認為我提倡寬容就是要知識者不爭鳴，而這是違背知識者的天職的。恕我直言，兩位前輩對寬容原則存在一定的誤解。我在原文中早就說過：「作為對理性的信念和對人的本質的尊重的寬容原則，並不僅僅是——從根本上甚至不是——如我們慣常理解的一種氣度和胸懷的表現」，可惜，兩位前輩在文中仍然把寬容當成了取消批評、和稀泥似的無原則。什麼是寬容原則？伏爾泰說：「我不同意你說的話，但我誓死捍

衛你說這些話的權利」，這是一句許多人耳熟能詳的名言，但似乎並非所有愛把它掛在嘴邊的人都理解它的精義，愚見以為，伏爾泰的這句話就是對寬容原則最精闢的概括。「我不同意你說的話」，意味著我會反駁，同時我又「誓死捍衛你說這些話的權利」，意味著我堅決反對用語言、文字以外的力量鉗你之口，這一條尤其重要，堪稱寬容的底線。兩義相輔相成缺一不可，這就是完整的、準確的寬容原則。准此，胡風斥責朱光潛「一成不變地為蔣介石法西斯思想服務」，這哪裡是馮異先生所說的正常的理論批評，根本就是比附黨派歧見向人施壓，冀圖不「爭」而勝，早已越過了寬容的底線；准此，所謂我在原文中批評了胡風先生就是對其不講寬容了云云，又從何說起呢？

我非常感謝王、馮兩位前輩把「思想受難者」的施難問題的討論引向了深入，個人認為這不僅有助於澄清一些歷史謎團，更重要的是還有緊迫的現實意義。這可以分兩層意思說，一是至今為止還有許多人在對過去的迷誤刻意回避和掩蓋，王得后先生也說，「思想受難者」的施難本來是個客觀事實，然而在今人記述其生平歌頌其業績的文字中卻大多被抹掉了，這當然稱不上歷史的態度，稱不上求真務實的態度，更無助於我們走出思想文化專制的魔影。我想，我們舊事新說重揭傷疤絕非要和某個人過不去，而是為了把完整的歷史告訴後人，這也許冷酷，但這種冷酷會逼使後來人深沉思考，會逼使後來的知識者建構健全人格和健康心態，也只有這樣，才能避免悲劇的再度發生；二是自文革以來，我們的時代進步了不少，但某種集體無意識還積澱在不少知識者的頭腦中。舉一個例子，在2000年王朔小說風行的時候，因

為王朔本人公開對知識份子表示過不屑，北大一位青年教授徐晉如在《中華讀書報》上發了篇題為〈痞兒走運悲王朔〉的長文，最末來了段看似漫不經心的閒文：「就在王朔無知者無畏的宣言遍及京城時，全國各地的法輪功餘孽紛紛赴京，聚集到天安門城樓毛澤東像前面，因為聽說李洪志教主某日下駕現身。他們也是無知無畏的，這些人實在可以說是王朔的知音」，此文一經發表，引來知識界一片叫好聲，似乎誰都沒有意識到結末這段閒文包藏著的深刻用心：法輪功餘孽無疑應全國共討全民共憤，把一個吃筆墨飯的王朔和他們捆綁到一起，徐晉如想達到什麼目的不是呼之欲出嗎？一個搖筆桿的人對自稱無知無畏的王朔的憤怒可以理解，你憤起反駁就是了，但怎麼能希圖借助一時政治氣候鉗人之口？這實際上和梁實秋當年在論戰中攻擊魯迅拿蘇聯盧布一樣惡劣，而我們那些一腔正氣疾言厲色的知識份子似乎根本就未想到這一問題，或許是注意到了卻正以為得計！這看似一件小事，卻暴露出了知識界的集體無意識：寬容原則喊了這麼多年，文革的黑暗一幕早已落下，而我們某些自詡為社會良心的知識份子，仍然不知寬容原則為何物，仍然時刻準備借助文字以外的不講理的力量，來實現自己的話語霸權！即便就在當下，把正常的學術爭鳴無限上綱，讓人欲辨不能的現象，不是仍然比比皆是嗎？

王得后先生說得好：禍根在「實際解決」。可是如果連知識者自身也在企盼對論敵「實際解決」，竊以為，我們可能永遠也等不到解除「實際解決」這一禍根的時候了。所以，還是要在知識者中大談寬容原則，無論何時何地我們還是不能越過寬容的底線。

# 五 接受懺悔，我們準備好了嗎？

　　「懺悔」問題曾是2000年文化界討論的熱點，當初我缺乏參與的熱情，也沒有對那場討論的得失進行評價的學力。現在卻想來炒一炒冷飯了，原因在於最近從兩位當代作家關於反右瓜葛的通信中，我突然發現了去年那場討論的一盲點：目光僅僅盯在「懺悔者」身上，卻忽略了懺悔的接受者應具的素質，而兩位作家的通信昭示，懺悔頗難，接受懺悔也並不容易，它需要健全、成熟的心理甚至是「自由之思想，獨立之精神」。

　　兩位作家是劉白羽和徐光耀，他們的通信發表在2001年第6期《炎黃春秋》雜誌上。略知當代文學的人都知道，劉白羽曾是左的文藝政策的執行者之一，徐光耀曾是左的文藝政策的受害者之一。徐在90年代後期寫成題為《昨夜西風凋碧樹》的長篇回憶錄，披露了他被錯劃為右派分子備受折磨的史實，其中相當篇幅涉及到時為中國作家協會書記處書記、作協反右鬥爭領導成員之一的劉白羽。劉白羽在讀完徐氏回憶錄後給徐寫了封短信，其中說道：「向您深深地謝罪、謝罪。」徐接信後「很感動」，「全家都很感動，一下子使我對您的思想品德有了新認識，糾正了我以前存留的某些偏激看法。您是一位有黨性的高尚長者。」徐抱

著這種心情給劉覆了一信，其中談到「謝罪」問題時，有如下幾句耐人揣摩的話：

> 但您對待自己仍然過分了，過錯是有的，談不到「罪孽」，也無須「謝罪」。以往的種種不幸，都不是您我之間的恩怨造成，那是一個時代、一種體制所造就的錯誤，個人可以承擔某些責任，但不能承擔主要的、更非全部的責任。個人是承擔不起的。……如果您我調換了位置，我整起您來也會毫不手軟的。

有必要先對這起懺悔事件表明基本態度：如果承認在我們這個缺乏宗教感的國度，最具個體性內省性的懺悔意識極為匱乏這一事實，那麼八十高齡位居顯要的劉白羽先生「向你謝罪」的呼喊，無論如何都有震顫人心的效果。然而這只是問題的一個方面，另一個問題是，人，包括劉白羽先生，他為什麼懺悔？在中國人的習慣意識裡，懺悔往往伴隨著具體人、事的是非，所以徐光耀的覆信便在客觀上給人造成了這樣的印象，即劉先生的懺悔單純是請求原諒的，而接受懺悔的徐滿足了這一要求，也借此展示了自己的寬廣胸懷，結局皆大歡喜，從此可以團結一致向前看了。在兩封信的結尾，二人如此這般互致敬意：劉稱讚徐著長篇小說《平原烈火》，說「只有真正的共產黨員，才能寫出這樣崇高的書」；徐稱讚劉塑造的政委形象「至今記憶猶新」，說劉比起某些美化自己的人來，「真正高下自分，不可同日而語」。

「懺悔」本是個沉重、讓人心痛的詞語，而我們卻可以舉重若輕般給它注入濃濃的人情味和厚厚的喜劇油彩，這真是中國人獨有的智慧！那麼，「懺悔者是為昔日過錯請求原諒而來」，這種接受懺悔者的意識符合懺悔的真義嗎？青年批評家謝有順有一段話說得甚好：「良心覺悟，對罪敏感，直至不再犯罪，這是懺悔所要達到的終極目標。它不是為了叫人難堪，也不是為了使罪人抬不起頭來，恰恰相反，它的目的在於使人重獲良心的標準，活著的勇氣，一個人之所以懺悔，不是因為過去的隱私被人揭發，而故意做出一個請求原諒的姿態，這是毫無意義的；它內在的含義應該是，承認自己的生命有欠缺，承認自己有罪，為此，他感到內疚，繼而萌發出改寫自己生命痕跡的願望；另一方面，一個人之所以懺悔，也表明他相信在每個罪人之上，有一個絕對公義的價值尺度，像大光一樣照著每個人，使你一切的罪惡都無處藏身。」其實這就是康德說過的，人應該對兩樣東西敬畏，那是天上的星空和心中的道德律。

接受懺悔者一開始便誤讀了懺悔，更嚴重的問題由此而來：懺悔者坦承過去的罪惡，這是「真」，但這種「真」能否變「惡」為「善」？徐光耀先生覆信中有關於個人責任和時代、體制責任的劃分等語，似乎更理性更具歷史感，實際上經不住推敲：把最具個體性的懺悔放到「時代」、「體制」等種種「大歷史」中，懺悔不是就被消解了麼？還要懺悔何用？更何況這種以歷史之「大」來掩個人之「小」，以非人身因素來解脫個人因素，把個人的歷史責任一股腦兒推給不可抗拒的歷史趨勢的所謂「歷史感」，用到具體而微的劉白羽身上遠非恰當：從左的文

藝政策的制訂者到執行者到受害者，儘管大勢無法逆轉，但總應該承認個人因素起著滋潤，還是進一步摧殘人心的作用吧？所謂「如果您我調換位置，我整起您來也會毫不手軟」云云，我們只要舉出胡風在接受審查中不對周揚落井下石——這是個快要被人用濫了的例子，就可看出這種假設並無多少實際意義。細讀徐的覆信，一種內在的理路是：儘管你過去有錯——哪怕它對我的傷害讓我刻骨銘心，但現在你懺悔了，所以這一切都不算什麼了。設想一下，如果劉未對徐表示懺悔之意，徐還會這樣認為嗎？由此見出，「懺悔」的行為本身竟然決定了對以往事實「善」「惡」的認定。善與惡的倫理判斷就這樣被真與假的認識論價值置換了，思之唏噓。想起當年讀盧梭《懺悔錄》時，我一邊佩服他的勇氣悲憤於他的遭際，同時又隱約有不舒服的感覺，但始終不明因何不舒服，後來偶然接觸暸解構主義者的分析才恍然大悟：《懺悔錄》中幼年盧梭偷竊了一根紅絲帶卻反誣一位當僕人的姑娘，致使她被辭退，盧梭在陳述完這一事實後卻強辯自己全無害人之心，所以嫁禍竟是「出於對她所抱的友情」，「心中正在想念她，於是就不假思索把這件事推到她身上了」，解構主義學者由此入手跟蹤追尋層層剝離，最終發現盧梭喜好把事實判斷換為價值判斷，再以價值判斷抽離事實判斷，以此恢復良心平衡。一語驚醒夢中人，我終於從沉醉於盧梭呼天搶地的激情的迷離狀態中醒來：懺悔是高貴的，但我們的敬意只能是對這一行為本身而言。

我們曾經竭力呼喚懺悔，然而我疑心我們真的做好了接受懺悔的準備。就以一個更為現實的問題為例，日本至今不願承認侵

略罪行，於是怎樣才能讓它懺悔便成為亟亟之務，卻無人問一句日本政要若真的說了「道歉」「謝罪」的話又怎樣？那時我們是否能夠意識到我們不因別人的懺悔而抹去事實，這並非不愛寬容而是目光超越個人、民族、國家，投到了人類、人性、人道等等更為長遠的地方？遺憾的是，兩封當代作家涉及懺悔問題的通信就擺在面前，看來我們不只是誤解懺悔缺乏懺悔，也還沒有培育出健全、成熟的心理來接受懺悔，對此我不能不極而言之地說一句：在做好接受懺悔的準備之前，讓懺悔來得更遲一些吧。

真實與幻影
——近世文人縱橫談

# ✿ 重讀吳晗的雜文

　　吳晗先生的本行是明史研究，但當代人對其記憶最深的恐怕還得算雜文寫作。這不奇怪，和鄧拓、廖沫沙合作撰寫「三家村札記」，而後同陷一張巨網的吳晗，其雜文在當代史上意外砸下的印記是如此之深，肯定是研究雜文史乃至文學文化史的人都繞不過去的，以致當下一個也許對雜文關注很少的人，如果一旦以「雜文」為話頭，他也會不假思索地提到吳晗，提到「三家村」。

　　吳晗乃至「三家村」雜文的這種影響緣於何處？首先容易想到的應該是文本本身的魅力，因這三位都是學養不薄的人，筆下多雍容博雅之氣。但這種說法現在看來很難得到行家的認同了。當代著名雜文家劉洪波先生前幾年主編《中國百年百篇經典雜文》，「三家村」中僅僅選了廖沫沙一篇，他後來在回應讀者因此而發出的質疑時，直言不喜歡「三家村」雜文，而原因呢，劉先生說是感覺他們的筆太「滑」了，文章寫來太過容易。作為一個偶爾也寫點雜文的人，我理解並非常讚賞劉洪波的這種「感覺」。為什麼「三家村」雜文會讓人感覺太「滑」，感覺他們寫文章太過容易？就因為他們知識廣博，而且政治、理論水平都非泛泛，所以你給任何一個話題，他們都可以搖筆即來，而且總還

有那麼一點兒文采、一點兒「意思」，卻就是讓人讀來不夠痛快。他們彷彿太有學養和涵養，太追求「中正平和」、「樂而不淫、哀而不傷」，而這從根本上說是違背雜文的精神的。

那麼這種種種關於吳晗乃至「三家村」雜文的非議，真的能夠完全成立嗎？我的看法是，只能部分成立，或者說，我們在下這種判斷的時候，應該有一個明確的時空界定。因為這幾位先生的雜文一度並非此種面目。這裡只談吳晗。

我手裡有吳晗的幾個雜文集子：《吳晗雜文選》，1979年版，這是「四凶」落網後別人給他編的一個選本，出版說明中說分為「解放前」和「解放後」兩輯；《投槍集》，1959年版，不過書中所說都是1943-1948年間的作品；《燈下集》，1960年版，收錄1959年的文章；《春天集》，收錄1959-1961年間的文章；《學習集》，1980年版，收錄1961年8月至1962年8月的文章。認真閱讀這幾個雜文集，讀者當會發現，像《吳晗雜文選》編者那樣，將吳晗的雜文分為「解放前」和「解放後」兩個時期，實在是很有道理和見地的。

吳晗前後兩個時期的雜文創作有著迥然不同的面貌。吳晗前期雜文的數量遠遠少於後期，主要就是那本不到二十萬言的《投槍集》，但我要說，這本雜文集，足以奠定作者在現代雜文史上的地位，因為它是「魯迅風」精神的延續。何謂「魯迅風」？專家自有專家各種莫測高深的看法，我的理解是，所謂「魯迅風」，其特質無非兩點：一曰批判的精神，二曰思想的火花。所謂「批判」的精神，由於中國的語境常常誤解「批判」二字，所以必須強調「批判的精神」實質就是獨立的評判，要求作者不受

外物所左右，不被私利所誘引，至少主觀上應如此；所謂思想的火花，就是寫雜文的人可以不是思想家，但必須是思想者，一顆會思想的蘆葦。「批判的精神」確保雜文的鋒銳，思想的火花確保作者的高度。

且讓我們讀讀吳晗的《投槍集》。鋒芒畢露是這個集子給人最強烈的感覺。但有鋒芒不一定就可以靠上「批判的精神」，因為雜文所要求的批判的精神和市民社會對政論家的要求幾乎是一樣的，你可以說錯話，但這說錯的話必須是你腦子裡的真實想法，是你運用理性思考的結果。《投槍集》中是很有一些充滿批判的精神的雜文的，儘管寫作那些雜文的時候，吳晗已是當時知識份子中知名的左傾者，但畢竟還不是職業革命家，從許多文章中，我們還是可以看出一個知識份子的良知和理性在閃耀光芒。〈給士兵以「人」的待遇〉，這是抗戰中的1944年，吳晗的一聲吶喊，作者眼見許多本來應該是衛國之干城的士兵，饑寒交迫流落街頭，不禁對國家之軍事開支、兵役制度、軍隊腐敗發出了層層追問，憤怒地要求揭出一切黑暗的非法的情形，尊重兵士的人權，給兵士以「人」的待遇。在我看來，這篇文章不僅有政論家的問題意識，更有知識份子的人道情懷。〈論說謊政治〉是一篇名文，作為一個有理性和現代文明理念的知識份子，當時中國的許多狀況是不能讓人滿意的，作者舉出了許多實例，憤怒而痛心地揭出：「世界上，歷史上有各個階級統治的政治，有各樣各式的政治，但是，專靠說謊話的政治，無話不謊的政治，自己明知是謊話，而且已被戳破了，卻還是非說下去不可的政治，似乎只有我們的國度裡才有。……漫天都是謊，無往而非謊。」這樣沉

痛的句子不能不讓人想起迅翁對國人「瞞和騙」的概括來，其鋒芒所指，已不僅僅是哪一個具體的政府，而是廣及國人的劣根性。在吳晗所寫的這批文章中，有不少僅僅標題就已經是一篇好雜文了，如抗戰中那篇〈吾人並非為製造一批百萬富翁而戰〉，何等精警有力！

《投槍集》中「思想的火花」也是在在可見的。〈報紙與輿論〉一文表明，儘管作者並非職業報人，也非傳播學家，但他對報紙與民主與國家民族之關係有很深的體察，吳晗指出，「一個國家的前途，發展或停滯，向前或落後，繁榮或衰落，最好的測驗器是這一個國家的報紙能不能、敢不敢代表輿論，這也是說明了這國家是為人民所統治，是為人民謀幸福，或是為少數人所統治，為少數人爭權利」，不知道在吳晗之前，關於報紙的功能還有沒有比這更明快暢達的論述？作者轉而痛批國統區的現狀，「所有報紙圖書雜誌，儘管種類不同，名目不同，出版地點不同，時間不同，內容都舉一可以反三，全部相同。這不但浪費人力物力財力，其結果也會使人民的腦子一型化，僵化，硬化。有計劃的桎梏，這國度內的人民將會重返自然，成為木石，成為猿鹿，……」當時國共相爭，國民黨方面抬出了「法統」這面大旗，吳晗於是論「法統」，這篇文章一般都會認為其傾向性過於強烈，但就是這樣的文章中，吳晗還是寫下了這樣一些光芒四射，即使是自命為不偏不倚的自由主義學者也駁不倒的句子，「我們得請教國民黨諸公，你們之取得政權，蠻幹一黨專政，是經過什麼樣方式的選舉？是由誰選舉？還是曾經和誰，哪一個政黨競選得勝？人民曾經表示過選擇嗎？各政黨都曾經欣然同意

嗎？假若都沒有，我們不能不抱歉地請教諸公，你們合的是什麼
法？」

　　尤其應該指出的是，吳晗這些充滿「批判的精神」和「思
想的火花」的雜文，都是在國統區的報刊上發表的，用吳晗1959
年在《投槍集》「前言」中的話，有的還是「國民黨官方的刊
物」，《掃蕩報》甚至「還是軍統的刊物」，其中的風險不言而
喻，正是從這種風險中見出了一個雜文作者的堅韌和膽識。吳晗
1959年結集這些文章時，保留了當初發表的樣子，特別是經國
民黨新聞檢查官刪改過的，吳晗細心地作了標注，說是「留作紀
念」。今之雜文愛好者，如果經此知道還有那樣一個時代，的確
要感謝這種「紀念」了。

　　回頭再看吳晗1949年後的雜文創作。作者的地位、名氣當然
是更大了，數量當然是更多了，作者作為「雜文家」的聲譽更隆
了，作者本人在結集這些文字的時候，也幾乎無一例外地稱之為
「雜文集」，可是在筆者看來，這些文字實際上離雜文已越來越
遠了。

　　吳晗1949年後的雜文，大致可分為三類：一是控訴舊時代
型；二是回首舊事型；三是文史小品型。前兩型基本又可歸為一
類，即在通過對舊人舊事的追憶中，作者「覺今是而昨非」。一
個舊的時代不是不可以控訴，但雜文明顯不是適合控訴的文體，
因為它要求作者運用理性，僅有一腔憤火是不夠的。那麼那些文
史小品又如何呢？這應該是吳晗1949年後寫得最多也最為人所知
的文字。以一個甚有根底的歷史學家寫文史小品，現在看來，吳
晗的確是遊刃有餘、駕輕就熟，其中多數篇什也的確寫的既有知

識性也有趣味性，還對青少年頗有教育意義，如那篇著名的〈談骨氣〉。但這樣能不能算是雜文呢？坦率地說，其中絕大多數是不能算的，當然我這裡用的是雜文的高限，即以「魯迅風」為標桿衡量，這些為吳晗贏得盛名的文史小品終究只是文史小品，而不是雜文，既沒有「批判的精神」也沒有「思想的火花」，有的只是從從容容的「博雅」。

曾經是雜文好手的吳晗卻寫不出雜文來了，從吳晗的身上正折射出雜文在20世紀中國的命運。

雜文這種文體，區別於其他文體的特點有二，一是緊緊植根於中國的特殊國情，二是與政治的聯繫總是最為緊密。可以說正因為與政治聯繫太緊，所以命運也最為多舛，多次面臨被取消的窘境。據我所知，在整個二十世紀，雜文的危機先後發生過多次。1942年3月，羅烽在丁玲主編的延安《解放日報》「文藝」副刊上撰文，感慨於魯迅先生那把「劃破黑暗」，「指示一條去路的短劍已經埋在地下了，鏽了，現在能啟用這種武器的實在不多」，而堅持說「如今還是雜文的時代」，但很快就遭到了批評。「還是雜文時代，還要魯迅筆法」，這種觀點迅即上升為政治立場問題。1956至1957年，文學界提出發展各種文藝形式和風格，也容許、甚至有時還提倡對「人民內部」的缺點進行揭露和批評，雜文的寫作問題又一次引起關注。這次雜文寫作的恢復，隨著反右派運動的開始而告結束。後來還有1961、1962年，以《燕山夜話》、《三家村札記》為代表的雜文的復興和隨後而來的被批判，以及80年代「新基調」討伐「魯迅風」，……

現在再看這些關於雜文的爭論，竊以為，維護雜文的理由也好，取消雜文的宏論也好，對雜文本身而言，都不是一個好消息，因為他們都從根本上在誤讀雜文。首先，他們都認為，一個雜文作者不可避免地會有自己的立場，不過取消派認為，一旦雜文作者身處光明而硬要批判，那就是錯誤的立場，而維護派認為，即使他們批判也是為了更好地擁抱光明；其次，他們都對雜文附加了雜文本身不能承受的功能，不過取消派認為，雜文這柄利劍只能去刺傷敵人，而維護派認為，即使刺向自己，也是為了引起療救的希望。

如果全面而深刻地認識雜文這種文體，認同上述我對「魯迅風」的概括，那麼就不能不承認，從根本上說，一個雜文作者不會有什麼先驗的立場，他可能既不屬於左也不屬於右，既非激進也非保守，他只是他自己。在他動筆之前，也並不是早已打定注意要去歌頌什麼、抨擊什麼，只是某人某事某種現象觸動他非寫一篇充滿「批判的精神」和「思想的火花」的文章不可，如果硬要問他秉持什麼準則，那只能是自由、民主、正義、良知等這些人類普適的價值。「雜文作家要養成對黑暗的敏感」，徐懋庸1957年的這句話讓人讚歎，因為他依據的正是人生而為人的正義感，在這種正義感之下，他是不會去管這「黑暗」來自哪裡的。既然雜文作者不應有什麼先驗的立場，那麼雜文就不會有一個具體的物化的「敵人」，雜文的敵人只是自由、民主、正義、良知等這些人類普適的價值的反面。

一個真正的雜文作者肯定是一個公共知識份子。也許有人會反駁說，若以此為據那麼連魯迅也不能入雜文作者之林了，因為

他有明顯的傾向性，他有那些為蘇聯唱讚歌而事實證明完全贊錯了的文章為證。是的，的確有許多方面的人以佔有魯迅為急務，不同陣營的人都在說「魯迅是我們的人」，但魯迅本人什麼時候說過他是誰的人？魯迅只是他自己。那些擁蘇的文章也不能成為魯迅盛德之累，因為即使一個公共知識份子，也無法保證他表達的任何意見都正確，最關鍵的是看他表達的意見是否緣於他個人真實、獨立的思考。

雜文與政治的緊密聯繫是雜文的悲劇，真正的雜文應該是一種獨立性很強的文體。可是這種獨立性怎麼可能是無源之水呢？沒有作者的獨立，就決不會有雜文的獨立。而過去那些維護和取消雜文的人都是不認同這種獨立性的，只不過他們是從不同的方向進行打擊，殊途而同歸。這不奇怪，「皮之不存，毛將焉附」？一旦取消了知識份子的獨立，雜文的衰落乃至被取消就是必然的了，哪怕還有人給它冠以「雜文」的名目。

吳晗1969年冤死獄中，雜文也是「禍根」之一。據當年和他一起被批鬥、享受「噴氣舞（彎腰低頭）」的廖沫沙回憶，吳晗深感沮喪和悲憤。一個「信而見疑忠而被謗」的人，這種悲憤中肯定包含了很大的委屈。也許吳晗至死都沒有明白，他那些博雅的雜文究竟錯在了何處，當然更不可能知道自己的悲劇究竟在哪裡。

# 七 如果哈耶克讀民國史

　　讀過許多文化人回憶在蔣介石政權下如何與當局周旋的文字：書被禁，換個書名或換個書店，甚至另換一個封面便又出版了；給別人寫稿出書難免掣肘，幾個窮書生湊合湊合竟然也能辦一份報紙、一本刊物、開一家書店；自己的刊物、書店被查封，或者上了被通緝的黑名單，便一襲長衫飄然遠引，到了另一個地方，又可以重作馮婦……在我看來，如果剝離背景，一個文人挾著幾本書消失在黑夜中的背影，簡直有幾分浪漫意味和幾分「此處不留爺自有留爺處」的俠義色彩，要知道，並不是任何時代的文人都能這麼瀟灑一回的。於是困惑也就隨之而來，蔣介石和他的中華民國政府絕不是一個能夠容忍文人這樣「瀟灑」的政權，封、禁、通緝是他的拿手好戲，「神經」極度衰弱時，還會卑怯地對文人實施綁架和暗殺，那麼怎樣解讀本文開頭那一幕呢？

　　黃仁宇先生有一種解讀。黃先生以倡導從大處與宏觀看待歷史事件與人物而享有大名，其實治史本當如此，但他從大歷史來看蔣介石，卻在有意無意之間，以歷史之「大」來掩個人之「小」，以「非人身因素」來解脫個人因素，個人的歷史責任就可推給不可抗拒的歷史趨勢。在黃仁宇看來，蔣的「有所為」或「無所為」都是歷史之必然而無可厚非，若予譴責便犯了「道德

判斷」的謬誤（對黃仁宇的蔣介石論的評價參見汪榮祖〈歷史天秤上的蔣介石〉一文）。黃仁宇這樣《從大歷史角度讀蔣介石日記》，結論居然是：「蔣介石不是大獨裁者，他缺乏做獨裁者的工具。」這一解讀明顯經不起史實的檢驗。

最近才讀完在國內早已流行過的哈耶克《通往奴役之路》。此書的「賣點」在於作者的態度而非學理，近似一份宣言書，所以像我這樣學力甚淺的人也能興致盎然地讀下去，哈耶克再三致意的唯在於兩點：1、沒有經濟事務的自由，就沒有個人的和政治的自由；2、無條件地提倡競爭，因而反對政府以任何名義（無論何等冠冕）任何手段（計畫、集中等）限制競爭，因為這會通向極權和專制。讀完哈耶克，又讀到了一期《芙蓉》雜誌上關於李澤厚先生近期情況的訪談，文中李先生自嘲似地提到，他關於當前中國發展的思路：經濟發展——個人自由——社會正義——政治民主，因為既沒把「社會正義」放在第一位也沒把「政治民主」放在第一位而在所謂「新左派」和「自由主義」兩邊均不討好。這時我突然想到，如果讓哈耶克這位新自由主義思潮的代表人物來讀民國史會如何？

如果哈耶克讀民國史，他多半會為自己理論的被驗證而竊喜。蔣介石是中國傳統政治文化孕育出的舊人物，馬寅初曾把他的頭腦比作電燈泡，裡面真空，外面進不去，對他奢談「自由」、「平等」，簡直是言不及義。正因為「外面的進不去」，他的所作所為只能置於以「權」、「術」、「勢」等話語為關鍵字的傳統政治哲學裡去考察。黃仁宇說他「不是大獨裁者，他缺乏做獨裁者的工具」，其實他並不缺這種工具，中統軍統

營造的恐怖氛圍便足讓人窒息，觀其一生，他並不是不想做大獨裁者，他的理想就是建立一個高度中央集權的政府和由他個人專斷的統治，他的一生都在為此而努力，如果事實上這種獨裁還不夠「大」，那實在是他個人能力所限和客觀形勢所迫，是不能也非不為也。讓我們來考察一下吧。蔣介石政權始終都是一個「軟弱」的政權。首先，它從來沒有真正統一過中國——且不說中共的存在，廣西、山西等地方政府，何嘗讓中央政府的政令真正暢通過？其次，蔣介石也缺乏那種讓臣民山呼海嘯、頂禮膜拜的個人魅力。更要命的是，經濟上蔣介石政權受制於人，對外仰美國人的鼻息，對內又不能離開資本家的支持，這一切都決定了蔣政權在經濟政策上必須順應資本家天生的對利潤的欲望。打個簡單的比方，魯迅的書深受市場歡迎卻不討政府的喜歡，對政府來說，乾脆禁止他寫作是最俐落最便當的事，但一個魯迅則已，如果政府按照這種邏輯對自己不喜歡的東西都一禁了事，從事印刷、出版產業的資本家到哪裡賺錢？從事印刷、出版產業的資本家則已，須知工業時代各種產業聯繫緊密榮損與共，蔣政府能夠都得罪嗎？在生產資料私有制條件下，國民黨統治區相對開放的經濟生活便容易讓人理解了，在這種生活裡，人們的自由遷徙、自由擇業——在哈耶克眼裡這種自由是人不被奴役的必要條件——給獨裁統治開了一扇小小的「後門」。哈耶克說：「只是由於生產資料掌握在許多個獨立行動的人手裡，才沒有人有控制我們的全權，我們才能夠以個人的身份來決定我們要做的事情。如果所有的生產資料都落到一個人手裡，不管它在名義上是屬於整個『社會』的還是屬於獨裁者的，誰行使這個管理權，誰就有全

權控制我們。」「在一個競爭性的社會中,我們的選擇自由是基於這樣一個事實:如果某一個人拒絕滿足我們的希望,我們可以轉向另一個人。但如果我們面對一個壟斷者時,我們將唯他之命是聽。」開放的經濟生活是集權制的天敵。哈耶克是對的,李澤厚也是對的。

屢見今人感歎知識份子在1949年以後的放棄責任低眉俯首,多有苛評。反擊這些苛評也用得著哈耶克,揣著哈耶克只須舉一個例子:當毛主席決定大辦五七幹校時,有人擔心地問有的知識份子不下去怎麼辦?毛說:「不給他飯吃。」簡單的話最深刻,毛主席不愧是讀透中國歷史的偉人。

# 八 要不要「回到傅斯年」？

## ——「歷史科學中兩條道路鬥爭」的再解讀

　　謝泳先生寫過一篇很有意思的文章〈回到傅斯年〉，收入雲南人民出版社2002年5月出版的《沒有安排好的道路》一書。何謂「回到傅斯年」？就是回到傅斯年的史學觀。而傅斯年的史學觀，按謝泳的概括，「簡單說就是『史學即是史料學』，他認為史學家的責任就是『上窮碧落下黃泉，動手動腳找東西』。『只要把材料整理好，則事實自然顯明了。一分材料出一分貨，十分材料出十分貨，沒有材料便不出貨。』」

　　所謂「史學即是史料學」，這其實不是什麼創見，中國的舊史學向來如此，西方也有蘭克及其影響下的蘭克學派，蘭克的治史名言即是史學的「目的僅僅在於展現歷史的真情」，「有一分史料說一分話」。可是現在為什麼謝泳要鄭重其事地提出一個「回到傅斯年」的命題？這其中蘊含著怎樣的意義？原來，曾幾何時，史學是不是史料學的問題已不是一個簡單的學術問題，而是關乎學者態度、立場、階級屬性，關乎「歷史科學中兩條道路鬥爭」的重大問題。

　　在上世紀五十年代的中國歷史學界，有所謂「兩條道路的鬥爭」，即自稱以馬克思主義指導下的唯物史觀派對史料學派的鬥爭。這場鬥爭以1958年時任中宣部副部長、中央政治局委員陳

伯達的一篇題為〈厚今薄古，邊幹邊學〉的報告揭幕，陳在講話中說：「中國資產階級知識份子幾十年來究竟有多大的貢獻呢？他們積累了些資料，熟悉了些資料，據說就很有學問了，有多大的問題，有多大的貢獻。積累資料如果接受馬克思主義、無產階級領導，那麼他們的材料是有用的，否則有什麼用呢？」以此為基調，中山大學、山東大學、四川大學等高等學府的歷史系學生分別發起了對陳寅恪、岑仲勉、童書業、徐仲舒等著名學者的批判，這種批判一直追訴到1949年以前歷史學界的「三大老闆」——胡適，顧頡剛，傅斯年。批判的武器和批判的內容從山東大學歷史系學生所作的一首打油詩中可見端倪：

> 厚古又薄今，理論看得輕；
> 馬恩列斯毛，從來不問津。
> 報刊和雜誌，當做史料存；
> 五六十年後，一筆大資本。
> 研究古代史，言必稱二陳；
> 史觀寅恪老，史法垣庵公。
> 至於近代史，首推梁任公。
> 理論有啥用，史料功夫深。

意思很清楚，可惜詩不太雅正。與此相比，還是學者的分析有份量些。且看唯物史觀派領軍人物范文瀾和胡繩的文章。范文瀾的〈歷史研究必須厚今薄古〉（見中國社科版《范文瀾歷史論文選集》）發表在陳伯達的報告傳達之後，要點有三：厚今薄古

是中國史學的優良傳統；厚古薄今是資產階級的學風；厚今薄古與厚古薄今是兩條路線的鬥爭。范氏在文章中指稱，以胡適為代表的史學家大搞煩瑣考證就是「企圖使學術脫離革命的政治，變成沒有靈魂的死東西」。胡繩題為〈社會歷史的研究怎樣成為科學〉的長文（收入人民版《棗下論叢》）發表在1956年，語氣較為平和，其中重點批判了傅斯年的歷史觀，他說：「用史料學代替歷史學，既破壞了歷史科學，也會把史料學工作引導到錯誤的路上去。無論是史料的『內部』的考證還是『外部』的考證，目的都應當是提供對歷史的科學認識的可靠基礎；如果脫離整個史學的科學研究而孤立地進行，就會迷失方向，無目的地沉溺在歷史的海洋中。」無論是學生還是學者，對史料學派的不滿都是一致的，在他們看來，史料學派是只講求佔有資料、考訂史實，拒絕理論（當然應是唯物史觀）的指導，因此無法深入歷史現象的本質以發現各種現象之間的聯繫及其客觀規律。

回顧這場「鬥爭」，現在可以說范文瀾等人對史料學派的指責沒有什麼根據，因為史料學派中人並非一定排斥理論，如顧頡剛早在1940年為《史學季刊》作〈發刊詞〉時就針對考據與史觀之關係說過如下的意見：「歷史科學家慣於研索小問題，不敢向大處著眼，……若不參與歷史哲學，俾作相當之選擇，而輒靡費窮年累月之功夫，於無足輕重之史實中，真固真矣，非浪擲其生命力而何！故凡不受歷史哲學指導之歷史科學，皆無歸宿者也。」試看顧氏此論與上引胡繩的話有何區別？顧頡剛另有一句名言，見於他為《古史辨》第四冊所作的序言：「唯物史觀不是味之素，不必在任何菜內都滲入些」，這句話在50年代曾頗讓顧

的批判者憤怒，其實顧氏「味之素」云云，何嘗不是從另一角度肯定唯物史觀的功用？

本來按照正常的邏輯，史料派與唯物史觀派之間不應該發展到無法並立的地步，不僅是顧頡剛等人分明有贊同史觀指導下的歷史研究的話，而且就是范文瀾、胡繩不也曾對史料學家的勞作表示過肯定？胡繩在上面那篇文章中明白無誤地說：「許多中國的史學家們繼承了清朝『漢學家』們的工作，而且利用了從現代歐美傳來的各種科學知識和比較精密的邏輯觀念，而在史料考訂上，取得了不少成績。他們的這種工作，現在看來，並不是做得太多了，而是做得太少了。他們的工作成績和工作經驗不應當被抹煞而應當加以接受，加以發揚。」儘管如此，「路線鬥爭」云云，還是向我們這些後世讀者提示著過去那場爭論的嚴重性，否則當年執教中山大學的陳寅恪，也不會憤怒地拒絕為學生開課了。那麼兩派史學家分歧的實質在哪裡呢？首先是誤讀的存在，正如謝泳所分析：「對史料學派的批判是構造了一個史料學派沒有理論的假設，在這個前提下，以所謂史料與理論的輕重和求真與致用的矛盾為相互對立的假設，對前者進行了否定，其實這些問題都是不存在的。因為史學常識告訴我們，從來就沒有過沒有理論的史料，也根本沒有過史料的理論」；其次我以為應該是對「理論」、「史觀」內涵理解的歧異，如前所引，唯物史觀派固極重理論的引導，史料學派也並未排斥，但史料學派反對將「理論」庸俗化，坐實為唯物史觀，像顧頡剛就認為「研究古史年代，人物事蹟，書籍真偽，需用於唯物史觀的甚少。」而所謂唯物史觀派始終堅持歷史研究應在以現實政治為最高導向的理論指

導下進行。同一「理論」，大異其趣，所以范文瀾才會號召要對「堅持學術獨立」、「拒絕學術為政治服務」的「胡適門徒」開戰。最後，我們還可以認為，在歷史研究的終極目的是什麼的問題上，雙方也是各有主張。「歷史有什麼用？」，當年法國年鑒學派的大師布洛赫曾被稚子的這句質問而震撼，大概所有埋首故紙堆的人都無法回避這一問題。「用」的含義豐富，如果僅僅定義為實用意義上的「用途」，史料學派中人的態度是：歷史學可以有「用」，但歷史學家不應去求「用」，像顧頡剛就堅定地認為：「學問固然可以應用，但應用只是學問的自然結果，而不是作學問的目的」。而唯物史觀派中人則認為，歷史學必須有「用」，歷史學家應該去主動求「用」。胡繩特別舉了個例子來批判傅斯年，因傅氏在1932年寫了篇〈明成祖生母紀疑〉而且引發學界的熱烈討論，胡繩乃對此問道：「誰是明成祖的生母，這問題有什麼意義，這是傅斯年自己也說不出來的」。現在看來，明成祖的生母是誰的確是個瑣屑的問題，但是否就真無意義還大有可商處，試想一下，如果與此相關的小問題都弄明白了，人們對明宮廷乃至明朝政治的瞭解，會不會更深一些呢？

　　通過對歷史科學中兩條道路之爭的回顧，走過一段彎路的我們終於明白，不論在何種情況下，熟悉、考訂史料都是第一位的、基礎性的工作。所以謝泳先生提出了當代中國史學要回到傅斯年的傳統的觀點。這一觀點是對過去那段迷誤的反正，有合理性，可是對比西方史學的發展，我們似乎又不能如此自信。西方在蘭克學派以後，有所謂批判的歷史哲學有年鑒學派，有斯賓格勒有湯因比有布羅代爾等大師，無不是對以實證史學為特色的蘭

克學派的揚棄。如果史學研究的唯一正途就是傅斯年的傳統，大概會得出這樣一個結論，格賓格勒的《西方的沒落》也好，湯因比的《歷史研究》也罷，都不是什麼有價值的著作，這豈非荒唐？另外，中國人的實用理性向來發達，中國人思維、治學的特點本來就「不玄想，貴領悟，輕邏輯，重經驗」，所以歷史研究中「回到傅斯年」雖然重要，但我們不應同時注意研究和吸取德國抽象思辯那種驚人的深刻力量？俄羅斯知識份子有言：「我的心因為人類的苦難而受傷」，一個歷史的研究者是否也應具備這種世界眼光和人類意識？還有一點，強調「回到傅斯年」似乎還忽略了學者稟賦、氣質之差異，其實，只要沒有現實政治的干擾，何妨讓幾個沒有興趣鑽史料的人去放言高論？不著邊際之處，不妨一笑了之，然而有時也許還會有靈光一現呢。比如80年代那些轟動一時的名著當下屢被人譏為「空疏」，可是只要一堆「空疏之論」中，有片言隻語啟發你深沉思考，這不就夠了嗎？

# 九 托克維爾的啟示

　　昔日讀托克維爾的名著《舊制度與大革命》時有些囫圇吞棗，不過其中托氏的一個論斷給我留下了極深的印象，至今難以磨滅。托氏的論斷是先從一個問題開始的，他在考察了大量史實後問道：「路易十六統治時期是舊君主制最繁榮的時期，何以繁榮反而加速了大革命的到來？」對此托克維爾是這樣分析的：「革命的發生並非總因為人們的處境越來越壞。最經常的情況是，一向毫無怨言彷彿若無其事地忍受著最難以忍受的法律的人民，一旦法律的壓力減輕，他們就將它猛力拋棄。被革命摧毀的政權幾乎總是比它前面的那個政權更好，而且經驗告訴我們，對於一個壞政府來說，最危險的時刻通常就是它開始改革的時刻。……人們耐心忍受著苦難，以為這是不可避免的，但一旦有人出主意想消除苦難時，它就變得無法忍受了。當時被消除的所有流弊似乎更容易使人深究到尚有其他流弊存在，於是人們的情緒便更激烈：痛苦已經減輕，但是感覺卻更加敏銳。封建制度在盛期並不比行將滅亡時，更激起法國人心中的仇恨。路易十六最輕微的專橫舉動似乎都比路易十四整個專制制度更難以忍受，博馬舍的短期監禁比路易十四時期龍騎兵對新教的迫害，在巴黎引起更大的民情激憤。……」

「被革命摧毀的政權幾乎總是比它前面的那個政權更好」，記得當日讀至此處，我被震得瞠目結舌，因為這與我們慣常的理念相去太遠，我們不是總愛用「逼上梁山」一語來形容暴力革命的合理性麼？試想此論若非出自托克維爾之口，多半只會被視為瘋子的囈語。震驚之餘，我沉思了許久，最後不得不為托氏世罕其匹的慧眼所折服。

路易十六至今是個有爭議的人物，他在法國大革命中的魂斷鍘台至今還是個有爭議的事件。1988年，法國電視臺舉辦了一場審判路易十六的模擬審判，結果百分之五十五的觀眾反對處死路易十六。這是民間的觀點，那麼官方呢？1989年7月14日，法國慶祝大革命兩百周年的慶典上，時任總統的密特朗發表了講話，他在講話中說：「路易十六是個好人，把他處死是件悲劇」，然而他同時又認為：「處死路易十六雖然是個悲劇，但是處決他的人同時也成功地達成埋葬過去的願望，因為路易十六的死亡，代表與過去時代一刀兩斷新時代的來臨。以1793年的時代背景而言，無疑是不可避免的。」密特朗的話有點「辨證法」的味道，不過其內在理路並不新鮮，當年那位號稱「不可腐蝕者」的羅伯斯庇爾先生在決定路易十六命運的辯論中作雷霆之吼：「路易當死，因為必須使祖國生存下去！」密特朗的「辨證法」與羅伯斯庇爾的「名言」有些相通之處，他們都有一個共同的理論前提，那就是：為了某個偉大、崇高的目標，個體生命就像一顆螺絲釘無足輕重。老實說，這一理論讓我恐懼和厭惡。但密特朗畢竟是個有勇氣的政治家，他的「路易十六是個好人」的說法充滿了人情味，也是持平之論。按照史家的記述，路易十六是個儀態平庸

的胖子，在國務會議上愛打瞌睡，唯一的興趣和天賦表現在打獵和制鎖上，他愛國家、信宗教，對老百姓也不錯……這位「好人」的統治究竟如何，這個問題姑置不論，但至少有一點可以肯定，在才具平庸性格仁厚之主的治下，法國人的精神生活較前豐富了許多，統治者對言論和出版自由等這些天賦人權的壓制也開始鬆動，這從當時民意對路易十六皇后瑪麗·安東尼的攻擊中即可見出，瑪麗·安東妮因生活奢侈不謹細行，街頭巷尾出現了許多攻擊她的小冊子，甚至還有誹謗皇帝皇后私生活的黃色詩歌，皇后到劇院觀戲，群眾也漠然以對；路易十六遲鈍、懦弱、仁厚的一面，尤其表現在對革命風暴優柔寡斷的態度上，後來茨威格為瑪麗·安東妮作傳，就一再為路易十六多次錯過反戈一擊、力挽狂瀾的絕佳機會而感歎。諸如此類，在任何一個宣稱「朕即國家」的專制王朝都是難以想像的。與此相比，路易十四，這個自稱「太陽王」的一代雄主至今還讓一些法國人自豪，因為在他的鐵碗治下，法蘭西成為歐洲最強大的國家並一度取得了歐洲霸主的地位，達成了路易王朝的極盛，然而在「盛世」的背後是什麼呢？強盛繁榮的表象實質上是以全面的社會、政治、宗教迫害來支撐的：龍騎兵任意進駐新教徒的家中，騷擾、污辱婦女，強迫臣民信仰統一於天主教之下；禁止和銷毀一切背離官方信仰、一切可能危及專制統治的作品，懲罰這些作品的作者和讀者……。這樣一種繁榮註定無法長久維持，托克維爾在《舊制度與大革命》中就指出：「當路易十四這位君主在全歐洲稱霸之際，他統治下的王國已開始衰竭，這一點確實無疑。在路易十四朝代最光榮的年月，衰微的最初跡象已經顯露，」……作為一個現代人，

如果讓你在路易十六和路易十四這兩個時代中必擇其一生活，你會選誰？我的回答是：這兩種選擇都不那麼令人鼓舞，然而若必擇其一，我寧願不享受路易十四盛世的光榮！其中道理不言自明，也應該是任何一個稍受現代文明洗禮的人的自然選擇。可揆諸實際，我又發現，我所謂的「自然選擇」很可能只是我一廂情願的說法，頗有一些人——而且是知識份子是很希望回到路易十四時代的。時下影視圈大演清朝戲，尤其是彰揚所謂「康、雍、乾」三朝盛世文治武功的作品風靡一時，作者愛寫，演員愛演，觀眾愛看，一場大戲結束，也總不乏人津津樂道豔羨不置。一般觀眾倒也罷了，而許多知識份子，他們難道對所謂「盛世」的真相也不瞭解麼？

所謂「盛世」，套用魯迅翁的說法，其實就是「做穩了奴隸的時代」。這一時代幾乎都有一共同特徵，即雄猜之主當政，因為「雄」，所以他有足夠的鐵碗手段造就一個國家強大昌盛人民安居樂業的表像，因為「猜」，所以虛張聲勢的背後往往藏著卑怯，他希望人民都用一個腦子思考一個聲音說話，任何的風吹草動他都會驚若鬼魅，彷彿天塌地陷……盛世繁榮的表像之下是社會生活的極度乏味和人心的死寂，當然也有文化，但那只能生長奴隸的文化——死氣沉沉消磨意志的考據辭章之學，獨獨興盛於「十全老人」乾隆的治下，不是很費人尋思麼？而「末世」，按照孔夫子的說法，那是「禮崩樂壞」的時代，孔夫子生當周王室式微之際，因此對「禮崩樂壞」恨恨不已，然而斯時又是一個思想活躍百家爭鳴的時代，是一個在我國思想、學術、文化史上獨放異彩的時代，是一個讓後世讀書人懷想不已的時代。王綱解鈕、禮崩樂壞意味著舊秩序的難以維繫，意味著專制鐵爪迫不得

已的放鬆，人的解放人性的蘇醒也隨之而來，這一點已經被歷史尤其是中國古代、近代史所證明──試問，思想史上的特異人物有幾位不是生逢末世？

為了使這篇小文更有說服力，我想拈出清末這一時段來略作分析。清末是慈禧太后當政，對這個老嫗，與人們加諸康熙、雍正、乾隆這些「雄主」的讚譽恰成對照，至今我們只有濃厚的厭惡感。這種厭惡有充足的理由，我無意為慈禧翻案，但我要指出，民間結社、辦報興起於清末──桑兵《清末新知識界的社團與活動》一書對此有詳盡的記述和研究，各種社會思潮萬斛泉湧如同先秦諸子復生的也是在清末，儘管還有種種壓制和扼殺，也有先驅者的流血，但公平地說，清末的個人自由遠超此前任一時代。在中國歷史上，在政治全能主義的壓迫下，個體的空間微乎其微，一個有抱負有才華而又不甘終老山林的人，除了進科舉的牢籠爬到上層，就只能做溫馴的小老百姓，只有到了清末，市民社會才有了一點雛形，個人的出路和空間才有了一定程度的拓展。比如一個握筆桿的人，他若不願入仕，還可以坐在家裡給報館寫點文章換錢優遊卒歲，這一幕景象只有到了清末才會出現。千萬不要小看這一點，因為知識份子謀生方式的豐富實在是保持獨立人格的必要條件。僅此，我便寧生清末而不願做雍正這些雄主的順民！慈禧的治術當然也不高明，但她的政權是否就比此前的更不堪呢？現在已有學者研究「慈禧新政」寫出了很有見地的文章，文章指出，在慈禧暮年，舉凡行政、軍事、教育、法律等方面的改革，其廣度與深度均大大超過了洋務運動和康梁變法。更重要的，在慈禧的主持下，清廷預備立憲。對這些「新

政」和改革，我們的思維已經習慣於象當年的革命黨那樣一概斥之為「欺騙人民、麻痺人民鬥志」，但正如李澤厚先生在〈從辛亥革命談起〉(安徽文藝1998年版《世紀新夢》)一文中所分析：「當時各地立憲派已大體長成，以紳商為主體的地方勢力日益坐大，並正積極議政、參政甚至主政，許多新的制度、機構、規則在不斷建立、籌畫和實行。中央政府的清廷也一再宣告『預備立憲』，並派大臣出洋考察等等，⋯⋯當時和今日一律斥之為『偽』立憲，是不足以服人的。當然，立憲的『預備期』，或人嫌之過長，但如實說來，五年、七年，又算得了什麼？中山先生不也有其『訓政時期』？」你可以說清政府的「新政」和改革是內外交困尤其是西方列強壓力下的被迫之舉，卻不能因此將這些改革所取得的效果，以一句簡單的「朝廷欺騙人民」一筆抹殺。一個思想控制略為放鬆、正致力於漸進改革的政權反而難以讓人忍受，終不免灰飛煙滅為世所笑，這其中自有複雜的原因，而托克維爾在《舊制度與大革命》中的論述，是否可移用於此以備一說呢？

還有必要補充一句：所謂「盛世」「末世」的概念本身就是畸形制度的產物，只有在國家是一人之國家、世運的好壞決定於統治者個人的才具、品德、性格的情況下，才會有「盛世」「末世」之辨。反觀美國開國兩百多年的歷史，自華盛頓迄今，你能說是林肯還是雷根時段是美國人的盛世？所以從根本上說，我希望「盛世」、「末世」的概念和它們代表的專制王朝一樣同歸歷史，可是面對一些人對「盛世」大唱讚歌的無奈現實，我只能出此權宜之策，這就是做這篇小文，題曰〈末世禮贊〉。「予豈好辨哉？予不得已也」！

# ✚ 從梁啟超家書看王國維之死

　　王國維之死，曾被稱為「中國文化史世紀之謎」，解讀者眾，以至有人還專門編了一本《王國維之死》的專著，但迄今也沒有一個以足夠的證據和雄辯的推理作支撐，讓所有關心、討論這一事件的人都心悅誠服的看法。不過，在20、21世紀的轉換年頭，蔡仲德先生連續寫作了四篇文章，論定王國維之死是為了「殉清」，他說：「我並不否認王國維的死因中含有其他因素。但我認為，生活不幸（長子之喪、摯友之絕等）、悲劇人生觀、性格矛盾、思想衝突等等也許都對其死不無影響，卻都不是促使他非死不可的現實的、直接的、決定性的原因；陳寅恪提出的「殉文化」說可謂言之成理，卻無法說明王國維為何經此『數十年』（指中國文化之消沉淪喪已數十年）不死而到1927年才死？又為何遺書有『再辱』之語？唯有『殉清』說才足以回答這些問題，才是促使他自沉的現實的、直接的、決定性的原因。」

　　「殉清說」並不新鮮，羅繼祖教授（羅振玉之孫）主編那本《王國維之死》，在羅列諸家之說時，就曾以「編者按」的形式，對這些解讀逐一批駁，而明申己論：王國維之死係「殉清」。不過，相形之下，蔡仲德先生的四篇文章顯得更為有力更有聲勢，所以，蔡文一出，關於王國維之死的議論遽然消歇，彷

佛這個「中國文化史的世紀之謎」已經被解開，王國維鐵定是為「殉清」而死無疑了。

細讀蔡先生的四篇大作，個人覺得，其有力處在於用反證的形式，指出了「殉清說」以外的各種論點之難以自圓其說處，但是對自己的論點，卻並未提出非常有力的論據。所以，「殉清說」恐怕也很難經得住和蔡先生文章類似的追問：如果王國維之死確是為了殉清，他為什麼不在清王朝覆亡之日死？如果是因為在1927年自感復辟無望才絕望自殺，那麼1924年，馮玉祥發動兵變，逼清室出宮，當此之際王國維的這種絕望應該是最深的，那時他為什麼不自殺？……

應該承認，王國維與清室有著某種精神維繫，他的死也肯定與清室有關，但把「殉清」認定為「促使他自沉的現實的、直接的、決定性的原因」，實在難以服人。很難想像，一個對中國歷代王朝更替史爛熟於心，而又曾接受西方哲學美學洗禮的人，會對一個他眼中的又一輪歷史輪迴，寄寓生命之重。

考究這麼多年來關於王國維之死的爭論，一個很大的問題是，幾乎都局限於就王國維論王國維，其他的旁證卻被忽略了，而由於王國維本人留下的資料不足徵，乃眾說紛紜就毫不足怪了。我們為什麼不考察一下在王國維自殺前後的背景裡，和王國維相似的知識份子的境遇和心態變化呢？近讀丁文江、趙豐田編的《梁啟超年譜》（上海人民出版社1983年版），書中收錄了1927年梁啟超給女兒梁令嫻的家書多封，家書中既有對時局的分析，更有心境的流露。梁啟超和王國維同屬於一代知識份子，在

多方面都有相似之處，梁啟超的這幾封直陳心境的家書也許對我們瞭解包括王國維在內的那一代知識份子的心態，不無助益吧。

　　下面引用梁啟超家書中的原文（括弧內為梁氏自加），不下是非對錯之判斷。

> 1927年1月2日，「時局變遷極可憂，北軍閥末日已到，不成問題了。北京政府命運誰也不敢作半年的保險，但一黨專制的局面誰也不能往光明上看。尤其可怕者是利用工人鼓動工潮，現在漢口、九江大大小小鋪子什有九不能開張，車夫要和主人同桌吃飯，結果鬧到中產階級不能自存，（我想他們到了北京時，我除了為黨派觀念所逼不能不亡命外，大約還可以勉強住下去，因為我們家裡的工人老郭、老吳、唐五三位，大約還不至和我們搗亂。你二叔那邊只怕非二叔親自買菜，二嬸親自煮飯不可了。）而正當的工人也全部失業。放火容易救火難，黨人們正不知何以善其後也。現在軍閥游魂尚在，我們殊不願對黨人宣戰，待彼輩統一後，終不能不為多數人自由與彼輩一拚耳。」

1月18日，「思永來信所講的政治譚，這種心理無怪其然，連我都有點如此，何況你們青年呢？打倒萬惡的軍閥，不能不算他們的功勞，我們想做而做不到，人家做了當然贊成，但前途有光明沒有呢？還是絕對的沒有。他們最糟的是鼓動工潮，將社會上最壞的地痞流氓一翻，翻過來做政治上的支配者，安分守己的工人們的飯碗都被那些

不做工的流氓打爛了。商業更不用說，現在漢口、武昌的商店，幾乎全部倒閉。失業工人驟增數萬，而所謂總工會者每月抽勒十餘萬元供宣傳費（養黨人），有業工人之怨恨日增一日，一般商民更不用說。」

3月21日，「今日下午消息很緊，恐怕北京的變化意外迅速，朋友多勸我早為避地之計（上海那邊如黃炎培及東南大學穩健教授都要逃難），因為暴烈分子定要和我過不去，是顯而易見的。更恐北京有變後，京、津交通斷絕，那時便欲避不能。我現在正在斟酌中。」

5月5日，「受病的總根源，在把社會上最下層的人翻過來，握最高主權。我所謂上層下層者，並非指富貴貧賤等階級而言，乃指人的品格而言。貧賤而好的人，當然我們該極端歡迎他。今也不然，握權者都是向來最兇惡陰險齷齪的分子，質言之，強盜、小偷、土棍、流氓之類，個個得意，善良之人都變了俎上肉。……總而言之，所謂工會、農會等等，整天价任意宣告人的死刑，其他沒收財產等更是家常茶飯。而在這種會中（完全拿來報私怨，他們打的是『打倒土豪劣紳』旗號，其實真的土豪劣紳，早已變做黨人了，被打者只是無告的良民。）主持的人，都是社會上最惡劣分子，（報上所說幾次婦女裸體遊行，的確的確是真的，諸如此類之舉動，真舉不勝舉。）半年以來的兩湖，最近兩個月的江西（今年年底兩湖人非全數餓死不可，因為田已全部沒有人耕，工商業更連根拔盡。）凡是稍為安分守己的人，簡直是不容有生存之餘地。」

6月15日，也就是王國維自沉後十三日，梁啟超致書梁令嫻，談及王國維，「靜安先生自殺的動機，如他遺囑上所說：『五十之年，只欠一死，遭此世變，義無再辱。』他平日對於時局的悲觀，本極深刻。最近的刺激，則由兩湖學才葉德輝、王葆心之被槍斃。葉平日為人本不自愛（學問卻甚好），也還可說是有自取之道，王葆心是七十歲的老先生，在鄉里德望甚重，只因通信有『此間是地獄』一語，被暴徒挖出，極端捶辱，卒致之死地。靜公深痛之，故效屈子沉淵，一瞑不復視。」

......

細研梁啟超寫於1927年的這幾封家書，竊以為，其中至少透出了三個耐人尋味的消息：一是對時局的悲觀和絕望。像梁啟超這樣的知識份子本來對北洋軍閥不抱好感，可是對北洋政府倒臺後的時局走向卻很不樂觀；二是深刻地預感到了一個在他們以往經驗之外的新的社會即將到來；三是對個人命運的深深的憂懼。回頭看王國維的遺書，「五十之年，只欠一死，經此世變，義無再辱」，寥寥十六字，其中意味不正和梁啟超家書中透出的相同嗎？其實這毫不奇怪，梁啟超、王國維那一代知識份子，本來就有著大致相似的文化背景。

前人論述王國維之死，也看到了從遺書中透出的「內心的恐懼」，但是，王國維所感到恐懼的究竟是什麼呢？值得探究。是因為眼看清室覆亡而且復辟無望而恐懼嗎？筆者以為，這種論調未免過於看低了王國維，這樣一個學貫中西的人，他會把一個王

朝的存亡興廢看得如此重要嗎？但他的確又充滿了憂懼，個人以為，他所憂懼的並不是政治之變革，而是社會之變革。政治變革只是朝政之變化，政權之更替，很多時候只與「肉食者」有關，而社會變革顯然更為深廣，它不僅是政治的，經濟的，也是社會的，文化的，而且一旦颶風飆起，所有人將無所逃於天地之間。上引梁啟超家書中，已經把這種社會變革的「亂象」和影響描述得淋漓盡致了。對梁啟超等人來說，誰來當總統，誰接掌政權，也許都還可以忍受，和他抗爭，但「車夫要和主人同桌吃飯」，「社會上最壞的地痞流氓一翻，翻過來做政治上的支配者」，「整天價任意宣告人的死刑，其他沒收財產等更是家常茶飯」，等等，卻無疑是逸出他們經驗之外的，他們不僅不能接受，甚至有一種欲抗爭而不能的感覺──兩種文化系統的人，差不多等於「秀才遇見兵」了。對即將刮起的社會變革颶風，連久經戰陣、政治閱歷豐厚的梁啟超都要倉皇「走避」，何況是一介書生王國維？

隨著時局的一天天變化，梁啟超、王國維已經意識到一個為他們所全然陌生的社會將不可抗拒地降臨，他們在其中會居於何種位置呢？不幸的是，1927年，又發生了湖南著名學者葉德輝被處死的事件。梁啟超家書中提到了兩個學者，其實湖北籍學者王葆心的死是誤傳，他死於1944年，但包括王葆心在內的不少學者在那個時代曾遭受折辱，則是無可懷疑之事實，所以才會有這種王葆心被難的誤傳。梁啟超家書中還遺漏了一個人，1927年，章太炎在國民黨上海特別市黨部的通緝「著名學閥」的呈文中，名列第一，其家產也被浙江軍政府籍沒。以章太炎的聲望和地位，

這顯然是更加轟傳士林更加刺激人心的事件。過去人們討論類似事件對王國維的影響的時候，因為葉德輝其人名譽向來不好，用梁啟超的話說，「有自取之道」，而王國維因為沒有劣跡，所以本來應該沒有恐懼的理由。但如果能對那一時代的社會狀況有了較深的體察，在葉德輝、章太炎等學者的遭際之下，王國維的「物傷其類」之情，就有了一個合理的落腳點。從葉德輝、章太炎等事件中，王國維是否以為，即將到來的社會不僅為自己所陌生，而且帶有某種反文化的性質？

導致王國維最終決定自沉的原因頗多，如蔡仲德先生所說，生活不幸、悲劇人生觀、性格矛盾、思想衝突等等都可能是細故之一，和清室的精神維繫也不容否認。說到他和清室的關係，仔細體味王國維詩詞，他之所以從情感上傾向於清室，毋寧說更多出於一個人道主義者的同情和關懷，因為袁世凱從清室中取得政權的手段不正，復由於北京政變推翻優待條件，王國維都認為這是對「弱小者」的欺凌，為他這樣的篤實君子所不取。但這些林林總總，都不應該是最致命的。套用蔡仲德先生的句式，我關於王國維之死的結論是，「我並不否認王國維的死因中含有其他因素。但我認為，生活不幸（長子之喪、摯友之絕等）、悲劇人生觀、性格矛盾、思想衝突等等也許都對其死不無影響，卻都不是促使他非死不可的現實的、直接的、決定性的原因。唯有『憂懼社會變革』說才足以回答這些問題，才是促使他自沉的現實的、直接的、決定性的原因。」

其實，這種「憂懼社會變革說」也是卑之無甚高論，因為如果取「文化」的廣義，從本質上講，它和陳寅恪先生的「殉文

化說」、葉嘉瑩教授的「新舊文化激變中的悲劇人物說」並無區別。

「看花終古少年多，只恐少年非屬我」，性格憂鬱而又深受叔本華哲學影響的王國維在一個新的社會即將來臨之時選擇了自沉，這總讓人想起奧地利作家茨威格。也許這有些比擬不倫，但我卻禁不住總要這麼想，想起茨威格夫婦自殺前寫下的那段震撼人心的遺言：

> 在我自己的語言所通行的世界對我來說業已淪亡和我精神上的故鄉歐洲業已自我毀滅之後，我再也沒有地方可以從頭開始重建我的生活了⋯⋯

# 十一 世運變遷與文人隱疾

頃讀今年第一期《隨筆》雜誌，葛劍雄先生〈憶舊之難——並談一件往事〉一文引起了我的興趣，因為如題所示的「一件往事」，實指當年因葛文而引起的張中行、黃裳等先生的一段「筆墨因緣」，斯時由於當事人葛劍雄偃旗息鼓，局外人遠未能得其詳，也「旁觀」得甚不痛快。現在好了，葛先生終於說出了這「一件往事」中的諸多「秘辛」。

因為葛劍雄撰文對身處五代亂世的「長樂老」馮道有所同情，大不同於歐陽修的一味討伐，張中行稱讚葛先生的態度，而引來黃裳先生一篇大義凜然的宏文，直斥如此論史與汪精衛的理論「何其相似乃爾」。老實說，當初且不說局中人葛先生，就是我等平日愛讀黃裳書話的讀者，也十分不解老先生何以會用如此凌厲之筆，透出那麼大的火氣。現在葛文並未對這個問題作出明快回答，不過文中透露了另一個資訊，即黃裳與汪偽把持的「漢奸刊物」《古今》雜誌的關係，說是柯靈先生轉告的。其實這是舊公案了，昔日青年黃裳變換多種筆名為《古今》撰稿，而後來成為文化界名人的黃裳卻彷彿沒有這回事一般，不僅諱言其事，發表在《古今》上的文字且從未收入其多如牛毛的各種選集、合集中，直到經過多人撰文「提醒」，2005年黃裳總算在新出的

《集外文抄》中收進了這些「少作」，並交待「是為了離開孤島到大後方籌資才向《古今》賣稿的」，又自陳「對舊作，我是愧則有之，卻並不悔。筆墨一經付之刊印，即成公器，是洗刷不盡、躲閃不來的。」一般讀者讀這段文字，想必難免對數十年裡連舊作提都不提的黃先生有一個疑問：您是現在不悔，還是從來未悔過呢？

讀完葛先生的文章，我在想一個問題：包括葛先生在內，我們現在重檢黃裳先生的這些舊事，是否準備像黃裳當初斥責張中行、葛劍雄一樣，還施其人？肯定不是的。我想，包括葛先生在內，誰都沒有故意揭傷疤的用意，我們只有兩個願望：一是希望保存更多的歷史真相；二是提醒所有書寫歷史的人，論人也好，論世也罷，貴在得其平，尤其是對為客觀環境時勢所圍、「最是不自由」的文人，應該有一份體諒之心。

說到這第二點，我又不能不說，有無數「黃迷」擁躉的黃裳先生，是頗有一些可議之處的。上述因馮道而起的爭執只是一例，而最令人困惑的是所謂胡適的「六言詩案」。史料清清楚楚，胡適那首「做了過河卒子，只能拼命向前」的六言詩是他抗戰初期在美國大使任上時所寫，「只能拼命向前」無論如何都要算是為國家盡力的表白，可是後來國共決裂，黃裳等左翼人士誤以為此詩寫於1947年偽國民大會開會期間，是甘心為國民黨殉葬的心聲，乃大張撻伐。按說因資訊有誤，批錯了情有可原，改過來就是了，然而直到2006年，在相關史料早已公開的情況下，黃裳先生卻仍然撰文為自己當年批胡自豪，「痛快淋漓，今日回想，猶為之神旺」云云。筆者禁不住要問：胡適也許有很多可批

之處，但此案明明定讞有誤，是一個冤案，還有什麼值得「神旺」的呢？細讀黃裳先生的文集，我輩自不能不被其博雅所傾倒，但同時還有一點異樣的感覺，這就是作者彷彿時時處處要顯示自己「政治正確」，特別是對一些複雜人物，殊少體諒之心，用筆往往過於刻薄。賢如黃裳先生，為什麼會這樣？葛劍雄先生文章沒有討論，筆者斗膽揣測這與《古今》雜誌實有莫大關係。當年為《古今》雜誌撰文，在今天這種環境下，黃裳固然可以說「不悔」，但只要考慮到中國知識份子在道德問題上嚴苛的傳統，考慮到中國近代以來的世運風俗變遷之速，就會明白，這堪稱橫亙於黃裳先生心中的一道巨大陰影，幾乎成為「隱疾」。正因為黃裳自認為這是平生行事的一個不光彩點，所以他才要避諱，才要在後來作文中處處彰顯自己毫不妥協排倒一切的凜然之氣。

那麼為《古今》撰文究竟算不算黃裳先生的一大污點？我們既然主張對文人存一份體諒，那自然也應該對黃裳如是辦理才對。我以為，這是遠遠談不上什麼污點的。試想一下，一個政府先讓國土淪喪，後又無法使所有子民機會均等地平安撤離到後方，那些置身於淪陷區的國民是否就沒有了活下去的資格？其中當然有不可更易之民族大義在，但這種大義應該是有限定的，只要其人沒有甘為敵人前驅反噬本國的言論，所作所為對本國和人民利益未產生實質性危害，大概還不能算是「大節有虧」吧？而對像黃裳這樣的文人來說，寫幾篇小品文字糊口，如果要指責其為失節，那幾乎等於是勒令其自殺才對了。

　　當下看來算不了什麼的事體，卻影響一生甚巨，黃裳之與《古今》不過是很平凡的一例。從這個事例中，我們看到的分明是文人的悲哀。近代以降，中國世運變遷真的只好用「白雲蒼狗」一詞形容，許多巨宦顯要都只能隨世浮沉，政治、經濟均未獨立的文人置身其間，又怎能不四顧茫然？感覺無枝可棲卻又不能不棲一枝，這是人的弱點，卻又是克服不了的先天性缺陷。而對文人來說，還另有一種困局，因為文人只能靠筆墨吃飯，無論是遭遇盛世還是親臨喪亂，都難免會在內力的誘導或外力的壓迫下，形諸吟詠發為文字，而詩詞文章偏偏又是白紙黑字塗抹不掉的，一旦形移勢變，則何以自處，何以面對洶洶的天下輿論？有的人是凡遇世運變遷，一律「頌今是而罵昨非」，這本來也可以理解的，但這中間應該還有一個「度」的問題，否則過猶不及，難免會給旁觀者一個進退失據的尷尬印象。

　　我不禁想起了另一個著名文人。劉衍文先生有一篇佳作〈從汪兆銘說開去〉，披露汪精衛死後，一個學者寫了三首「筆筆周全、文情兩茂」的悼詩，內有「艱危仗一人」、「河山終復漢」之句。劉先生說：「現在大家都知道此三首詩的作者是一個著名的學者，述作頗多，貢獻甚大。」讀到此處我不免莞爾，這位作詩輓汪精衛的學者之名已經呼之欲出，而劉先生竟還作遮掩之狀呢。我們既然並非為了爭一點個人的意氣和私利，只是為了保存盡可能多的歷史真相，就改掉避諱的習慣吧。這裡的「著名的學者」是錢仲聯先生。劉衍文說錢仲聯昔在淪陷區雖位至汪偽監察院委員，「其實汪氏不過用之妝點門面」，「或許也談不上是為虎作倀吧」，這些都是持平之論。然而就像《古今》之與黃裳

一樣，這段經歷也成為了錢仲聯先生的「隱疾」，他本人不但極力避諱這一點，在《錢仲聯學述》、〈年表〉等文字中已刪得乾乾淨淨，而且唯其自認為有這一段歷史，更要時時處處以時代先進自居。而這一點對其學術是有很大影響的。錢仲聯先生作《近百年詩壇點將錄》，不僅把汪精衛擬為地耗星鼓上蚤時遷，就連雖然落水但被公認為近代詩壇巨匠的鄭孝胥，也要作出一副不屑一顧的姿態。劉衍文奇怪這樣處理的效果，「汪氏固是賊，然而寄食賊門之下，則又當何以自處其身耶？」其實是很好理解的，正因為有過去一段隱痛，所以才要極力撇清，至於學術的獨立性（講近代詩而如此貶抑鄭孝胥，哪裡會是心平氣和的態度呢？），就只好棄置不顧了。

錢仲聯先生學問博大精深，非小子敢妄下雌黃，不過在學問大節之外，也許不妨「識其小」，其中之一就是總覺錢先生對主流話語過於趨奉了，而他專攻的古典文學本來是可以少被意識形態所籠罩的。蔣春霖向來被推為有清一代最傑出之詞人，錢仲聯也認為蔣詞「藝術性較高」，但他選編《清八大名家詞集》卻摒之不錄，原因居然是蔣詞「內容多污辱太平天國革命。」再看錢先生寫這段話的時間，已經是1990年12月了！錢仲聯還譏評過陳寅恪的詩，也一度鬧得沸沸揚揚。這一段公案的要害實與詩藝無關，陳詩水平如何，錢仲聯先生和所有讀者一樣都可以公平討論，而錢仲聯貶抑陳詩則主要落腳於其思想和情感，說陳詩「其名篇即輓觀堂之長慶體長詩，身處共和，而情類殷頑。」論及陳寅恪晚年的詩時又說：「且有猥托貞元朝士之感者，皆張茂先我所不解也。」有人爭論過這段公案，但多圍繞陳詩打轉，實際上

錢仲聯先生的評價遠遠超過了詩歌之範圍，已經是在譏刺陳寅恪先生其人了。「情類殷頑」也好，「猥托貞元朝士」也罷，無非都在向外界宣示錢仲聯先生的一種價值判斷：對世運變遷唁歎是一種悖時的情感；像陳寅恪這樣自居於文化遺民是逆時代潮流而動。於是我們又困惑了，難道錢仲聯先生永遠是這樣與時俱進？難道他的詩詞中就沒有這種文人慣有的唁歎？陳寅恪作為一個文化符號，當然可以見仁見智，可是像錢仲聯先生這裡所持的標準，卻實在是過於狹隘和嚴苛了。坦率地說，如果不聯想錢仲聯先生抗戰中的所為，這樣苛酷的議論也許還不會給人特別的觀感，否則，真的是「別有一番滋味在心頭」。大概文人對自己的同類，總是要求更高一些吧？

世運變遷或疾或徐，而文人因此種下的「隱疾」卻往往根深蒂固。在發作之初，他們諸如避諱、撇清之舉往往還是一種自覺行為，而一旦形成習慣，則極有可能躍進到一種自願狀態而不自知。晚年的黃裳先生還要批胡適甘為反動政府作「過河卒子」，錢仲聯先生還要攻擊蔣春霖「污辱太平天國革命」，還要指責陳寅恪不該自居於「遺民」，都不過是文人一種自保的本能，積久而成為一種無意識罷了。自然，這裡無論文章還是學術，已經不那麼像「天下之公器」了。只是，這一切是否都要集矢於文人呢？

國家圖書館出版品預行編目

真實與幻影：近世文人縱橫談 / 黃波作. --
　一版. -- 臺北市：秀威資訊科技, 2008.11
　　面；　公分. --（史地傳記類；PC0062）
　BOD版
　ISBN 978-986-221-116-8（平裝）


1.知識分子　2.傳記　3.中國當代文學

782.248　　　　　　　　　　　　97021393

史地傳記類　PC0062

# 眞實與幻影 ── 近世文人縱橫談

作　　　者 / 黃　波
主　　　編 / 蔡登山
發　行　人 / 宋政坤
執 行 編 輯 / 黃姣潔
圖 文 排 版 / 鄭維心
封 面 設 計 / 陳佩蓉
數 位 轉 譯 / 徐真玉　沈裕閔
圖 書 銷 售 / 林怡君
法 律 顧 問 / 毛國樑　律師
出 版 印 製 / 秀威資訊科技股份有限公司
　　　　　　 台北市內湖區瑞光路583巷25號1樓
　　　　　　 電話：02-2657-9211　傳真：02-2657-9106
　　　　　　 E-mail：service@shovwe.com.tw
經　銷　商 / 紅螞蟻圖書有限公司
　　　　　　 台北市內湖區舊宗路二段121巷28、32號4樓
　　　　　　 電話：02-2795-3656　傳真：02-2795-4100
　　　　　　 http://www.e-redant.com

2008 年 11 月　BOD 一版
定價：400 元

# 讀　者　回　函　卡

感謝您購買本書，為提升服務品質，煩請填寫以下問卷，收到您的寶貴意見後，我們會仔細收藏記錄並回贈紀念品，謝謝！

1.您購買的書名：_____

2.您從何得知本書的消息？

　□網路書店　□部落格　□資料庫搜尋　□書訊　□電子報　□書店

　□平面媒體　□ 朋友推薦　□網站推薦　□其他_____

3.您對本書的評價：(請填代號　1.非常滿意 2.滿意 3.尚可 4.再改進)

　封面設計____　版面編排____　內容____　文/譯筆____　價格____

4.讀完書後您覺得：

　□很有收獲　□有收獲　□收獲不多　□沒收獲

5.您會推薦本書給朋友嗎？

　□會　□不會，為什麼？_____

6.其他寶貴的意見：_____

_____

_____

_____


## 讀者基本資料

姓名：_____ 年齡：_____ 性別：□女 □男

聯絡電話：_____ E-mail：_____

地址：_____

學歷：□高中(含)以下　　□高中　　□專科學校　　□大學

　　　□研究所(含)以上 □其他_____

職業：□製造業 □金融業 □資訊業 □軍警 □傳播業 □自由業

　　　□服務業 □公務員 □教職　　□學生 □其他_____

------------------------------------------------

(請沿線對摺寄回,謝謝!)

## 秀威與 BOD

BOD（Books On Demand）是數位出版的大趨勢，秀威資訊率先運用 POD 數位印刷設備來生產書籍，並提供作者全程數位出版服務，致使書籍產銷零庫存，知識傳承不絕版，目前已開闢以下書系：

一、BOD 學術著作—專業論述的閱讀延伸
二、BOD 個人著作—分享生命的心路歷程
三、BOD 旅遊著作—個人深度旅遊文學創作
四、BOD 大陸學者—大陸專業學者學術出版
五、POD 獨家經銷—數位產製的代發行書籍

BOD 秀威網路書店：www.showwe.com.tw
政府出版品網路書店：www.govbooks.com.tw

永不絕版的故事・自己寫・永不休止的音符・自己唱